JN127466

国際経済の荒波を駆ける

経済官僚半世紀のメモワール

林 康夫

エネルギーフォーラム

1　クリストファー・レンの手によるクライストチャーチの「トムタワー」とハリーポッターの映画で使用されたカレッジの食堂。壁にはカレッジ出身の13人の歴代英国首相、「不思議の国のアリス」の作家「ルイス・キャロル」等の肖像画が掛かっている（Christ Church 提供）（P33）

2　ダボス会議（ジェトロ理事長時代、2008年）の「アジアの未来」のセッションに黒田アジア開銀総裁（当時）とともに登壇（P46）

3　ASEAN首脳との会議に出席した塚原通商産業大臣（中央）。大臣はスハルト大統領と「インドネシアの国民車構想」で激しい議論（通商政策局長時代、1996年）（P85）

4　オーストラリアのエネルギー政策の審査の際、セスナ機で視察したクイーンズランド州の石炭露天掘りの現場。巨大な掘削機の前に人間は豆粒のようだった（1981年）（P125）

5　エネルギー政策の審査の休日にグレートバリアリーフ（世界最大の珊瑚礁）で泳ぐ筆者（水面では見えないが、海の中は素晴らしい珊瑚と魚たちの群れで龍宮城を想像させる）（1981年、ジョン・ジミソン撮影）（P126）

6　国際エネルギー機関（IEA）の仲間たち。筆者と対面しているのは、IEA初代事務局長ランツケ氏。（P133）前列左から3人目がゴーベット局長、右から2番目がボブ プライス、後列右端のひげの人物がジョン・ジミソン（1982年）（P132）

7　布帛振興協会の薗田専務（協会の残余財産3億円をファッション振興のために寄付された）（繊維製品課長時代、1988年）（P169）

8　イスラム経済研究会のソ連邦へのミッション（石油計画課長時代、1990年）。石油産出地帯タタールスタンでの会議の様子。左から最首、十市、大橋各氏と筆者（P187）

9　モスクワのアルバータ通り（日本の銀座通りに相当）。当時マクドナルドの進出直後で、店には長蛇の列ができていた（1991年）（P194）

10　ラス・ラファンの港でのカタールガスプロジェクトの起工式。右から2人目よりアッティヤ大臣、安部中部電力社長(当時)、カタールガス社社長。起工式は砂漠にテントを張り、絨毯を敷きつめて行われた。（石油部長時代、1993年）（P221）

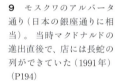

11　融資交渉等のために訪日したアッティヤ大臣（前列中央）との懇親会。カタールの主要な閣僚が出席している（石油部長時代、1992年）（P220）

12　サウジ、クウェートの中立地帯カフジのアラビア石油のサイト。（国際資源課長時代、1987年）、21世紀初頭同社の利権は消滅した（P230）

13　アブドゥル・カリームサウジ石油省副大臣訪日時の歴代石油部長との記念写真（1994年）。同氏はこの写真を10数年以上石油省の自分のデスク上に飾っていた（P235）

14　パイトン発電所のサイト視察（三井物産電機・プラントプロジェクト本部長時代、2001年）（P323）

15　トルクメニスタンの繊維工場の開所式。ニヤーゾフ（トゥルクメンバシイ）大統領（国際協力銀行時代、2000年）（P305）

16　ハムステッドにある欧州三井物産社長（2004～2006年）の社宅。南側（下）が玄関、北側（上）が庭。広い芝生とバラの花に囲まれた美しい社宅だった（P356）

17　「セベ・バレステロス」とのゴルフ。ロンドン三井物産時代セベとプレーした際、彼は私には「グリップ」のアドバイスしかしてくれなかった（2006年、スペインで）（P356）

18　「ジーメンス社」と「欧州三井物産」との事業協力の調印式（ウーヘラー副社長と）。この後物産はジーメンスから欧州の鉄道事業を買収した（2005年）（P361）

19　トルコのエルドゥアン首相（当時）夫妻との会食。会合はEU加盟を目指した大規模な決起大会（欧州三井物産社長時代、2005年）（P368）

20　サウジとの産業協力のためのシンポジウムの状況。右はカウンターパートのシャラビー氏（ジェトロ理事長時代、2007年）（P393）

22　アラブ首長国連邦（UAE）初の女性大臣、カーシミー経済大臣との懇談（ジェトロ理事長時代、2007年、東京でのUAE物産展の折）（P437）

21　ジェトロ理事長時代、広州訪問時に汪洋書記（当時）と面談、ストに悩まされていた現地の日本企業のために善処と対応を要請（2008年）（P425）

23　ベトナムのズン首相との会談。ヴェトナムのJETROに対する期待は大きい。当時は原子力発電の輸出案件も大きな課題であった（2008年）（P416）

24　ジェトロに信頼を寄せているインドのカマルナート大臣との再会（2009年、ジェトロ理事長として参加したダボス会議で）（カマルナート大臣についてはP414）

25　中西部会の際のドイル、ウィスコンシン州知事（当時）とのゴルフ（一緒にいるのは茂木キッコーマン社長、コーラー社副社長）。コースは“Whistling Strait”（ジェトロ理事長時代、2008年）（P429）

26　ナッシュビル（音楽の街）での「南東部会」の際、歌手を挟んで藤崎駐米大使夫妻（右端が大使、左から二人目が大使夫人）と我が夫婦の記念写真（ジェトロ理事長時代、2010年）（P429）

はじめに

通商産業省（現経済産業省）の仕事は実に多岐にわたる。また、仕事の中で多くの人に会い、また様々な体験をする。本人にとってはとても意味のあることが多いと思うのだが、中には外に出しにくい内容のものもあるので、これを記録に残すことには相当の勇気がいる。また、個人を通じて見たものが、必ずしも他の人々にとって意義や興味のあるものではないし、内容が客観性を失う可能性もある。ただ、後輩達からも先人の経験は是非知っておきたいとの話も多く聞かれた。官僚を取り巻く社会の環境は、この半世紀の間に大きく変化しており、私の経験したことが、現役の諸兄にどの程度意味があるかは分からない。本書の内容はせいぜい通商産業事務官の仕事の歴史の中のひとこま程度の意味として、受け止めてもらえればいいのではないかと思っている。後輩たちが仕事をする上で先人の体験したことがそれなりに参考にはなってもらえば有難い。

昨今様々な不祥事もあって、官僚に対する批判が厳しく、学生の公務員志望も低調だと聞いている。しかし私の公務員や民間企業での体験から、いかに役人の仕事が重要なものかを身をもって感ずるところがあり、立派な人材を擁する健全な公務員の組織は国家にとって極めて重要だと改めて感じている。公務員が規律を保ち、全力を尽くして国民のために仕事をすることは当然であるが、もし若い学生たちが一部のマスコミの感情的な官僚批判に左右されて、公務員に就職することを逡巡するような傾向があるとすればそれは大変に残念なことだ。

この本では、私が通商産業省に入省して以来、様々な部局での体験をできるだけ淡々と記述することを心がけた。その内容は、第一編第六章の「技術開発政策」の部分を除くとほとんどが「通商政策関連」及び「海外諸国との関係」そして「エネルギー政策の関連」に絞ってまとめさせてもらった。中には留学、そして民間企業での海外勤務を勤めた経験もある。記憶に頼ったものなので内容は断片的で、記憶違いや誤解もあるだろう。しかもさほどエキサイティングなものは含まれていない。しかし本人にとってはいずれも真剣に取り組んだ仕事であり、貴重な人間関係でもある。いずれも個人的な印象記なので、他の人たちから見るとどうかと思うような内容になっているかもしれない。とりわけ「人」に対する印象はどんなに客観的に記述してもバイアスがかかるのは避けられない。本書は後輩たちの参考になればと思って綴ったものであるので、内容が、少しでも仕事をする上での参考になり、また、役人の仕事というのも結構面白いところもあるようだと思ってくれたら幸いである。

本書では、私の体験した中で、政治との接点は極力省略した。通産省の総務審議官の内示を受けた時は正直とても驚いた。総務審議官は通産省の国会担当として、政治との接点のポストなのである。私のように全くそのセンスに欠けているものがこのポストに就いたのには私自身のみならずびっくりした人が多かったのではないかと思う。

在任中は、村山内閣の下で政権に復帰した自民党と政権を失った新進党が対立する中で、国会担当としての苦労も多かったが、反面、実に興味深い政治情勢であった。政治家の仕事がいかに自己責任を徹底せざるを得ない個人事業であるか、また、政権を失うことが政治家にとっていかに重大な事なのかを感じたものだ。総務審議官は有意義かつ興味深い仕事だったのだが、当時の苦労を含めて政治家の先生方との接点は省略させてもらった。その意味で本書の内容は通産省在任中及び退官後の仕事中心の体験記かつ印象記となっている。

したがって、本書の中の評価や意見に関する記述はすべて私個人の見解であり、過去および現在、私の所属してきた組織の見解ではない点を念のためお断りしておきたい。

私は、大学における講義や講演の必要上、経済産業省をはじめ各省の後輩諸兄の仕事に関する話を聞かせてもらうことが多いのだが、役人に対する批判が厳しい中で立派に仕事をしている姿に感動を覚える。激しく変転する国際経済の中で直面する問題の解決、少子高齢化を迎えている日本の経済・社会の構造改革、更には未来を拓く先端分野へ挑戦する若い官僚達の努力は大変なものだ。彼らに対して引き続き日本経済・社会の先導役としてしっかりとした、かつイノベーティブな活躍を期待したいと思うのは私だけではないだろう。

国際経済の荒波を駆ける——経済官僚半世紀のメモワール——

目次

第四章　農産物輸入を巡る諸事件

第七章　エネルギー行政と繊維行政

第八章　石油政策

第二編　通商産業省後――――　243

第二章　機械・情報グループ

第一編　通商産業省時代

第一章　通商産業省入省と留学

第一節　貿易振興局→科学技術庁原子力局

入省直後の仕事

一九六六年通商産業省に入省し、当時、輸出振興の旗振り役であった貿易振興局・貿易振興課（この課はおよそ四十年後、私が理事長を務めることになる「日本貿易振興機構＝ジェトロ」の所管課でもあった）に配属された。この課における一年生としての仕事を経て二年目に経済協力課に異動になった。さらに翌一九六八年、科学技術庁・原子力局政策課に出向した。私が英国に留学するおよそ一年前である。当時は原子力発電の第一号機といわれる東海原子力発電所の実験炉の操業直後で、関西電力（関電）の美浜、日本原子力発電（原電）の敦賀の原子力発電所が建設途上だった。原子力政策の草創期で、原子力基本法が一九六三年に制定されてから、初の商業用原子炉による原子力発電が導入されつつあった頃だ。一九六七年に「原子炉等規制法」が国会を通り、その下での政令、府令（科学技術庁は内閣府の傘下であったので各省の省令にあたる規則は内閣府令となる）の策定が私の配属された原子力局の仕事である。

原子力局の政策課は「原子力委員会」の事務局も担当しており、委員会での議論は大変勉強になった。当時有沢広巳先生が委員長で委員会の議論を仕切っていたのを思い出す。

政令、府令の制定が一段落ついたところで人形峠のウラン鉱石試掘場や原電の敦賀、関電の美浜も視察する機会があった。建設中の原子炉格納容器の中をのぞかせてもらったが、なんともはやすさまじい巨大な代物で、こんなものの安全性を確保するために規則を作っていたのかと背筋が寒くなったのを覚えている。

海外留学

科技庁にいる間に人事院の政府留学生制度での留学の機会を得た。

政府留学生の中で英国に留学することになったのは少数で、裁判所から江田五月さん（後の参議院議長）、大蔵省（現財務省）の黒田東彦さん（後の日本銀行総裁）、経済企画庁（現内閣府）の西嶋修爾さん（後の新潟大学教授）、それと電電公社（現ＮＴＴ）の鳥山秀貞さん、そして私を入れて五人のみであり、およそ四十人いた人事院の留学生は我々英国留学組とドイツ、フランスへの二〜三人の留学生を除くと残りはすべて米国だった。留学先としては米国が圧倒的な人気を得ていたようだ。

第二節　英国留学

1　ケンブリッジ

静かなケンブリッジとその後の英国の変化

英国留学生は、最初、語学研修のためケンブリッジの語学学校（Bell School）に入れられた。ケンブリッジは美しい町で、テムズ川の小さな支流のカム川（River Cam）が流れていて、よくそこでPunting（竿で川底をつきながら舟を漕いで行く遊び）をした。いくつかのカレッジの校庭の間を静かにPuntingしていくと時計の針を百年ほど巻き戻した感じがしたものだ。

私はその後サッチャー首相の改革のさなかにイギリスに行く機会があったが、その変化には大変驚いた。昔のあのケンブリッジではどこのレストランに行っても愛想のない、ある意味では素朴なサービスを受けるのに慣れてしまっていたのだが、二十数年たった後のイギリスは様変わりだった。どこへ行っても、空港の売店でさえ、ニコニコした売り子のおばさんが「なにか御用はありませんか」とばかりに寄ってくる。「国家・国民というのは、短期間にこんなにも変わり得るのだ」といたく感心した。さらに一九九〇年代半ば、通商政策局長のときにS大臣のお供で英国に行ったときはもっと驚いた。あの眠ったようだった国が規制制度改革と競争政策の徹底で明らかに日本に比べてダイナミックな変貌を遂げている。私の留学時代は、保守党と労働党の政権交代ごとに政策は国有化と民営化の繰り返し、頻繁に停電はするし、英国製の車は故障が多い。ただ、英国は静かな田園都市の印象だった。それが一九九〇年代にはオックスフォードでも忙しく車が走り、ロンドンには多くの外国人が来訪、日本の銀座通りに相当するオックスフォードストリートなどはまるで芋を洗うような混雑振りなのだ。二十一世紀の初頭には英国の自動車会社はごく少数の特徴のある車を生産しているメーカー（Aston Martin 社など）を除いてすべて倒産するか外国の自動車会社に吸収され、民族資本といわれる会社はほとんどなくなってしまった。ジャガー、ランドローバー社はインドのタタモーターズの子会社となった。ロールス・ロイス社も車部門を切り離し売却、現在、名車と言われた「ミニ車」同様、製造・販売はＢＭＷ社が行っており、ロールス・ロイスもＢＭＷのエンジンを搭載している。そんな状況の中でも英国経済は力強く発展してきた。あのウィンブルドンで、ほとんど外国選手がプレーしているいわゆる「ウィンブルドン現象」はイギリス社会のすべての分野に広がっている。また、それを当然と思っているイギリス人レベルの国際性は日本人にはまだ備わっていない。

英国のＥＵとの関係

私が留学した一九六九年当時は一九六七年の欧州石炭鉄鋼共同体（ＥＣＳＣ）、欧州経済共同体（ＥＥＣ）、欧州原子力共同体（ＥＵＲＡＴＯＭ）の三組織の統合によりＥＣが誕生した直後で、翌一九六八年には域内関税の撤廃が行われ、ヨーロッパが経済・政治統合の第一歩を踏み出した時であった。英国ではこのＥＣ加盟の是非を巡って国内での大論争があった。私のオックスフォード大学での指導教官（Tutor）オッペンハイマー氏は英国のＥＣ加盟に反対する論陣を張っていた。英国は私が留学から帰国した二年後の一九七三年、英国のＥＣ加盟に反対していたフランスのド・ゴール大統領の退陣後、加盟を果たすことになる。しかしそれから四十年以上経った二〇一六年、ＥＵ加盟国となった東欧や域内に定住した中東からの移民の受け入れを義務付けられているなど、ＥＵメンバー国としての種々の制約に反対する国内世論を封じ込めるため、キャメロン首相が踏み切った国民投票結果が、予想に反してＥＵ離脱派が多数を占める結果となり、キャメロン首相は退陣することになってしまった。

その後、キャメロン首相の後を継いだ保守党のメイ首相が、ＥＵとの離脱交渉を強力に進めるために安定政権を目指して踏み切った議会選挙で、過半数の議席を失うという大誤算があり、現在、保守党内閣は、議会における支持基盤がぜい弱な中で、離脱後のＥＵ諸国との関係について厳しい交渉を進めている。四十年も加盟国としてやってきたので、離脱は様々な意味で英国の政治や経済に相当期間大きな影響を与えることになるだろうし、英国の将来にとって大きなリスクも伴うだろう。おそらく故ド・ゴール元大統領は「それ、見たことか」と言っているに違いない。また、私の先生のオッペンハイマー氏も「それでいいのだ」と言っていることだろう。

2　オックスフォード大学

カレッジの生活（口絵1）

英国留学当時私は結婚していたが、語学の勉強のためもあるのだろう、一年間妻子帯同は許さずとの当時の通産省のルールで、単身の赴任だった。大蔵省の黒田東彦さんも独身だったので、二人は機会をとらえて一緒に食事に行ったり、経済の議論をしたり、大学の先生の話をしたり、そして長い休みになった時は一緒に旅行をしたりした。よく一緒に外食をしたのは、二人ともカレッジの食堂の食事ではどうにも満足できなかったからである。黒田さんはウースターカレッジ（Worcester College）、私はクライストチャーチ（Christ Church）で、両カレッジの食事はどの程度違いがあるのかよくわからないが、二人とも十分に満足できなかったことだけは間違いない。リナカーカレッジ（Linacre College）の江田さんは、早々と奥さんを呼び寄せていたので食事の悩みはなかったようだ。

カレッジの夕食は、大きな教会のような食堂でいただく。入り口のバーでビールを飲む学生もいた。全員が黒いガウンを着て、教会のような厳かな威厳を持った食堂に入る（このカレッジの食堂は、ハリー・ポッター（Harry Potter）の映画に出てくるので、イメージは想像できると思う）。昼間どんなカジュアルな服装をしてもディナーの時は正装をするのだ。ランプのついた黒い長テーブルの指定の席に皆が座り、一段と高くなったハイテーブルに教授とそのお客さんが座り終わると、学生の一人が前に出て一分程度のラテン語のお祈りをする。お祈りが終わると、キチンと蝶ネクタイを締めて正装をしたカレッジの食堂係の職員が、トレイに料理した食事を載せてきてサーブをする。ここまではきわめて荘重なスタイルで、感激したものだ。ところが食事の中身が問題で、内容は、温野菜（中にはぐじゃぐじゃに煮たトマトもある）、ジャガイモ（ジャガイモもしばしば料理方法が違っていて、バラエティーには富んではいる。フレンチフライのときもあれば丸ごと蒸かしたものあり、焼いた時もある、またマッシュしたときもあれば、スライスして炒めた時もある）、そして最後に肉がトレイから配られる。ところがその肉ときたら、たとえば鶏肉については、よくこんなに薄く切れるものだと思うほど芸術的に薄く切った鶏肉が二枚という感じで配られる。確かにジャガイモは日本のジャガイモに比べてもおいしい。ただ、来る日も来る日もジャガイモでおなかをいっぱいにすると、ひどくフラストレーションを感じるものだ。当時の日本の生活水準もたいしたことはなかったので、大きく日本の食事との差を感じることはなかったが、他のものが食べたいという気持ちにはなるので、黒田さんと一緒にしばしば外食をした。英国のパブはもちろん、インド人のやっているカレー屋や中国人のやっている中華料理屋に通って心理的な満足感を得たものだ。英国人の学生には不満はないようだった。イギリス人の食生活は総じて質素だと言える。七つの海を支配するには、いかなる国に行っても、いかなる食事をすることになっても耐えなければならないので、このような食習慣が英国の世界支配を支えたのではないかという人もいるが、一面の真理かも知れない。

後に二〇〇四〜二〇〇六年、およそ二年間欧州三井物産の社長を務めた後、日本に帰国する際、クライストチャーチ時代の友人でクライストチャーチの隣にあるオリエルカレッジ（Oriel College）の教授をしているデビッド・チャールズ（David Charles）の招待で家内と彼のカレッジに泊まらせてもらった。

食事の前にカレッジのDean（学長）の部屋で数人の教授と懇談をした。学長室にはカレッジの卒業生のセシルローズの肖像画などが飾ってあり、ひとしきり大英帝国の歴史の話に花が咲いた。しばしの懇談の後、食堂に行き、学生時代には座ったことのないハイテーブルで初めて食事をした。食事の内容は学生と同じなのかはわからなかったが、基本的には昔と変わらずジャガイモが中心であった。しかし肉は昔に比べて厚みがあって、四十年前に比べて全体に食事も若干向上している感じがした。食事の後、カレッジの間を通る石畳の狭い道を散策した。留学時代を思い出してとても懐かしかった。

授業の前の小旅行

九月の上旬に、黒田さんと一緒に、ともにバッグ一つを抱え、評判の悪い鉄道は避けてバスでケンブリッジからオックスフォードに移動した。大学の入学手続きを済ますとともに、寮の部屋の割り当てをもらいオックスフォードでの生活が始まった。一年の学期は秋学期（Michaelmas Term）から始まる。一応必要なものは取り揃えたものの、実際に学期が始まるのは十月上旬だという。およそまだ三週間以上ある。そこで黒田さんと一週間ほどスペインに旅行に出かけることとした。大使館の公使にパスポートの渡航先国を追加してもらい、学生の格安航空券を手配してスペインに出かけた。どこを周ったか今やあまり覚えていないが、アラブ彫刻とモザイクの粋を集めたアルハンブラ宮殿の美しさだけは鮮明に記憶に残っている。その素晴らしさに二人とも目を見張った。

車の購入

留学生に支給される給費はあまり多くない。当時一日十ドルで、その中から寮費や食事代を出すとあまり余裕はなく、旅行、車、洋服などやりたいこと、欲しいものはあるのだが、なかなか手が届かない。とりあえず車、洋服（背広）は必要ないので、休み中のささやかな学生のパックの旅行にお金を回すというのが我々の選択だった。結局、洋服（背広）は留学中一着も買うことはなく、二年間アランウールのセーターとアノラック、Ｇパンで通した。

車は秋口に江田五月さん、黒田東彦さんとも相談の上、三人で一台の中古車を買い、これを一週間ずつ順繰りに使うこととした。今でもその傾向があるが、英国は中古車の値段がとても高い。結構古い「ヒルマン・インプ」という車をその瀟洒な見かけに惑わされて購入したのだが、当時の日本円にして三十七万円という値段だった。本国の我々の給料が三万円程度だったので、現在に引き直してみると、日本でプリウスレベルの新車を買う値段に相当する。この車は、見かけは白くてきれいな車なのだが、実にひどい車で、ブレーキの効きが良くない上に、毎月どこかが故障する。

車については二年目に、農林省（現農林水産省）から留学していた東さんが、やはり中古のミニ（Morris Mini）を百ポンド（当時のレートで八万六千円）で売ってくれたので、その年スワイヤー奨学資金でオックスフォードに留学してきた「毎日新聞」の黒岩徹さんを加え、四人で二台保有することにし、休みの日に家族でオックスフォード郊外のお城を訪問したりすることができるようになるなど、だいぶ機動性が増した。ただこの車も古く、車体の一部が錆びていたりして、雨水の入る恐れもあったので、あまり天気が悪い日や、遠出をするのは難しい車だった。でもさすが英国の誇る名車だけあって、古くてもエンジンの性能などはヒルマン・インプに比べるとかなりいい。ブレーキもちゃんと効く。ただ、タイヤは節約のために常に再生タイヤを使っていたのでよくパンクもしたし、ツルツルのタイヤで走ったことも多く、かなり危ない思いをしたこともある。

ヒルマン・インプについては、一度英国西北端のスカイ島（Isle of Sky）に旅行した時、途中でエンコしてしまい、島のガレージに持ち込んだところギアがおかしくなっているとのことで、たまたまそこのガレージにあったポンコツの廃車のギアボックスと丸ごと交換した。ただ、修理後もクラッチをデリケートに操作しないと走らないようで、中では運転技術に優れていた江田さんがスコットランドからオックスフォードまでやっとのことで運転してきた。ミニと二台で行ったので救われた。私はその後随分いろいろな車を使ったが、ギアボックスを丸ごと取り換えるといった話は経験したこともないし、聞いたこともない。イギリスの自動車産業は没落すべくして没落したのかなと思う。ともかく共有していたので毎月のように必要になる車の修理費も分担できたのがせめてもの救いだった。二年目の夏に、やはり人事院から派遣されフランスのENA（国立行政学院）に留学していた通産省同期の姉崎君が、オックスフォードにやってきた。英語の勉強のために英国で下宿生活をしたいというので、英国人の一人暮らしの老婦人（Mrs. Lonsdale-Cooper さん）の下宿を斡旋した。彼の車はフォルクスワーゲンのいわゆる「かぶとむし」（Beetle）だった。見格好といい、性能といい、わがヒルマン・インプに比べてまぶしいような車であった。ちなみに東さんから譲ってもらった「ミニ」の方は我々が帰国する際、東京大学から留学していた三浦先生に売却した。食器や自転車など我々が使っていたものをたくさん付録につけて買ってもらった。後に三浦先生は、「車体に穴が開いているので雨が降るとボディの下から水が吹き込んでくる」と言ってこぼしていた。ちょっと申し訳なかったかもしれない。

英国の大学特有のチュートリアル制度

学期が始まるとさすがに忙しい。私には、チューターと呼ばれる指導教官が二人つけられた。一人は、オッペンハイマー先生（Mr. Peter Oppenheimer）、もう一人はバカラッハ（Dr. Bacharach）という数理経済学の先生だ。毎週指示される経済学の本を読んで論文を書いていかなければならない。バカラッハ先生から最初に指示された本はティンバーゲン（Jan Tinbergen）の数理経済学の本だった。ティンバーゲンはオランダ人で数年後、ノーベル経済学賞が創設された時、ラグナー・フリッシュ（Ragnar Frisch）とともに第一号のノーベル経済学賞の受賞者になった人だ。こちらはもともと法学部出身で、経済学といえばサミュエルソンの「経済学」やアックリーの「マクロ経済学」（Macroeconomics）程度のいわゆるテキストブックしか読んでいない身だったので、ティンバーゲンを最初のテキストに与えられたのは大変だった。授業にも出なければならない。この授業の英語もなかなか理解するのが大変だ。どうしても論文を書く時間は遅くなる。およそ一晩おきに徹夜をしないと間に合わない。ただ不思議なことに二〜三か月すると、急に授業の英語が頭に素直に入るようになる、また宿題の論文も（かなりこちらの程度は低いと思うものの）先生と議論ができるベースになるようなものが書けるようになる。三か月たったクリスマスごろにはよれよれではあるものの少し余裕が出た。

そのころ我々が好んで読んだ雑誌は、その後も長らくお世話になることになる「エコノミスト」（The Economist）であり、新聞は「ＦＴ」（Financial Times）と「ウォールストリートジャーナル」（The Wall Street Journal）だった。カレッジの大学院生のコモンルーム（Graduate Common Room）でこれらをなめるように隅々まで読むのである。

3　ハロッズ教授のエコノミスト紙への投稿

あるとき「エコノミスト」の投稿欄を見ていたら、オックスフォードのハロッズ教授（Sir Roy Harrods）の投稿が載っていた。「こんな一流の学者でも雑誌に投稿するんだ」と思って感心していたら、その翌週の同紙の投稿欄に黒田東彦さんがハロッズ論文に対するコメントを投稿していた。どういう論点か忘れてしまったが、エコノミスト紙上で学者の論争があったようで、黒田さんは“I entirely agree with Sir Roy Harrods”と締めくくっていた。その後同紙上で何人かの学者による議論があったと記憶しているが、そんなある日、カレッジの黒田さんの部屋にハロッズ教授自身が訪ねてきたとのことである。自分の主張に賛同してくれ、かつキチンとした論証をしてくれたオックスフォードの学生に対する敬意の気持ちだろうが、おそらく黒田さんはとてもうれしかったに違いない。

ハロッズ教授はすでにオックスフォード大学での授業は持っていなかったが、ケインズ経済学の正当な後継者として世界の経済学者の中で最も尊敬されていた経済学者の一人であり、その著名な学者が、一日本人の学生の部屋を訪ねてくるというのは、黒田さんが人並みならぬ素養を持った人物であるとの証左だろう。ちなみに彼は、実に幅広い学問を身につけており、哲学ではカール・ポパー（Karl Popper）をこよなく愛し、また、バートランド・ラッセル（Bertrand Russell）とホワイトヘッド（Alfred Whitehead）の共著“Principia Mathematica”など多くの哲学書を読み込んでいる。東京大学を卒業する時に哲学科の碧海教授から研究室に残ってほしいと要請されたとのことである。私は留学時代に黒田さんと様々な話をしたが、彼の多様な分野での深い知識とすぐれた思考には感心することが多かった。文学では三島由紀夫など著名な文学者の本は相当の数（ほとんどと言ってもいいくらいだ）読んでいる他、どこでそんなに時間が取れたのかと思うくらい彼の読書の幅と奥の深さを感じたものだ。また、そういった自分の学識をひけらかすことなく、性格は極めて人懐っこい。私には彼とオックスフォードで共に学び、議論し、そして何度か旅行を一緒にしたことがとても楽しい思い出になっている。

4　ヒックス教授のゼミ

黒田さんと私は、週に一度夕食後に行われていたヒックス教授（後にノーベル経済学賞を受賞する）の主催するゼミにも一緒に出席していた。このゼミで印象的だったのは、教授が実に楽しそうに学生たちとの議論をしていたことである。ヒックス教授は本当に学問と議論が好きなのだ。また、教授が黒板に書いた「経済学者の系譜」に、アダム・スミスやデイヴィッド・ヒューム、JS・ミル、マルクス、ケインズと並んで「森嶋通夫」ロンドン大学教授の名前が同列に書かれたのには驚いた。マルクスとかケインズなどは私のような経済学の素人にとっては神格化された存在だったので、経済学者も経済理論も相対化して見ている英国の学者の見識はとても新鮮だった。英国の学者には絶対的な権威というものはないということかもしれない。

5　黒田アジア開銀総裁→日銀総裁

黒田さんとは留学後も、彼がアジア開銀の総裁になった後も公私にわたる交流が続いた。二〇〇九年、私がジェトロ（ＪＥＴＲＯ）の理事長時代、経済産業省・ＪＥＴＲＯが創設しようとしていた国際機関のＥＲＩＡ（Economic Research Institute for ASEAN & East Asia）に対して、内外でさまざまな反対論がある中、マニラにおけるシンポジウムの際、基調講演（Key Note Speech）を引き受けてくれ、アジア開銀総裁として、強力な応援演説をしてくれた。この演説により、国内及び国際的にもあったＥＲＩＡ設立に対する反対論を吹き飛ばしてくれ、アジア諸国の一致した賛成の下にＥＲＩＡの誕生を見ることができたことには心から感謝している。アジアの途上国にとってアジア開銀の見解というのは極めて重要なのだ。ＥＲＩＡは現在、経済産業省出身の西村事務総長の下でアセアン（ＡＳＥＡＮ）を中心とするアジアの強力な国際調査・研究機関として、欧州に所在するＯＥＣＤに匹敵する活躍を続けている。

現在、黒田さんは日本銀行総裁として、なかなかめどの立たない日本経済のデフレ脱却を目指して金融面からの強力なバックアップに力を入れている。私は様々な人が日銀の金融政策について厳しい意見を表明するたびに思うのだが、金融面でこれだけの支援を受けながら、自らは前進しようとしない企業家には若干の不満感を覚える。まして銀行家を代表する人たちが、「日銀の緩和政策は、銀行の利益を圧迫し、日本経済をちっとも浮揚させていない」と言うのはどうだろうか。金利の低下やマイナス金利の導入は、これまでのような銀行のビジネスモデルでは経営が難しくなるのはわかる。しかし金融機関というのは何をするところなのだろうか。一%の金利の国債を買って〇・一%の預金金利を支払い、その差益で大きな利益を上げることが本来の銀行の仕事でないことは明らかだ。一般庶民や年金の運用をしている組織が大変だというのはわからないではないが、銀行は国債の受け取り・支払い金利差で利益を挙げるのは本業ではない。金利が安いので、儲ける機会がないというのも少しおかしい。安い金利を最大限活用してビジネスチャンスを広げ、より大きく儲ける機会を拓くのも銀行の重要な使命だ。現在の金融緩和をチャンスとして取り組み、融資機関としてリスクをとって新たなビジネスチャンスを切り拓くべきだ。そして日本の将来のために大切な設備投資を実行する企業を支え、優れた技術を持った中小企業を育てていくことこそ金融機関に期待されている役割なのではないだろうか。

もちろん投資の機会がないという点には注意が必要だ。日本経済はがんじがらめの規制と既得権の罠の中で潜在的な投資の機会を失っている。この点も政府（各省庁）、企業はもとより金融機関自らがイニシアチブを取って解決に向かって努力することが求められる。金融機関は優秀な人材とノウハウをもっとも豊かに抱えている企業群なのだから。

一般企業も問題である。円安と支払い金利の減少の恩恵等で膨大な利益を挙げ、潤沢な内部留保を抱えていながら、将来の国際競争が懸念される等の理由で、従業員の給与を上げるでもなく、新たな設備投資をするでもなく、いたずらに内部留保を抱え続けるか、海外のファンドの誘いに乗って自らは十分なデューディリジェンスもせずにＭ＆Ａに奔走し、後に巨額の減損を計上する羽目に陥ったりしているケースがみられる。時代は急速に変化しており、ＩＴの技術もまさに日進月歩だ。この分野では日本は国際的に著しく後れを取っている。政府も環境整備をしなければならないが、企業自身がこれらの変化を先取りしてしっかりとした将来を築いていくチャレンジをすることが今ほど重要な時期はない。現下の低金利は企業の長期的発展のための投資を実行していくための貴重なチャンスなのだ。日本の大企業は大丈夫だろうか。是非台頭しつつある中小企業のイノベーティブな芽をしっかりと育てる努力をしてもらいたいものだ。

6　ダボス・クロスター

クリスマスシーズンになると留学生にとって深刻な問題が起こる。英国人の学生はクリスマスを家族で祝うために出身地の実家に戻るし、寮の管理人も寮生の面倒を見ることはせず、自分の家族を呼び寄せてクリスマスパーティーを開くのだ。この間一週間ほどはもちろんカレッジの食堂は閉まってしまうし、寮生は皆、寮の部屋を追い出されてしまう。カレッジの先生方等の関係者から招待を受けてクリスマスパーティーに参加する日もないわけではないが、基本的にはオックスフォードにいることができない。レストランでさえ休業になるところが多い。そこで黒田さんと私は、学生のパックの旅行でスキーを申し込むことにした。予約ができたところはスイスのクロスターというところだった。場所はどこでもいい、ともかくこの一週間ほど寝る場所と食事さえ確保できればいいのだから。

クロスターは後にダボス会議に出席した時に知ったのだが、ダボスの隣町で、かなり有名なスキーリゾートである。ダボス会議の時はダボスの街に泊まり切れず、多くの参加者と随員がクロスターに宿をとる。雪の質も素晴らしいし、久々に英国のカレッジの食事から解放されて味わうスイス（イタリアに近いのでイタリア的な料理が多い）の食事もおいしい。二人ともスキーのレベルは似たようなものだったので、楽しくスイスでのスキーバカンスを堪能してカレッジの寮に入れる十二月末日にオックスフォードに戻った。

最後の日にクロスターの隣町で「魔の山」で有名なサナトリウムのあるダボスを見物しようと二人で登山電車とケーブルカーに乗りダボスの山の上まで行った。ダボスのゲレンデはクロスターに比べて広々とかつ距離も長く、堂々としており、また、人も少なく素晴らしいところだと思った。黒田さんとは「この次来るチャンスがあったらダボスで滑りたいね」と話した。スイスのアルプスは美しい。遠くに見える雪に覆われた山々、夕日に映える峰など大きな感動を与えてくれる。山々の麓に展開する家々も景色にすっかり溶け込んでいる。我々はスイスの山、とりわけダボスの美しさには心から感動した。（カバーの写真はダボスの街）

それからおよそ四十年たった二〇〇八年と二〇〇九年の一月に、私がジェトロ理事長として参加したダボス会議に黒田さんがアジア開発銀行総裁として参加した。二〇〇八年には、奇しくも二人は「アジアの将来」を語る同じセッションでの議論に参加することになった。黒田さんはアジア開発銀行総裁として、しっかりとした議論を展開していた。（口絵2）

そのセッションの議論を聞いていた元朝日新聞の船橋洋一さんが、「日本政府も昔、人材に投資していたんだねえ」と述べていたのが記憶に残っている。

二〇〇九年のダボス会議の際には、当時の麻生首相が最後の日にダボスに来てスピーチをした。カルロス・ゴーン氏が麻生首相のために開いた昼食会に黒田さんも私も招かれて出席した。昼食会の後、ホテルの玄関を出て、ダボスの山々を眺めながら、黒田さんと私はつくづく「二人で一緒にここまで来たのはもう四十年以上も前だねえ」と語り合った。ほんとうに感慨深いものがあった。

ちなみに黒田さんは日本銀行総裁就任後もダボス会議に出席しているという。日本銀行総裁は会議事務局の要請にもかかわらず、ダボス会議には出席しないのが慣例になっていた。しかし今やこのような影響力を持つに至った国際舞台で、注目を浴びている日本の中央銀行が、発言をしないのはむしろマイナスだろう。黒田さんの英断に敬意を表したい。

第三節　イタリア

ナポリ、ポンペイ

春学期（Hilary Term）が終了して夏学期（Trinity Term）が始まるまでに若干の時間があったので、黒田さんと私は、今度はイタリアに行くことにした。前と同じ学生向けの安売り航空券でまずナポリに飛んだ。ナポリの空港に夕刻到着、宿の手配をアリタリア航空のカウンターで頼んだ。通常我々の旅は、行き当たり場当たりなので宿をあらかじめ手配することはない。ところが、その日は全く宿が確保できない。アリタリアのカウンターで社員が必死にいろいろな宿に電話するのだが、一向にらちが明かない。おそらく三十分ぐらい電話をし続けたろうか。やっとのことで空港を出たのはもう薄暗くなっているときで、しばらくタクシーで走って宿に着いたらもうあたりは真っ暗だった。

ホテルのチェックインカウンターで背の曲がった老婆が部屋のカギを渡してくれたので二人で部屋に入ったところ、その部屋にはダブルベッドが一つしかない。宿のおばさんは何か誤解したのかもしれないと思い、別の部屋を頼んだが、部屋はもう一つもないという。そこで汚い床にマットを敷いてもらい、シーツと布団を載せて寝る場をつくった。二人でじゃんけんをして負けた方が床の方に寝ることにした。黒田さんが負けて床に寝た。

ナポリではバスに乗って移動した際、私の尻のポケットからポンドの現金をすられてしまった。三十～四十ポンド（三万円ぐらい）ぐらいとられてしまったので真っ青になった。貧乏留学生にとっては本当に痛かった。仕事も持っていないだろうと思われる多くの若者たちが町の隅々にたむろしている。あのころからナポリは危なかったようだ。そもそも現金を尻のポケットに入れるのが悪い。

ナポリから二人で行ったポンペイの遺跡は素晴らしかった。四十年以上たった今でもあの遺跡の生々しい様子が目に浮かぶ。

二〇一七年の夏、家内がこれまでポンペイの遺跡を見る機会がなかったので一緒に南イタリアを旅行した際、ポンペイの遺跡を訪問した。四十数年前のポンペイに比して発掘が進んだせいもあるのだろう、その規模は（私の印象では）三倍以上に膨れ上がっており、また観光地として整備もされていた。また、砂を被った遺体や家具、備品の類も倉庫や博物館にキチンと収納されており、初めて見たポンペイのように、石畳の部屋の中に灰をかぶった遺体がゴロンと転がっているような生々しさはなかった。それにしても二千年も前に現代生活とそん色のない（見方によっては現代を上回る芸術性に富んだ）日常生活が営まれていたポンペイとローマ帝国の栄光、そしてその痕跡には驚きの念を禁じ得ない。

フィレンツェ、ベニス

翌日はフィレンツェ見物だ。ミラノまで飛んで、電車でフィレンツェに行く。私は、入省二年目の経済協力課の時、ジュネーブで開催されたＵＮＣＴＡＤ（国連貿易開発会議）に出席したことがあった。金曜日の会議が事務局の準備の都合で流れてしまい、週末を含めて三日の余裕ができた。一緒に行った外務省のＭ参事官が週末を利用してフィレンツェに行きたいというので、お供させてもらった。ジュネーブでレンタカーを借りて（当時モンブラントンネルはなかったので）アルプスの山越えをしてフィレンツェまで車で行った。したがってこの街は初めてではない。黒田さんにとっては初めてのフィレンツェ、何度行っても素晴らしい街だ。芸術の香りにあふれている。教会の鐘の音にも感動する。

フィレンツェ見物をして翌日朝、起床して時計を見たら、もう間もなくベニス行きの列車が出発する時間だ。この電車に乗らないとすべての旅程が狂ってしまう。二人とも寝坊したのだ。あわてて走って行ったが、電車の駅に行ったところ、すでに出発の時間は過ぎていた。二人とも焦った。しかし、どうしたことか、お目当ての電車はホームに止まっているのが見える。われわれは急いで電車に飛び乗ったが、一向に出発する気配がない。駅の時計を見ると我々の腕時計より約一時間遅れているではないか。なんとその日はたまたま夏時間に調整する日だったとのこと。とてもラッキーだった。

フィレンツェからベニスに向かう。ベニスはサンマルコ広場が水浸しだった。道路には、「すのこ」が敷いてある。いつも冬になると海水が上がって広場がつかってしまうらしい。この街も独特のムードのある美しい街だ。ガラス細工など有名な土産物があるのだが、留学生には金もないし、したがって興味もない。中世の強力な都市国家ベニスの街の雰囲気を心ゆくまで味わった。

昔静かなたたずまいのあった多くのヨーロッパの街も、車の氾濫によってその静寂なムードが台無しになってしまっている街が多い。車は極めて便利な文明の利器なのだが、騒音や排気ガス、更には混雑によって伝統や自然の美しさを壊してしまう点、とても残念な気がする。私がＵＮＣＴＡＤの会議の時訪問し、静かですばらしいと思っていたフランスのアネシーも三十年後の訪問の際には車の往来の音が激しく、街の静寂が壊されてしまっていた。最近は若干の反省を含めて車の交通制限などが行われ、改善傾向にあるようだが、昔の雰囲気を取り戻すことはない。

ベニスは他のヨーロッパの町と異なり車が入らぬ街である。それだけで街の雰囲気が全く違う。この街は十八世紀のナポレオンによる征服で中世を通じて持続した都市国家の往年の栄華を破壊されてしまったとはいえ、そのたたずまいは変わらず、世界の街の中でも独特の光彩を放っている素晴らしい街だ。

第四節　フランス

パリ

やはりヨーロッパにいる以上、フランスは見逃せないというのが黒田さんと私のコンセンサスだった。そこでパリの宿代も食事代も高そうだからというので、パリにいる先輩を頼って行こうということになった。ＯＥＣＤの事務局に大蔵省の加藤隆俊さん（のちに財務官を務められた）、日本大使館に熊野英昭さん（のちに通産事務次官を務められた）がいるのでこの二人を頼って行くことになった。まず熊野さんの家へ昼時に伺った。言われた通りエレベーターのボタンを押して熊野邸の階で泊まるとエレベーターを降りたところがすぐ入り口になっており、「いらっしゃい」と言って出迎えてくれたのがスペイン人形のように美しい若い女性だった。これが熊野さんの奥さんだった。後に通産省の先輩から熊野夫妻を称して「美女と野獣」というのだと言われた。野獣と言われるほどではないと思う熊野さんも昼時に家に戻ってこられ、熊野邸では、おいしいフランス料理をごちそうになった。その日の宿泊は加藤さんの家だ。加藤さんの家はヴィクトルユーゴー通り（Avenue Victor Hugo）に面したあまり大きくはないが、近代的なアパートだった。加藤さんは当時、独身で、ＯＥＣＤ事務局に勤務していた。夕食は外食をした後二人で加藤さんの家で帰宅を待っていたがいつまでたっても帰ってこない。十一時ごろになってやっと戻られたのだが、その時間まで仕事だという。私も後に国際機関（ＩＥＡ）に勤務してわかったのだが、最初、慣れるまでは本当に大変で、それこそ毎日遅くまで残って仕事をせざるを得ない。国際機関勤務も楽ではない。その夜は加藤邸で泊まり、翌朝レンタカーを借りてステンドグラスで有名な寺院のあるシャルトルに行くことにした。

シャルトル（二千フランの修理代）

借りた車はルノーの座高の高い格好の良くない中型車（確かルノーＶ）だった。加藤さんが途中まで一緒に乗ってきてくれたのだが、車が時折ガクン、ガクンと急ブレーキがかかったような走り方をする。加藤さんは心配そうな顔をして、「気を付けてね」と言って職場に向かった。ガクン、ガクンという車の衝撃は時折再発したものの何とか車は走りだし、シャルトル行きの高速道路を一路シャルトルにむかった。ところがシャルトル目前のところで、車が動かなくなった。バッテリー切れを起こしたようだ。体重の軽い黒田さんが運転席に乗り、私が後ろから押すというスタイルでエンジンをかけ、止まるとまた同じことを繰り返しながら、高速を降りて道端にあったガレージに入った。ともかく修理してもらわねば旅が続けられない。そのガレージの若い女の子が、父親と思われる人と相談した結果、修理には二千フランかかると言うのである。二千フランというと当時のレート約一フラン六十円で十二万円だ。女の子はレンタカー屋の方で出してくれるというのだが、旅を続けるキャッシュがない。彼女は「二千フランぐらい持たずに旅をしている人の気が知れない」と言う。そんなことを言われても寮費や教科書代で首が回らない留学生の身にとって、三か月分以上の生活費に匹敵する金は払えないというのが二人の結論で、車の性能も信用できないのでパリに引き返すことにした。この帰りの道中も聞くも涙、語るも涙の苦しいものだった。相変わらず車は時々エンコする。そのたびに私が降りて押す。平らのところだといいのだがパリは石畳の道が多く、車は石畳の道に来ると頻繁にエンコする。シャビーな車で車体が比較的軽かったのが救いだった。ともかくやっとのことでレンタカー屋に戻った。その時私ははっと気が付いた。なんと車のサイドブレーキがずっとかけっぱなしだったのだ。ガクン、ガクンとした理由がわかった。またバッテリー切れを起こした理由もわかった。ただレンタカー屋のおやじさんには、かなりきつい調子で車の欠陥を言って抗議した。レンタカー屋のおやじさんは、あのシャルトルの近くのガレージの女の子がくれた請求書も見ていた。それを見て驚いた、なんと二千フランと言われたのに、修理代は二十フランと書いてあるではないか。待てよ、そういえば、フランスは直前に百対一のデノミをしたとの話があった。田舎のガレージの女の子はまだ昔の単位で話をしていたのだ。「二千フランぐらいも持たずに旅をするなど信じられない」と言われた意味が分かった。通貨の件ではプロのはずの黒田さんが一言デノミの話を言ってくれれば、我々は二十フランを払ってバッテリーを充電し（単にバッテリーを充電するだけなので二十フランというのは当然だ）、シャルトルそしてもしかしたらロワールの城の一部を見に行くこともできたかもしれなかったのにと残念至極だった。もっともサイドブレーキをかけたままでは覚束ない話ではあるが……。

二人ともペーパードライバーで、サイドブレーキを外すことを思いつかなかったわけだ。レンタカー屋は当然のことだが、料金を取らなかった。われわれはシャルトルの代わりにパリ市内の見物で満足した。

〈コラム〉ダボス会議

金融の議論一色となったリーマンショック後のダボス会議

ダボスの会議は、様々なセッションが並行して開催される。二〇〇九年、二〇一〇年は、もっぱら金融問題に議論が集中した。サブプライムローンショックと、リーマンショックのさなかであり、勢い金融の議論が中心になった。

多くのセッションが金融の議論に割かれることになっていたので、私もそれなりに金融の議論のための準備をする必要に迫られた。実は私自身、オックスフォード留学時代に学位をとった後の一年間、"Bank of England"の金融政策に関する報告書である"Radcliff Report"についても研究していたのと、その後国際協力銀行（ＪＢＩＣ）時代に埼玉大学の大学院（現在の政策研究大学院大学）で「国際金融機関論」を教えていたこともある。

したがってこの世界についてまんざら素人というわけでもない。ただ、その後世界の金融政策は自由化の方向に大きく舵を切り、私自身は、通産省ではエネルギーや通商交渉の前線で、また、商社の第一線ではビジネスに奔走していたこともあって、金融の勉強はほとんどする機会がなかった。そこで、ロンドン時代に親しくさせていただいていた日本銀行の元ロンドン支店長の出沢さん（退任後日立製作所→帝京大学教授）にお願いして、ダボスの金融の議論に備えることとした。出沢さんは日銀の新進気鋭のエコノミストである中川さんとともにたっぷりとレクチャーをしてくれ、私も若干の備えができた。

二〇一〇年のダボス会議は前年にも増して金融一色と言ってもよかった。欧米の銀行が軒並み自信を失っており、また、フロアーからの金融機関に対する厳しい批判のコメントが相次いだ。私は当時のフランスのロワイエ中央銀行総裁、ドイツのウェーバー中銀総裁、トルコの中銀総裁などの出席する昼食会のセッションで一つのテーブルの取りまとめ役を仰せつかり、ウェーバー総裁に対して、リーマンショックを踏まえて当時進んでいた銀行規律のあり方やその実際の効果について質問したりして、貴重な意見交換をすることができた。

資源メジャーの会議

二〇一〇年の会議の昼食会の議論でもうひとつ興味深かったのは、資源メジャー各社との昼食会である。二十人以上の資源メジャーの幹部がテーブルを囲んで議論する。そもそもダボス会議は、会議参加者の公開のセッションとは別に世界の有数の大企業の幹部が集まって昼食、夕食をはさんで様々な議論をする場なのである。おそらくは米国やEUの独禁当局に睨まれないようにキチンとした会議の体裁をとっているのだろう。その日の昼食会では中国（清華大学研究所の所長）と日本の代表（私）から話を聞くところから始まった。資源メジャー（アングロアメリカン、BHP、エクソン、シェル、BP、ミッタル、ヴァレパール（リオドセ）など世界を代表する錚々たるメジャー）の幹部の最大の関心は、彼らの資源の重要な買い手であるこのアジアの二大国の経済成長の見通しである。冒頭に中国代表から八％成長は間違いないとの自信を持った発言があった。彼は「政府が各地方を悉皆《しっかい》で調査し、確実に八％を超える成長の確信を得ている」と述べた。その発言を聞いた資源メジャー幹部諸氏の安堵した表情は忘れられない。

中国のGDP統計にはその正確性について若干の議論はあるものの、後にその年（二〇〇九年）の中国の成長が発表され、成長率は八％を超え、九・二％を達成した。その会議での私の「日本経済は何とかマイナス成長にならないように政策的に最大限の対応をしている」との発言は、全く共感を呼ばず（実際の日本経済の二〇〇九年の成長率は▲五・五％だった）、私が大きな問題点として挙げた中国政府の行ったレアメタルの輸出規制についても、中国の代表だけは「重要な問題として留意する」と言ったものの、ラクシュミ・ミッタル氏等資源メジャーの幹部諸氏は全く関心を示すことはなかった。彼らにとっての関心は、あげて経済成長と自社の有する資源の消費拡大の可能性にあり、今や日本の需要が頼りにならない以上、残る重要な顧客である中国への関心一色なのである。

ダボス会議で見たアメリカ人の自由貿易観

二〇〇九年のダボス会議でのＷＴＯなど今後の自由貿易を議論するあるセッションでのことである。パネリストには、ＷＴＯの代表も、著名な国際経済学者も参加していた。議論の最中にフロアから手が上がった。彼は自由貿易の大切さを強調していた壇上の議論の内容に我慢ができなかったらしい。要は、「アメリカ国内で橋を架けるのにアメリカの鉄鋼製品を使わねばならないという（バイアメリカン）ルールを強制して何が悪いのだ。当たり前ではないか」というのである。彼はアメリカのどこかの州出身の下院議員だという。パネリストの学者先生も、ＷＴＯなどの国際機関の代表もこの赤裸々な国際ルールを理解していない発言に驚いてしまった。会議終了後も壇上から降りた先生が一生懸命国際ルールを説明するのだが、当の代議士先生は全く理解できないようであった。米国の自国中心主義は国民に徹底しているのかもしれない。

私はその日の夕食会でこの米国の下院議員と隣り合わせの席になり、自由貿易の議論をしたが実に素朴なアメリカ人の典型みたいな人で、人はいいのだが、ＷＴＯの精神は全くわかってくれなかった。「アメリカに来たら是非寄ってほしい」と名刺を渡されたが……。

自由貿易に関しては、トランプ政権の発足以来のアメリカのＴＰＰに対する消極姿勢から、ＴＰＰオリジナルの行方は不透明である。日本政府は「当面アメリカ抜きの十一か国による協定を発効させ、近い将来のアメリカの翻意を促す」との姿勢をとっており、十一か国でのＴＰＰについて二〇一七年十一月に大筋の合意に持ち込むことができたのである。また、調印を逡巡していたカナダも加わることが確実になり、二〇一八年三月八日に十一か国による首脳間の合意と調印式が行われた。歓迎すべきことだ。

二〇一八年一月のダボス会議でトランプ大統領が「永遠にＴＰＰには戻らない」とのこれまでの姿勢を転換するような発言（米国は再交渉を前提にＴＰＰも検討する旨）をしたとのことだ。大統領の真意は良くわからないが、もし米国が復帰するなら、歓迎すべきことだ。米国は現在その輸出の約四十七％（輸入の三十四％）がＦＴＡ対象であり、わが国の輸出の約二十一％（輸入の二十四％）と比較して輸出面では倍以上が自由貿易協定対象である。ただ、現時点ではトランプ政権の打ち出す累次の一方的な保護主義的措置（鉄鋼やアルミ製品の関税引き上げ等）に世界中が懸念を抱いている状況で米国のＴＰＰ復帰も望み薄となっており、戦後の自由貿易体制は試練の時を迎えている。

スイス及びスイス国民の国際競争力

ダボス会議を主催している国際経済フォーラム（World Economic Forum）が毎年、調査発表している世界の国々の「国際競争力ランキング」がある。それによるとスイスは常時一～二位を占めている。このような小さな国で、しかも内陸国で港もない国がどうしてこのような国際競争力を維持できるのか不思議に思っていた。もちろん美しい山々に囲まれた観光資源はこの国にとって重要な競争力発揮の源泉であることは間違いない。ただ、国際競争力というのは静学的な指標ではなく、ダイナミックな力（毎年の成長とそのポテンシャルの現実化）である。一時クォーツ時計の発明でぜんまい巻きのスイスの時計は駆逐されるのではないかと思われた時期があった。しかし、現在はスイスのぜんまい巻きの時計を持っていることがビジネス界や上流階級のステータスシンボルになってしまった。然るべき席に出るとスイス製の時計をはめていないとちょっと格好がつかないとの感じになるのだそうだ。時刻を刻むという点では電波時計などの方が圧倒的に正確で、私はそちらの方の愛好者なのだが、不思議な力で、スイスの時計の人気と時計業界の繁栄は続いている。ダボス会議の夕食会などのスポンサーはスイスの時計製造企業が担うことも多い。

スイスでは他の機械産業も国際競争力を維持、発展させている。

スイスの国際競争力を感じさせるもう一つの要素が、スイス国民自身の国際性である。もともとフランス語を中心とするジュネーブ圏とドイツ語を主体とするチューリッヒ圏が言語の上では国を二分しているのだが、多くの国際機関がこの国に拠点を構えている（ＷＴＯもＵＮＣＴＡＤもジュネーブにあり、金融関係の国際機関はチューリッヒやバーゼルにある）。また、ダボス会議をはじめ多くの国際会議がこの国で開催されることもあって、スイスの国民はフランス語、ドイツ語、英語、イタリア語に関しては、一般庶民でもかなりの程度対応できる状況にある。私は、複数の外国語を自在にこなして対応する会議会場のクロークやレストランの女性たちを見て、日本でのこの種の国際会議はクローク一つとっても難しいことになるだろうなと感じたものだ。

スイスの国際競争力の原点は、美しい自然と人的資源のポテンシャルを、国際舞台で最大限に発揮するように国も国民も努力を続けていることにある。一昔前は、辺鄙なスイスの片田舎のシャビーな会議であった「ダボス会議」が、今や毎年世界の首脳や有力な経済人、そして世界の学界を指導している学者など、三千人以上を一堂に集めて世界の問題を議論する場に成長しているのも、スイス国民の知恵と努力の表れと言えるのだろう。

シンドラー社

スイスの電機・機械産業の中で日本との関係で不幸な道を辿ったのが「シンドラー社」である。同社のエレベーターの不具合から日本の高校生が死亡する事故があり、同社はその対応のまずさもあって日本で苦境に陥っていた。二〇〇九年のダボス会議の時、同社の本社の会長がぜひ会って欲しいというので、私のホテルのテラスで小一時間会談した。ちなみにダボス会議では出席者の名簿が配布されるので、会いたいという人に申し込んで会合をセットすることができる。これも会議の効用である。私もチャタムハウスのニブレット所長と面会し、金融危機に見舞われていた欧州経済に関する彼の見解を聞かせてもらったことがあるし、先方の要請で中国の家電・通信大手のホアエイ社の幹部と会談したこともある。会談の申し込みを受けた際には極力時間を取るように心掛けた。

シンドラー社の会長は苦渋の面持ちで、日本からの同社の撤退も考えざるを得ないと思っていること、そのためにはシンドラー社のエレベーターのアフターサービスをキチンとやれる日本のしかるべき会社を探す必要があると言っていた。私は撤退を決断して日本のしかるべき会社を探すことになったらジェトロはお手伝いできる旨言ったが、会長は、この件に対して日本人がシンドラー社に対して抱いた怒りのあまりの激しさに戸惑いの表情があるような印象で、むしろ苦渋の状況を理解してもらいたいという感じであった。

この一年後に日本とスイスのＦＴＡ（自由貿易協定）の後押しのために訪日したスイスの大統領（女性の大統領だった。ちなみにスイスの大統領は一年おきに交代するとのことだ）一行もこの問題に関して日本政府の善処を期待する旨の希望を述べていた。外国で刑事事件を起こしている一企業に対して大統領が善処を要望するのを見て、日本の政府以上に成長の源泉である企業（とりわけ製造業）に対するスイス政府による思いと支援はかなりのものがあるとの印象を受けた。

第二章　貿易管理

第一節　武器輸出三原則

鉄兜も武器である

一九七一年夏、イギリスの留学から帰国した。配属された重工業局の当時の最大の問題は、同年八月に起こったニクソンショックとそれへの対応なのだが、国会はもう一つの古くて新しい問題、すなわち武器輸出三原則をめぐって議論を続けていた。この問題は実は私が通産省に入省して以来、貿易振興局への国会質問の中でも重要な案件の一つであり、当時の社会党を中心とする野党の政府追及の大きなイシューとなっていた。

武器輸出三原則とは、①共産圏への輸出はしない（これが当時ココム、チンコムといわれたものである）、②紛争当事国への輸出はしない、③国連決議で禁止されている国・地域向けには輸出しない、の三点が、その骨子であったが、当時はそもそも武器の定義、範囲も議論の争点であった。野党は極力その範囲を広くしたいとの見解であり、一方、政府（とりわけ日本の輸出を振興したい通商産業省）としては、できるだけその範囲は限定的にして、いわゆる汎用品の輸出にまで影響を及ぼしたくないとの気持ちが強かった。この与野党の対立は私が通産省に入省した時以来続いていたもので、私の最初に配属された貿易振興課はこの問題の所管局の総務課だったので、この件を巡る様々な問題は比較的よく知っている方だと思っていた。国会での質問があるというので、質問時間の直前、和田重工業局次長のお供で当時の田中角栄通産大臣にご説明に上がった。

和田次長にあらかじめ、武器とは「軍隊が使用し、直接戦闘の用に供する物」で、例えば鉄兜、迷彩服などは対象にならないとご説明した。ただ当時の野党の追及が厳しく、三原則の対象ではないものの、「行政指導で軍隊向けの鉄兜などの輸出は抑えている」旨申し上げた。和田次長はその趣旨を田中大臣にご説明した。大臣はその説明を聞くと、例の調子で「わかった、わかった」と手を振って対応された。

さて本番である。国会質問が始まった。武器の定義についての質問があり、大臣が登壇して答弁に立った。大臣の答弁を聞いて私は頭を抱えてしまった。大臣は、「軍隊が使用し、直接戦闘の用に供する物が武器である」とそこまではいいのだが、「鉄兜も武器である」と発言されたのである。私はあんなに丁寧にご説明申し上げたのに、しかも「わかった」と言っていただいたのに……と憮然たる気持ちであった。

なぜこの答弁が私どもにとって問題かというと、鉄兜が武器なら、大砲や機関銃等直接戦闘の用に供する物以外にも、類似の幅広い汎用品（たとえば軍靴や迷彩服、場合によっては地雷防御を施した特殊仕様の自動車まで）が武器となり禁輸の対象になる可能性が出てきてしまうからである。貿易振興局の武器輸出に関する行政は、この大臣答弁をきっかけに野党側の定義拡大の追求に対応せざるを得ず、多くの汎用品を含めて規制対象とする方向を歩まざるを得なくなる。

大臣は行政の先を行っている？

私はいまだに田中大臣が「鉄兜も武器である」と言われた真意を測りかねている。我々の説明を承知しておられた上でそういう答弁をされた可能性が大なのだが、野党の質問者にサービスしたかったとか、ご自身も「どうせ輸出をさせていないのなら、武器といっても問題ないだろう」との気持ちを持っておられたのかも知れない。法規制によらず、行政指導で禁輸をして国会の追及をかわそうとしているわれわれ事務方も問題なのかもしれない。ただ、大臣の国会における発言はとりわけ与野党対立の厳しい案件については重い意味を持ち、行政の内容を大きく変えてしまうものだということを身に染みて感じたものだ。

第二節　武器輸出規制のその後の展開

国際的には、武器輸出について、日本ほど厳格に規制している国はないし、したがって定義を広くしたからといって大きな影響を被る国はないので、武器の定義は拡大して「鉄兜も武器」との定義は国際的にも定着していると聞いている。さらに、従来は武器の輸出問題が議論の中心であったのが、その後の米国製武器の大規模な輸入やそれに伴う防衛装備品、武装関連技術についての日米の技術協力の必要性が高まっていくと、これを警戒する野党との間で米国との武器技術協力が国会での論戦の対象となり、一九七六年、武器技術の移転も武器の輸出規制と同様の規制対象とされるに至る。しかし中曽根内閣のときに、米国からの武器技術供与の関連での米国との武器技術協力を可能とするように運用の変更がなされている。

武器輸出問題はその後、大量破壊兵器の製造に使用される恐れのある機材や部品の輸出の抑制問題に発展し、実際に使用される用途までチェックする方向に展開していく。そしていわゆる「Ｋｎｏｗ規制」と言われる「たとえ汎用品であろうともそのものが大量破壊兵器の製造や使用に供される可能性があることを知っている場合、あるいは知り得る場合には当該物資を規制地域に輸出することを禁止する」という極めて高度な輸出管理を必要とする体制に進んでいくのである。輸出相手先からこの保証を取り付けることを義務付けてもいるようだ。「鉄兜も武器である」

というのも一部実際の戦闘の際に使用される鉄兜もあるわけで、その後の武器輸出規制の先取りだったのかもしれない。日本のおかれている安全保障環境や国際情勢の変化や大量破壊兵器の拡散防止等の観点から武器輸出三原則も手直しされていくのだろう。

第三章　国際収支対策としての輸出規制（貿易摩擦問題の幕開け）

第一節　ニクソンショック

1　輸出急増品目の輸出規制

一九七一年、重工業課の総括係長時代の八月に、いわゆる「ニクソンショック」といわれる米国のドル防衛を狙いとした大きな政策の変更が発表された。ドルの（金との）兌換停止、十％の輸入課徴金の導入をはじめ、戦後のブレトンウッズ体制を根底から揺るがす政策の大変更である。この政策に対する評価はさまざまだが、当時多くの日本産業の重要部分を所管し、私の所属していた重工業局の最大の関心は、円・ドル為替レートの問題であった。戦後長期にわたり一ドル三百六十円の固定レートがずっと維持されてきていた。この為替相場は、米国の政策変更を受けて大きく動揺し、主要通貨当局は暫定的に変動相場を採用、レートを実勢レート（各国の国際収支が均衡しうるレート）を模索していたが、その年末の十二月にはスミソニアン合意があり一ドル三百八円へドルの切り下げが行われた。しかし、この間嵐のように変動する為替相場の中で日本企業は翻弄されており、産業所管の原局（重工業局は鉄や自動車、電気機械、情報産業などの所管部局）としては、何とか為替の変動と急上昇を阻止しなければならないとの悲壮な思いを抱いていた。そういった中で、米国は一連のドル高是正政策と併せて貿易収支黒字を重ねる日本に対して輸出の自粛をも求めてきたとの話もあった。この米国の要請を受けたものかもしれないが、この事態をもたらした輸出急増品目の輸出の伸びを抑えれば事態の解決に結びつくのではないかとの発想があり、輸出急増二十品目がやり玉に挙がったのだ。過去一年、前年対比で三十%、四十%も伸びている品目についてこれを一律に十%以下の伸びに抑え込もうというのである。もちろん関連業界の抵抗は強く、また理論的にもあまり優れた政策手段ではないとの評価が多かった。ただ、為替の変動で日本企業が苦しむ中で、少なくとも政府部内からはこの手段に対して大きな批判は聞こえず、当時の大蔵省あたりも理論的には疑問であっても、輸出抑制に反対するいわれもなく、「通産省のお手並み拝見」という感じだったのだろう。この対策に対して、通産省の内部でも冷ややかな見方も多く、何よりも業界所管のわが局はこの効果がわからない政策に関して業界を説得するのが困難ということもあって、難しい立場に立たされた。

輸出規制を決めた御前会議

この時期には累次の円対策が発表されるのだが、一連の円対策の中の「輸出規制問題」に関し、通商局長の前での御前会議があった、なぜ私がその会議に出ていたかは分からないが、おそらく輸出規制を実施するとの方向は決まっており、重工業局の幹部がその席に出て通商局や貿易振興局に説得された形を避けたかったのではないかと想像した。

その会議には小松通商局長、増田貿易振興局長など通商担当部局のトップが出席しており、議論が進められた。

私から「効果もよくわからない輸出急増品目の輸出抑制策については、とても業界の納得は得られません」と申し上げたところ、小松局長は烈火のごとく怒り、「業界説得もできないなら通産省にいる資格はない、辞めたらいい」と大声で叫んで私を睨みつけた。増田局長がとりなしてくれたが、留学から帰ってきたばかりで、貿易不均衡に対しては、通貨の調整（変動相場でなくとも、年間の変動幅を一定範囲内に抑えるクローリングペッグといった通貨調整の方式など）によって対処するという学者の見解を学んできたものにとっては、物理的に抑え込むことがそもそも妥当なのか、また可能なのか疑問に思ったが、当時は通貨の調整といった円の切り上げにつながる話はタブーだったようだ。局長に怒られたのはショックだった。更に当時の私にはそれに対する反論をする気概もなかった。

その御前会議を機に、輸出貿易管理令による輸出急増二十品目の規制を政府（通産省）として実施することが事実上決まった。部屋から出る際に増田局長が「林君、これは形だけきちっとやればいいんだよ」と慰めるように言ってくれた。確かにどの程度効果があるのかわからないから結果を保証するわけにはいかない。しかししっかりやった形にすれば、通貨の方にもなにがしか心理的に影響する可能性はないとは言えないとの大方の意見なのだろう。今でも「結果について責任を負うことはできないしその必要もない」とそっと言ってくれた増田局長の賢明な言辞は頭に残っているが、二十品目中農水産物（マグロ缶詰等）を除く十九品目はすべて重工業局の所管だったので、私の所属するこの局の苦しみはそれから始まった。

ただ、輸出が急増している品目は、二十品目といっても当時のＨＳコード四桁の分類上の二十品目であって、その内容は数百品目（中にはヘアードライヤーなど細かいものもある）にも上っている。何をどうやって抑えるのか、具体的な運用は各物資担当課の判断もあったが、ともかく輸出貿易管理令を発動して、輸出が急増している品目の伸びを抑え、ＨＳコード四桁ベースで十％以内にしなければならないのだから、担当課の業界との調整は難航を極めた。私は、総務課として全体を総括する立場だったので、実態のチェックをする重工業局の総務課である「重工業課長」（大永勇作さん）の意を受けて、毎日重工業品輸出課に何度も通い続けた。業界担当課は相当に苦労したらしく、業界との調整がうまくいかず、板ばさみにあって涙を流す課長もいたとのことである。

結局為替の切り上げを阻止するために打った輸出規制をはじめとする一連の円対策は空しく、

一九七三年、円も含めて世界の主要通貨は全面的にフロートすることになり、スミソニアン体制を含めて「固定相場制」は終えんを迎えるのである。円も思い切り切り上がってしまい（一九七三年には一ドル二百六十円となっている）、輸出貿易管理令の規制は撤廃された。時間を稼いで事態の好転を期待したのかもしれないが、うまくいかなかった。当時の経済・貿易状況の変化は構造的なものだったのだろう。規制の結果についてポジティブな評価はできないが、輸出を管理する業務を代行した「機械輸出組合」は、輸出承認の際の申請手数料が多額に入ったと聞いた。

この時期は、第二次大戦後の固定相場を基調とする世界の通商・貿易体制の大きな変革期にあたっていたのだ。そういう状況の中から選択肢の一つとして出てきた輸出規制だったようで、円の大幅切り上げ阻止のためにできることはすべてやるというのが当時の政権幹部の大方針だったらしい。措置の効果は疑問でも「対米配慮である」との見解もあった。しかし、少なくともこの輸出規制の部分に関しては、経済学先進国の米国の時の政権がこのような非理論的な措置を期待していたとすれば驚きというほかはない。ただ、通産省がどんなに抵抗してもどうにもならなかったのだろう。そういった中で、（大局を見る目のない）駆け出しの若い事務官から「効果のわからない政策で業界説得などできない」などといわれて烈火のごとく怒った局長の気持ちもわからないではない。

2　為替予約制度導入による中小企業・造船業界等のショック緩和

ニクソンショックによる為替の大変動は、中小企業や造船など比較的決済期間の長い輸出取引をしている企業には相当のインパクトを与えた。このとき為替金融課長をしていた田口健次郎さん（故人）は、為替金融課長だけあって、金融問題にかなり精通している人であったが、大蔵省と折衝して国として為替予約による決済時点での予約時点のレートによる決済（輸出ドル代金の円転換）を認めさせた。これは当時そんなに切り上げが大きなものになるとの予測は誰もしていなかったので、大蔵省も造船業や中小企業などの窮状を見て比較的柔軟に対応してくれたのだが、後に振り返ってみると、短期間ではあったが実に大きな衝撃の緩和をもたらし、輸出業界に恩恵（というより緩衝剤）となった。歴史的な動乱期ゆえ可能になったとも思われるが、輸出産業の軟着陸のためには効果的な措置だったといえるだろう。私は通産省には知恵のある人がいるものだと感心した。

3　動揺する産業界への小宮竜太郎先生のコメント

当時、産業界が変動相場に対して、「経験もしたこともないし、そもそも好ましい制度ではない、日本産業がこれに適応するのは難しい」と悲痛な声をあげている中で、通産省も産業界へのシンパシーと、固定相場に戻りたいとの気持ちもあって、どちらかというと同様な見解を持っていた感じであった。あるとき新聞に東京大学の小宮竜太郎先生が、正確な言い回しは忘れたが、「為替の変動にきちんと適応するのが経営者だ。対応できなければ経営者として失格だ」とかなり激しい言葉で述べたとの報道があった。今は当たり前の変動相場制で産業界も経営者もそれなりに対応しているが、当時は長年固定為替相場に慣れている国民、産業界にとって、経験したことのない事態に動揺していた状況だったので、私は、学者というのは実に見識のあるものだと心の底から感心するとともに、思ったことを発言する自由をうらやましくも思ったものだ。

4　日米貿易摩擦問題の持続

日米貿易摩擦問題は、米国政府のニクソンショックによる荒療治とそれに続く（変動相場制の下での）ドルの大幅な切り下げで解決したわけではない。通貨調整による効果の現出には時間もかかるし、米国の産業はドル平価の切り下げぐらいで再生できるような状況ではなかった。日米摩擦は、競争力を失いつつあった米国の産業保護のために相次いで個別品目の貿易摩擦の問題に発展していく。米国からの輸入を増加させるために政府が輸入促進の旗を振ることまでせざるを得なかった。その実施部隊はジェトロが担当したのである。

さらに「日米構造協議」まで仕組まれ、その中から公共事業などで大幅な予算を積んで（十年間で四百三十兆円の公共投資総額がコミットされた）、日本の景気を刺激して米国からものを買えるようにすべきというかなり乱暴な対応まで取られたのである。もちろん日米構造協議は日本の大規模小売店舗法の規制緩和等日本の硬直的な市場の改革を進めたポジティブな面も無かったわけではない。しかし、私は後に会計課長をしていたときに、日本の膨大な財政赤字はこの時の日米協議の結果と、その惰性で財政規律を維持することができずに野放図な公共事業予算の編成を続けたことが大きな原因ではないかとの疑いを抱いた。

第二節　貿易摩擦のさらなる拡大

1　家電製品を巡る欧州との貿易摩擦

重工業局の仕事が一段落したころ、私はヨーロッパに出張を命じられた。当時大問題になって沖縄との取引まで噂されて決着を見た繊維製品の日米貿易摩擦問題に続いて、米国のみならず、欧州において日本の電気製品の貿易摩擦問題がくすぶっており、その状況を調べるためだ。この問題で厳しい主張をしているオランダのフィリップス社などがあるベネルクス三国の情報を収集するのと、その関連で家電業界の出先で重工業局とも関係の深い機械輸出組合などとの打ち合わせが主たる目的である。ヨーロッパ、ベネルクスとの貿易摩擦問題は長く尾を引き、家電製品の日本からの輸出に関して激しい交渉が続くことになる。機械輸出組合には、後に通商産業審議官を務める鈴木直道さんが所長として赴任されていた。ベルギーでの仕事はどうしてもフランス語が必要になる。相手の業界との話し合いなどフランス語がさほど得意でないと思われる鈴木さんが、フランス語が堪能な電気業界の人の手助けを受けながら見事に仕事をこなしておられるのに感心した。

その後も一九七〇年代から一九八〇年代を通じて、日本は欧米との激しい貿易摩擦に直面することになる。ヨーロッパにおける家電製品や自動車、米国との鉄鋼、半導体、そして自動車等の貿易摩擦が相次いだ。根拠の乏しいアンチダンピング訴訟にも頻繁に遭遇することにもなったのである。

後に私がパリのＩＥＡに勤務していた一九八〇年代前半、日本製のビデオテープレコーダーが、フランスの内陸部ポワチエの空港で何日も通関できずに留め置かれたことがあった。これは当時のフランスの女性の通産大臣が日本製品を狙い撃ちにして通関の妨害をしたもので、八世紀にキリスト教徒がイスラム教徒を駆逐した闘い（ツール・ポワチエの闘いに倣って、「ポワチエの闘い」と呼ばれた。この件に見られるように日本の家電製品の競争力は圧倒的で、世界の市場を席巻していたのである。今日の家電・エレクトロニクス業界の苦悩を見ると隔世の感がする。

2　富士・コダックの係争

一九七〇年代から八〇年代に火を吹いた通商・貿易摩擦は九〇年代になっても持続しており、その一つが「富士・コダックのフィルム紛争」である。私が、基礎産業局長に就任した一九九五年、米国のコダック社が、自社のフィルムの日本市場への浸透が思うようにいかないのは日本のフィルム市場が閉鎖的で、日本政府が自国のフィルム企業を守るために外国のメーカーを締め出すような政策をとっているからだとして、米国通商法三〇一条に基づく提訴を行ったのである。通商法三〇一条は従前から日本たたきの道具のように使われ、保護貿易の象徴のように見られていた評判の悪い法律で、日本側も神経をとがらせていた。提訴状はおよそ六百ページにも及ぶ膨大なもので、私は所管業種の問題であるのでこの提訴状全文に目を通した。その内容は極めて不可思議なもので、要するにコダック社のフィルムが日本で売れないのは（日本政府が作り上げた）日本の制度や流通慣行に阻まれているせいだとして、（私に言わせれば）あること無いことを（憶測を交えて）並べ立てたものだった。

同社の言い分が根拠のあるものかどうかについては、通産省としては正確に事態を把握する必要がある。このため、私は同社の主張に引用されているフィルムを扱う代理店である「みすず産業」、「浅沼商会」など多くの関係者からヒアリングを行った。その結果は私が想像した以上にコダック社の主張に根拠が無いことを裏付けるものだった。詳細を述べることはできないが、代理店の中にはコダックのフィルムを扱っていたのをコダック社の意向で契約を打ち切られたりして、泣く泣く富士フィルムを扱わざるを得なかったりしたものもあった。また、コダック社はたとえば後楽園で売られているフィルムがすべて富士フィルムであるとして、これを不当な行政のせいにしているのだが、この種の会場で売られるフィルムはフィルムメーカーと会場側の契約によるもので、手数料の多いなど条件がいいほうを会場側が選ぶものらしい。現に米国ではもとより、日本国内でもコダックフィルムしか売っていないイベント会場、空港などもいくらでもあった。

富士とコダックの係争中に私のところにいろいろな人が面会に来た。富士フィルムはもちろんのこと、コダック社の会長「フィッシャー氏」、コダック側の弁護士「アラン・ウルフ氏」、富士側の弁護士「バリンジャー事務所の弁護士」などである。ちなみにバリンジャー弁護士事務所は、当時の豊田米州課長が本紛争の通産省・富士側の弁護士として強く推薦した弁護士事務所である。コダック社のフィッシャー会長からの会見申し込みがあった時、私はこのようなかなり無理のある提訴をするような会社の会長は、相当品の無いひどい人物であろうと想像していた。しかしながらフィッシャー氏は立派な紳士であり、その堂々たる態度に感心した。演出かもしれないが、私の前で訴状にあるような主張は一切しなかった。弁護士に任せているということなのかもしれない。他方、アラン・ウルフ弁護士についてはかなり胡散臭いものを感じた。彼は日本の企業を同様の提訴の対象にすべくリストアップしており、中には鉄鋼メーカー、化学メーカー、自動車メーカー等十数社のリストが記載されていた。コダック紛争に有利な解決を実現できた後、順次これら日本のメーカーを提訴する予定らしい。バリンジャー事務所の弁護士と話した際、ウルフ氏は離婚直後で相当の金を必要としており、日本企業を米国通商法の係争対象にして、最終的には和解に持ち込んで和解金をせしめるのが目的ではないかと言っていた。

私は一連の会談の結果、この富士とコダックの案件で日本側は徹底的に争う必要があるとの確信を持った。このようなわけのわからない提訴に、（和解などにより）安易に妥協して第二、第三の富士フィルムを作ることは今後の日本の産業のために大問題だと思ったのである。幸い、当事者である富士フィルムもコダック社の提訴に対しては毅然たる態度で臨んでおり、私のところに来てあくまで戦い抜く姿勢を鮮明にした。通産省としても富士フィルムの案件を米国の今後の不当な要求に対する防波堤にしようとする意向は固まった。

富士・コダックの係争は翌年私が通商政策局長になって以降も続けられ、二国間協議での解決のめどが立たないとして米国側によるＷＴＯへの提訴となるのである。

米側が二国間の協議でめどがたたないのでＷＴＯへの提訴に踏み切るというのは大変稀有な事態である。二国間では力を背景にごり押しが見られ、弱い立場の国は妥協してしまう可能性はゼロではないのだが、ＷＴＯの世界ではそうは行かない。きちっと法律的に検証する立証責任は提訴する側にあるので、本件のような根拠薄弱な主張にＷＴＯが軍配を上げる可能性は予測しにくい。コダック社の代理人としては、これまでの日本との交渉のように日本がある程度のところで妥協を模索してくることを予想していたのではないか。当事者である富士フィルム、通産省がこれほどまでに確固たる信念と姿勢で闘ってくるとは考えておらず、全く活路が開けぬまま、ＷＴＯに持っていかざるを得なかったのだろう。

一九九五年六月に妥協を見た自動車交渉も、同様に二国間協議での解決のめどが立たず米側がＷＴＯに持ち込んだが、これは時間稼ぎの要素が強かったように思う。自動車交渉ではＷＴＯでの本格的な論争になる前に米側が妥協案を示し、ＷＴＯ提訴を取り下げたのである。他方、富士・コダック紛争の方はＷＴＯで最後の最後まで争われ、ＷＴＯの裁定をもって日本勝訴の最終的な解決を見た。

３　人手不足の国際訴訟の体制

ＷＴＯ訴訟の難題は、係争が政府レベルの係争なので、政府の職員として訴訟の体制を整えなければならないことにある。通産省も当時弁護士事務所からの出向者を受け入れていたのだが、膨大な訴訟文書、しかも英語による文書を読みこなし、ＷＴＯの場での論争を準備しなければならない。弁護士事務所から新たに出向してもらうといっても、役人に支給されるような給与水準では英語に堪能な有能な弁護士がおいそれと役所に出向はしてくれない。研修の一環として考えてくれる奇特な弁護士事務所にお願いするしかない。中心はどうしても通産省の役人で対応せざるを得ないのである。私は、米国側はどうしているのかと興味があった。英語というアドバンテージはあるものの、先方も事情は同じようなものらしい。ジェトロの産業調査員からの報告によると、ハーバード大学等のロースクールに「富士・コダックの紛争に関するＷＴＯの訴訟を臨時に担当する仕事」と銘打って法学部の大学院生のアルバイトの募集をかけているとの情報が入った。いずこも台所事情は同じなのだと思わず苦笑すると同時に、そんな状況なら十分に闘えると思った。

ＷＴＯにおける論争は数か月の時間をかけて、米国側の主張はいずれも立証不足としてすべて退けられ、日本側の全面的な勝利となった。ただ、この裁定文を見て私が感じたのはこの裁定は「コダック側の立証不足」が原因であり、いかなる国内措置でも、外国産品の参入障壁とみなされるような差別的な規制など、もし立証が可能ならこちらの敗訴につながる可能性が大であるということだ。

二〇一五年の十月に合意されたＴＰＰの中にも、ＩＳＤＳ（Investor-State Dispute Settlement）の条項（投資関係の条項で企業が政府を訴えることができる根拠条項）があるように、政府の措置が外国企業に差別的に働く可能性のあるものは、国際係争の種になり得るということで、政府は心して対応しなければならないとの感を深くする。

フィルムのＷＴＯの論争において、通産省からは藤岡誠審議官をヘッドとするチームが組まれ、ジュネーブで米国側を相手に論陣を張った。通産省側の体制は、数は少ないが、出向してもらっている弁護士諸兄を含め一流の体制である。通産省の事務官で米国に留学して米国法を学び、米国の弁護士資格を取っている鈴木將文氏（現名古屋大学法学部教授）、西村あさひ弁護士事務所から出向していた川合弘造弁護士他弁護士事務所の皆さんとの連携で、見事な勝利を収めたのだ。通産省の交渉チームの実力には深く敬意を抱いている。この紛争における日本の勝利を契機に米国からのこの種の要求は影を潜めた。

更にその後数年して（二〇一二年）、驚愕するような出来事があった。コダック社が倒産（チャプター十一＝会社更生法の申請）をしたのである。

日本との係争は同社にとって最後のあがきだったのかもしれない。しかしこのような手段に訴えて会社の再建を図ろうとするのには無理がある。また、コダック社は多くのＭ＆Ａをも手掛けて生き残りを図ったようだが、収益源としては自社の銀塩フィルムを超えるものはなかったようだ。コダック社の銀塩フィルムはその発色する色彩の素晴らしさから日本の写真家の中にも多くのファンもいるのだが、カメラの技術進歩は速く、銀塩フィルム一本足で生き延びようとしたコダック社は時代に取り残されてしまったのだろう。ビジネスの世界で成長するためには変化に対応することがいかに大切かを思わせる案件である。

「大きなもの、強いものではなく、変化する環境に適応できる者こそ生き残ることができる」といったダーウィンの“The Survival of the Fittest”という言葉が思い起こされる。

4　貿易摩擦の鎮静化

コダック社のＷＴＯにおける係争の前、私が通商政策局長に就任する一九九六年七月の約一年前に、大もめにもめていた日米自動車交渉が決着した。私自身はこの交渉に直接携わっていなかったので交渉の詳細は承知していないが、決め手になったのはＷＴＯのルールだったという。自動車のような重要品目について、二国間でたとえば輸出数量制限などの隠微な合意をすることは往々にして第三国の利益を害する（数量制限をした国の輸出圧力が第三国に向かう）可能性があるとのヨーロッパサイドからの抗議が米国のゴリ押しをけん制したのだという。

私は基礎産業局長時代、自動車交渉の合意文書や公電で発せられてきた米国政府の発表内容をかなり詳しく読んだ。非常に不思議だったのは、クリントン大統領自らが発表した日米の合意内容のニュアンスが実際の合意と相当に異なるものだった点である。大統領の発表内容は「日米自動車交渉に大勝利を収め、米国の利益を守った」というものだった。私は詳細に合意内容を見たが、当初の米国の主張に対してどこが米国の勝利だったのか極めて疑問に思った。確かに決め手となったのは日本の自動車メーカーのグローバル計画の策定、なかんずくトヨタ自動車の米国への投資ということらしいが、その点を除けば、日本側のしっかりとした主張により当初米国が主張していた二国間の輸出数量目標、あるいは日本の自動車メーカーによる米国の自動車部品購入計画目標のような合意は一切見当たらないのである。日米自動車交渉もフィルムと同様、ＷＴＯ

に持ち込まれた（一九九五年）。当然のことながら、米国が当初から主張していた数値目標などのルール違反がＷＴＯの場で実現できるはずもない。米国はＷＴＯの協議の最中に妥協案を出してきて日米交渉は決着した。ＷＴＯにおける協議を続けていると米国通商法三〇一条がＷＴＯ違反と裁断される可能性を米側が恐れたとの見解を述べる人もいる。もしそのような事態になったら米議会の「ＷＴＯから脱退すべし」との議論を刺激する可能性もあるとのことだ。豊田正和米州課長（後の通商産業審議官）によれば、この交渉では「数値目標は一切排除、無差別原則等ＷＴＯのルールに基づく合意ができた」とのことである。日本側は米側への配慮から決して口にすることはなかったが、実質的には日本側の勝利と言ってもよいだろう。それにしても結論はどうでも大統領自ら、「勝った、勝った」と記者発表の場で叫ばねばならない米国の民主主義の世論は政治に対する大きなプレッシャーになっていることを痛く感じたものだ。

日米自動車交渉の決着を機に、米国との貿易摩擦は急速に収束していく。一九九五年に設立されたＷＴＯ（世界貿易機関）の役割も大きいが、遺憾なことではあるものの何より日本の国際競争力が減退していたことが、事態の鎮静化をもたらした最大の要因と言えるかもしれない。ただいずれの国にとっても、現在なお、自動車産業が極めて重要な産業で潜在的な貿易摩擦を抱えた産業であることは疑いない。

5　インドネシアの国民車構想

塚原——スハルト会談

一九九六年、通商政策局長就任直後、塚原通産大臣（故人）のお供でＡＳＥＡＮ首脳会議に出席のためジャカルタに出張した。ＡＳＥＡＮ首脳会議は毎年開催されており、会議の後にＡＳＥＡＮ首脳と主要国（日本、中国など）の首脳（または大臣）が個別に会談する日程が組まれる。一種の「政策対話」の場であり、そこでＡＳＥＡＮ諸国と主要国の関係強化、またそのための施策などが議論されるのである。この年は開催地がインドネシアということもあり、新しく通産大臣に就任した塚原大臣はスハルト大統領との会談を設定していた。（口絵３）

政策対話はそれなりに重要な問題を議論するのだが、この年のインドネシアとの関係で我々が最も注目していたのはスハルト大統領が直前に発表していた「国民車構想」である。

この構想は特定企業（韓国の起亜自動車との合弁企業であるティモール・プトラ社）の生産する車を国民車として指定し、それに対して徹底的に保護政策（自動車に課せられている奢侈税の減免、生産に当たって輸入する部品などの関税の減免その他）を投入してインドネシアの国民車として育てていこうとするものである。同様の国民車構想はマレーシアのプロトン・サガ社において先行しており、同社は三菱自動車との技術提携で生産を開始している。マレーシアでは自動車の輸入関税が二百％と高く、国内産業保護政策として長期に持続している。詳細な議論は避けるが、韓国で生産された車でも関税を免除する等保護政策の内容からしてインドネシアの国民車構想はどんなに説明してもWTO違反のそしりは免れない代物だ。日本メーカーも、おそらくこのような構想には反対である。おそらくというのは、我々が日本メーカーの意見を聴取しても彼らは明確には反対意見は開示しない。特定の車にどんな保護施策を講じようと、自社の車は大して影響を受けることはないとの自信から来るのか、あるいは（想像するに）、大統領自らが旗を振っている構想にたてついたとなればインドネシア政府との関係が難しくなり、今後の操業にも悪影響があることを危惧しているのかも知れない。ジャカルタに入ってわかったのだが、地元のマスコミもスハルト大統領への遠慮があるのか、全く自分の意見を持っていない感じだ。ただ、日本政府が大統領の推進している構想に対してどんな見解を主張するのかを見ている。私の印象では、彼らは大統領の構想にシンパシーを持っているような感じさえした。

私は塚原大臣に「本件は明らかにWTO違反です。日本はこの構想には強く反対するべきです」と申し上げ、その論拠を丁寧にご説明させていただいた。スハルト大統領は息子（三男）のトミーをこの会社の社長にするために国民車構想を打ち出したとも言われており、ともかく構想に極めて強く執着しているとのことであった。

いよいよ大統領と大臣の会談が始まった。型通りの挨拶の後、いきなり大統領から国民車構想の話に入った。日本の支持を期待しての話のようだ。悪くとも反対されることはないと思っている気配であった。ところが塚原大臣は、かなり厳しい調子でこの構想に反対の論陣を張られたのである。私は正直、大臣がここまで強く反対されるとは予想していなかった。この種の話は上へ行けば行くほど外交関係をおもんぱかって、はっきりと言わないものだと理解していたからである。スハルト大統領は心なしか顔色が青ざめた感じがした。次いで大統領が話したのは、この三十年間インドネシアがガスの安定的供給などでいかに日本のために尽くしてきたかをとうとうと語り始めた。大統領の話を聞かれても大臣は、従前と全く変わることなく、かなり説得力のある言い方で国民車構想がいかにインドネシアのためにもならないかを語り始めたのである。私は率直に驚いたと同時にここまで言っていただいた塚原大臣にとても感激した。大統領は青ざめた顔のまま塚原大臣との会談を終えた。不満な表情がありありと見てとれる大統領の退場だった。

新聞記者に取り囲まれた我々は「国民車構想」に日本が反対であることをプレスに話したが、記者諸兄は我々の説明が理解できなかったようだ。要するに日本がスハルト大統領の国民車構想に反対するとは予測していなかったらしい。改めてスハルト大統領の力がインドネシア国民の広範な分野にまで浸透していることを思い知った。

橋本総理へのご進講

帰国後も、インドネシアは国民車構想を取り下げる気配はなく、私はこの案件は日本としてインドネシアを訴えてＷＴＯに持っていくべきだと思った。

驚いたことに、インドネシア側は弁護士として元ＵＳＴＲの代表をつとめた「カーラ・ヒルズ女史」を雇っているという。通商代表を務めた人物でも、弁護士である以上頼まれた仕事はWTO違反の案件でも弁護するものなのかと思った。一方日本の外務省は、大事な日本のパートナーであるインドネシアをWTOで訴えるのに慎重である。駐インドネシアのW大使から外務大臣↓総理宛意見具申が行われ、「インドネシアをWTOで訴えるべきではない」との見解が伝えられた。このような事情もあり、本件をWTOに持っていくためには。橋本総理のご了解をいただかなければならない。

私は官邸に、この件のWTOへの提訴を総理にお願いに上がった。総理は他の用件を処理しつつ、「自分ならWTOには持っていかないな」とおっしゃった。外務省から官邸に出向していたM氏も「そうですよね」とばかりにうなずく。

私は「本件は日本とインドネシアの二国間関係を損なうような性格の問題ではなく、息子のトミーのためにやったとさえ言われている代物なので、国際ルールに沿って淡々とやればいいのです。このようなWTO違反の案件も何の反対もなくできるのだと思わせると、今後も日本にとってマイナスだと思うのです」と申し上げて総理の理解を得たいと思った。

総理はあまり乗り気にはならないご様子であった。ただ、最後に「君の思うようにやったらいい」と言っていただいた。この総理の反応をどう受け止めるかは微妙なところもあるとは思ったが、通産大臣以来お仕えしてきたこともあるので、額面通り受け取らせていただき、本件は米国、EUとともに我が国も加わってWTOのパネルでの判断を求めることになった。この結果、WT

Ｏにおける提訴は（おそらく外務省にとっては不本意なのだろうが）もっとも利害関係のある日本が主導して推進することになった。

その後二十世紀末にアジア危機がインドネシアをも襲い、ティモール・プトラ社は立ちいかなくなったようだ。一九九八年一月一五日、危機を受けたＩＭＦとの合意を踏まえインドネシアの「構造改革プログラム」が発表され、その中の大統領命令第二〇号により「国民車構想」は撤廃されたのである。

〈コラム〉オペラとの出会い

ウィーンでのオペラとの出会い

一九七三年、重工業課で円高対策が終了した後、ブリュッセル、ウィーンを訪問したときに印象深い事があった。ウィーンのジェトロ所長は交代したばかりで事務所の移転などでがたがたしていたのだが、仕事が一段落した夕刻、「オペラを見に行きませんか」と声をかけてくれた。ウィーンのオペラが有名だとは知っていたが、これまでオペラはオックスフォードで学生の学芸会に毛の生えた程度のレベルのものしか見ておらず、この時は、このこと所長について行ったという感じだった。

そこで見たオペラ「ホフマン物語」は、誰が指揮をしたのか、誰が歌ったのかも覚えていないのだが、そのすばらしさに圧倒されてしまった。荘重なオーケストラとソプラノ歌手が歌う有名な「ホフマンの舟歌」はとりわけ素晴らしく、こんなにすばらしい芸術があるのだろうかととても感動した。

パリ、ロンドンでのオペラ

私は重工業局勤務の後、十年ほどしてパリのIEA（国際エネルギー機関）に三年間勤務し、さらに通産省退官後、欧州三井物産社長として二年余りロンドンに勤務した。パリでは私の前任者の故清木勝男さん、それに通産省からIEAに出向していた金子和夫君が音楽に造詣が深く、オペラの大ファンだったこともあって年間の座席アボヌマン（Abonnement: 定期鑑賞の権利）を確保しており、私もそれを引き継いで三年間、ほぼ二か月に一度ぐらいのペースでパリのオペラ座（ルーブル美術館の近くのガルニエ"Garnier"と呼ばれるシャガールの天井絵がある建物も素晴らしいオペラハウス）でオペラを楽しむ機会に恵まれた。

また、二〇〇四年から勤務した欧州三井物産社長時代のロンドンではロイヤルオペラハウス（Royal Opera House）や郊外のグラインドボーン（Glyndebourne）でオペラを楽しんだ。

物産の欧州社長のとき、取引先のパートナー会社からグラインドボーンのオペラへの招待があった。その会社から、ご夫妻でどうぞとの話だった。家内は、私のロンドン二年余りの単身での駐在中、四か月ほどロンドンに滞在した。大事なお客さんを接待する際とか、重要な行事があるときとか、本国から飛んで来ざるを得なかったのだ。しかしいくら大事なお客さんからの招待とはいえ、オペラ見物のためにロンドンに来るわけにはいかない。困り果てていた時、たまたま物産本社で私の秘書をしてくれていた関根さんの妹さんがロンドンにあるＥＢＲＤ（欧州復興開発銀行）の局長をしていると聞き、関根さんにメールをして妹さんを一日貸してほしいと頼んだ。グラインドボーンのオペラのチケットはなかなか手に入らないので、幸い妹さんは喜んで来てくれた。もともと米国の投資銀行に勤めた経験のある人で、若干米国アクセントがきつい英語が気にはなったが、とても優秀で、会話も弾んで楽しいオペラ見物であった。ただ、その時に招待側の人が連れてきたのは奥さんでなく、男性だった。先方もあえてその若者を紹介することもなく、こちらからも問いただすこともしなかった。最初からわかっていたら私も苦労せずに、私の部下の八木君を連れてきてもよかったと思った。八木君は私の物産の本社の役員時代に秘書室にいて一緒に仕事をし、私がわがままを言って欧州に一緒に来てもらった社員である。英語が堪能な配慮の行き届いた人物で、彼も単身赴任だったこともあって、公私にわたり助けられた。彼は三井物産退任後、先方より請われて、しばらく中国の「長城汽車」という自動車会社の顧問をしていたこともある。

グラインドボーンはロンドンから一時間程度の美しい英国の郊外にある。オペラハウスの庭の六月の新緑は美しく、ひなびたオペラハウスで聞くオペラの素晴らしさも記憶に残るものだった。

ロイヤルオペラハウスとの年間契約

私のロンドン滞在中、かなりの数のお客さんが見えた。欧州三井物産では、お客さんを接待するために、ゴルフについては「ウェントワース」という有名なゴルフクラブの会員になっていた。青木功プロがマッチプレーで優勝したゴルフ場である。商社のお客さんはゴルフ好きの人が多く、ウェントワースのゴルフ場での接待で大方満足していただいたのだが、それ以外の接待、例えばオペラや、シーズンであればウィンブルドンのテニスなどの席が用意できれば望ましいと思っていた。ただウィンブルドンの席の確保は極めて難しく、しかもかなり高額である。米国三井物産はヤンキースタジアムの席を確保していると聞いたので、ロンドンでもできればロイヤルオペラハウス（ＲＯＨ）の年間契約でもしたいものと思っていた。忙しさでなかなか思いは果たせなかったのだが、帰国間際にＲＯＨに行って劇場の案内をしてもらうと同時に年間契約をすることにした。確か五百万円位で、結構高いのだが、行く、行かないは自由で、有名指揮者や歌手の出場する入手困難なチケットでも優先的に入手可能である。この権利は実に価値のあるものだ。私は欧州三井物産の任期の終了した帰国間際、ＲＯＨでプラシド・ドミンゴが歌う「シラノ・ド・ベルジュラック」を見に行きたいと思ったが全くチケットが入手できなかった。この権利を購入するとこの種の予約しにくいチケットの優先的な入手ができる。私自身は帰国間際で恩恵に浴することはできなかったが、私の社長時代の稼ぎの中から一つ欧州三井物産に文化的資産を残すことができたと思った。私の後任者のＡ氏が実際に契約をしたのだが、帰国間際に「林さん、あの席は、一千万円のいい席にしておきました」と言ったので驚いてしまった。彼は鉄鋼原料という三井物産の中でも稼ぎ頭の本部出身であり、さすが、金持ち本部出身者は違う。身を切るような思いで五百万円の大枚をはたいたと思うような貧乏本部（私は電気・プラントプロジェクト本部の配属で、私が管轄していた時期はその後担当した機械グループ全体としてずっと赤字すれすれだった）とは考え方が全然違うのだと思い知った。確かによりよい席でお客さんに楽しんでもらう効果は、格下の席での接待に比べるとお客さんの受け止め方にも格段の差があるだろうなと思った次第である。大事な事には金を惜しまないというのが商社の論理かも知れない。

ただ、二〜三年後に英国に行った際、その時の欧州三井物産の社長に、「あのオペラの席は有効に使っていますか」と聞いたところ、キョトンとしてその年間契約の存在さえ知らなかったのには驚いた。お客さんの希望者が少ないので契約はキャンセルしたらしい。

第三節　イランを巡る貿易・投資問題

1　日本航空電子に対する厳しい制裁

管理職になる前に経験したさまざまな貿易摩擦問題は引き続き姿を変えて私の前にあらわれた。一九九一年、会計課長を卒業して貿易局担当の官房審議官に就任した。当時の貿易局（一九七三年に貿易振興局から名称が変わっている）の主な担当は、貿易保険と貿易管理の二つの分野である。貿易管理は当時大量破壊兵器向けの設備・機器や技術の輸出をきわめてセンシティブに管理していた。一九八七年に「東芝ココム事件」が発生した。この事件は、東芝の関連会社東芝機械がソ連に違法に輸出した工作機械によってソ連の潜水艦のスクリュー音が抑えられ、米軍の探査が困難になる低騒音で運行可能になって米軍に脅威を与えるに至ったとして、日・米間の外交問題化したものである。この件もあって当時輸出管理にはピリピリしていた。もっとも東芝機械が工作機械を共産圏に輸出する前にソ連製の潜水艦の低騒音化はすでに実現していたとの議論もあったらしく、東芝機械事件は管理の甘い日本の貿易管理に米国が警告を発したのではないかとの議論をする人もいた。

そんな中で日本航空電子工業のイラン向けのジャイロ（航空機の平衡を保つための精密な管制

装置）の違法輸出が露見した。先立つ数年前の東芝機械事件の際の、国会での厳しい追及と議論があったこともあって関係者は相当に緊張した。

違法輸出に対する同社に対する制裁措置が議論され、貿易局内でも激しい議論が行われた。貿易局内の議論は同社に対してかなり厳しく、とりわけ若い事務官・技官諸兄は純粋な気持ちもあるのだろう、同社に対し一年半の輸出停止を主張した。私は、入省当時の惰性もあるのだろうか、この種の制裁に過大なペナルティーを課すのはあまり賛成でなく、同社に対し十分な警告の効果が見込まれる期間として一年以内を主張した。局内会議での高島局長の判断は厳しかった。二度とこのような違法行為を起こさせないとの配慮もあったのだろう。通常、通産省は上のほうへ行くとこの種の制裁の内容は企業に対する配慮が働いて緩やかになる傾向があるのだが、局長は頑として一年半の輸出禁止の制裁を譲らなかった。

この制裁内容は大臣官房にも予想外に重いペナルティーと映ったようだ。日本航空電子工業に対する一年半の輸出禁止措置が決まった。

このジャイロは世界の航空会社にとって不可欠の設備だったようで、制裁が決まった後、世界中の航空機器メーカーや航空会社から適用除外の陳情が相次いだ。制裁を破るわけにはいかないが、中野貿易局総務課長の「一定の条件で既契約分は適用除外する」との知恵に基づいて若干の緩和措置を導入し事態の大きな混乱は避けることができたと思われる。

２　ＩＪＰＣへの保険金支払い

当時の貿易局の抱えていたもう一つの大問題はイラン・ジャパン石油化学会社（ＩＪＰＣ）関連の貿易保険金支払いの問題である。

ＩＪＰＣはロレスタンの石油鉱区供与の見返りに三井物産を中心とする三井グループがイラン国営石油会社との合弁で（一九七一年合弁基本契約を締結）、イランのバンダルシャプールに建設しようとした石油化学のプロジェクトである。ロレスタンの石油鉱区はモービル、イラン国営石油会社との合弁で採掘したものの石油・ガスを掘り当てるに至らず、三井グループは石油化学プロジェクトに社運をかけて取り組むことになった。

ところが、その後のイラン・イラク戦争でこのプロジェクトは、建設中のプラントがイラク空軍の爆撃を受けて損傷し、日本グループはこのプロジェクトからの撤退を余儀なくされた。そして本件は貿易保険（海外投資保険）上の戦争、内乱による保険事故と認定されたのである。ただ建設中のプラントが全壊したわけでもなかったこともあって損害額の算定が困難を極めた。私が貿易局審議官に就任したときは長期間にわたった貿易保険の損害の調査査定作業も終焉に近づいており、最終的に保険金額を確定する段階であった。この作業は高島局長の前任者である内藤局長の指示の下、藤野貿易保険課長が有識者を集めた委員会の意見をも聞きながら検討しており、支払い額の最終案を貿易局長室での会議に諮ってきた。金額は七百七十七億円という、貿易保険にとっては経験したことの無い巨額の支払いであった。藤野課長の詳細を極めた説明に局長室の会議に参加していた誰も反対、反論をすることは無かった。会計課長を経験した私としては容易ならざる金額だと感じたが。

もっともこれだけの支払いをもってしても、関係者である三井物産をはじめとする三井グループは三千億円以上の損害があるとの主張をして不満を述べていたようだ。後に私が三井物産の役員になった際、ＩＪＰＣプロジェクトがこの会社にとっていかに深刻な影響を与えたものかを身をもって知ることになる。この件の会社にとってのトラウマと通産省に対する不満は相当なものだ。ただ、不満はあっても貿易保険の支払いが会社復興の大きな支えになったことだけは確かだ。

第四章　農産物輸入を巡る諸事件

第一節　農産物ＩＱ

１　自由化の効果

一九七三年春、重工業局の後に貿易局農水産課に異動になった。貿易局農水産課の課長は農林省（一九七八年農林水産省と改称）からの出向人事で、農林省出身の課長は農水産物のマーケットや制度によく通じており、その下で働くことは大変勉強になった。

貿易摩擦が火を吹く前は国会での貿易振興局に対する質問は、ココム、武器輸出三原則、そして、バナナと海苔、こんにゃくの輸入割り当て問題が中心だった。入省直後毎日のようにバナナ、海苔と悩まされ、農水産課に配属された時、覚悟をしていたのだが、割り当て品目に関する質問は一つもなかったのには驚いた。その間バナナは自由化され、すべての利権が消えてなくなってしまったようだ。自由化というのは既得権益を吹き飛ばしてしまうすごいものだ。

〈コラム〉江平坤さん

バナナの自由化後の混乱を回避するための過渡的な輸入秩序について台湾側の要請もあり、両サイドで詰めた議論をする必要があった。先方の業界団体と日本にある台湾政府の出先の駐日経済文化代表処（国交のある国であれば大使館ないし領事館に相当）の代表と農水産課の課長補佐の私が連日会談を繰り返した。

かなり技術的な議論ではあったが、日本側も台湾バナナ輸入協議会を交え、独禁法の枠内で可能な自由化後の輸入秩序の枠組みを議論したのである。その時台湾の駐日代表部において会議の通訳をしていたのが、後に台湾の経済部長（経済産業大臣に相当）になる江平坤さんだった。江さんとはその後長い付き合いになるのだが、当時は新進気鋭の若い外交官（参事官）で、東京大学農学部の大学院を卒業したばかりの極めて知性の高い人物だった。江さんは、後に台湾のWTO加盟の立役者にもなる人で、その後も台湾の議会の副議長、台湾と中国の両岸協議会の議長などを務め、文字通り台湾の政治において枢要な地位を占める。日本の通産省・経産省とも多くの人と深く長い付き合いを続け、私の通産省、三井物産時代、ジェトロの理事長時代に台湾を訪問した際にも、忙しい中必ず時間をとって、昼食や夕食を一緒にして、台湾と中国の関係などの状況を詳しく話してくれた。その後政界を引退した後、台湾の銀行が日本の東京スター銀行を買収した後、同行の取締役会長に就任して、毎月のように日本を訪問しているとのことである。

彼は日本の代表部の参事官を務めた後、当時台湾と外交関係のあった南アフリカに赴任したのだが、赴任の際に私に彼の東大の卒業論文であった「後藤新平の台湾における土地政策」を本にしたものをプレゼントしてくれた。その論文の結論は「後藤新平の台湾における土地政策はその後の台湾の経済の発展に貢献したところはあるものの、所詮植民地政策の域を出ない」との内容ではあったが、なかなか立派な卒業論文であった。

2　ＩＱ制度の問題点

その当時、まだオレンジはＩＱ品目（インポートクオータの略で、一定量の輸入割り当てを行う品目ということ）になっていた。当時、オレンジの輸入ＣＩＦ価格（日本の港に到着した時の価格）は一個約二十五円、街の果物屋さんで売られている値段は一個約百円だった。国内流通経費をいくら高く見積もっても一個二十〜三十円程度であろう。割り当てをもらっている人は何もしないで商社や流通業者に割り当て権を委託することによりオレンジ一個につき五十円前後の収入が手に入ることになる。一千万個、二千万個の割り当て枠の大半を実績に基づいて特定の人に割り当てるので、割り当てを大量にもらった人には、毎年五〜十億円の収入が眠っていても手に入るということになる。割り当ては実績ベースで行われるのが原則で、若干の自由枠はあるもののきわめて小さいものだったし、実際に割り当てをもらっていない人は実績を積むことが困難（というより不可能）なので、新規参入の可能性はほとんどない。なんとも割り切れない制度である。

そこで、私は、局の法令審査委員（総務課の課長補佐で、局の要のポストである）のＴさんに相談に出向いた。私の配属された農水産課はわずかな頭割り予算以外にはまったく予算のない課で、割り当て行政だけをやっていた。しかし一九七三年の石油危機後の混乱の中で輸入農産物の流通価格に対して消費者がかなり不満と不安を抱いていたので、やらねばならぬことは山のようにある。予算がないということは必要な調査も出張もできないということだ。

私がＴさんに相談したのは次のような話だ。即ちおよそ数千万個あるオレンジの割り当ての権利を百万個単位に分割して入札に付する、そうすると多分一個あたり五十円程度を払って枠を獲得しようとする業者はたくさん出てくるだろう。一単位百万個につき（五十円×百万個＝五千万円ぐらいが国に入ってくる計算になる。割り当ては五千万個としてその五十倍の二十五億円の収入が国に入ることになる。そのうちの十％程度を入札実施費用と当時オイルショック後の食料不足などが重大問題になっていた農水産物の国際流通市場調査等のために農水産課の予算に繰り入れられないか、との話を相談に行ったわけだ。Ｔさんは大変現実的な人で、私の話を丁寧に聞いてはくれたもののまったく相手にしてくれなかった。今思えばそんな既得権を奪う学生のような話が行政レベルで簡単に実行できるわけはなく、新しい法律も必要になる可能性もある。Tさんの反応は至極当然であった。でも今でも割り当て行政はもう少し合理的に実施できないかなと思う。

オイルショック後の輸入農産品の市場の混乱については、経済企画庁の物価担当部局が各省に配布する調査予算を持っているとの話だったので、その要求をさせてもらい、大きな金額ではなかったものの、ある程度の調査ができるような予算を確保することができた。

輸入割り当て制度については、一九九五年のウルグアイラウンド合意で、IQ制度は維持できなくなり、ほとんどがTQ制度（「関税割り当て」制度といい一定の数量までは無税または低税率で輸入させるが、それを超えた分については高額の関税を課すいわゆる関税化制度）に取って代わっている（コメについては、一九九九年に同制度に移行）。その関税割り当て品目については、国ないし関連の公的機関が割り当てを受け、その国内販売価格との差額の利益相当分を畜産の振興など公的事業に使うケースが多いようだ。しかし政府や公的機関の仕事さえ入札に付するのが一般的になっている現在、割り当て権を入札にするのはむしろ当然のことのような気がする。後に通産省きっての理論家との評判の高かった天谷直弘元通商産業審議官が輸入割り当て制度について述べておられ、「入札にするのがもっとも正しい政策だ」と言っておられるのを知り、快哉を叫んだものだった。

第二節　豪州糖の長期契約

第一次石油危機後の重要食料品の品不足を前に、砂糖もその例外ではなかった。砂糖の国際価格も高騰していた。そういった中で三井物産、三菱商事の両社は豪州の砂糖公社との間で砂糖の長期契約を結ぶ検討に入った。農水産課にはこの両社とオーストラリアの砂糖公社がかわるがわる訪問してきた。長期契約については政府がどうこうする立場にはないが、日本の企業がそれを結びたいというのなら反対はしないとの立場である。もっとも通産省の米州課はK課長が長期契約にかなり懸念を示していた。ただ、企業がやりたいというのをこちらが阻止する必要もないというのが農水産課の立場であった。

豪州と両社の話し合いは順調に進み、三井、三菱の両社は長期契約を結んだのである。契約した価格は、長期契約ということもあって、当時かなり高かった国際価格に比して相当に有利な価格水準だったようだ。

この長期契約は後に大問題を起こすことになる。オイルショックの後遺症も癒えて世界経済が停滞期に入った頃から商品価格はぐんぐんと下がり始め、砂糖の価格も長期契約で合意した水準を大きく割り込み始めたようだ。価格については事業者間の合意で政府をも含めて事業者は一切開示していなかったのでどの程度かは想像するしかないが、合意を守ることが困難になるほどのものであったという。ここでオーストラリアと日本の事業者の長い闘争が始まり、後々までも日・豪間で大きな後遺症を残すことになる。私は長期契約締結時に懸念を示したK米州課長を思い出した。

この砂糖問題の教訓は、有利に見えても、市場が高騰しているときに軽率に長期契約、とりわけ一定の価格水準について長期にコミットすることは避けるべきということだ。

長期契約については、現在天然ガスが二十年間の引き取りと価格についてコミットしているが、価格水準はあくまで原油価格に連動するものとなっており、ある意味では市場価格連動なのである。安定供給を確保するためには、長期契約も有益なこともあろうが、特定の価格を長期にコミットしてそれを守ることは変動する経済情勢の中では難しいということだろう。

第三節　米国の木材輸出規制

1　農水産課長の人事異動

一九七三年、石油危機後の国際市場は大荒れに荒れており、資源や食糧の貿易に様々な混乱が生じていた。産油国による石油の禁輸のほか、ブラジルによる大豆の輸出規制、砂糖などの国際市場での不足と市場の混乱などが相次いだ。そういった中で日本の木材、住宅業界を揺るがす大事件が米国による木材の輸出規制である。これに対して、通産省（現経産省）と農林省（現農水省）は協議の結果、輸出を規制された米材が国内事業者（製材業者や商社）に公平にいきわたるように輸入サイドでも割り当て制を導入することにした。商社割り（二十%)、需要者割り（八十%)、そして大きく割り当てを受けることになった需要者割当をもらった者の特定の商社に対する発注量の頭打ちなどにより、極力公平にこれまで輸入していた業者に従来の輸入量に近い米材がいきわたるように、さまざまな手を打つことになった。公平な割り当てを確保し、市場の混乱を最小限に止めるために、両省は詳細な検討を行ったもので、割り当て行政も極めて奥の深いものがある。割当制の導入が決まり、その制度の具体的内容の検討をしている真っただ中に重工業局から私が異動していったのである。当時農林省から出向されていたＴＯ農水産課長が商社や木材業者と話している割り当ての方法をそばで聞きながら、これは相当に難しい話だと思った。ところがそのＴＯ課長は、一両日中に広島農政局長にご栄転の予定という。課長と課長補佐が、こんな大事な時期にほとんど同時に異動するというのである。

こういった人事は通常やらない人事である。しかも、農水産課にとっては前代未聞の重大事を抱えているときである。私は自分がこの問題を理解し、ハンドルできるまでには最低一週間は必要だと思った。そこで貿易局総務課長の花岡課長（故人）に陳情に行った。花岡課長は私が留学していた時に、ロンドンの日本大使館の公使をしておられ、イギリスでもお世話になった方だったので話がしやすかった。要するに課長の交代を一週間延ばしてほしいという陳情である。一事務官が課長の、しかも他省の課長の地方農政局長への栄転人事のタイミングを延ばせと言っていくのは今考えても相当なものだとは思う。栄転に伴う様々なお祝い事も準備されていたことだろう。ただ、おそらく課長と補佐の同時異動の人事についての若干の良心の呵責もあったのかもしれない。花岡課長は農林省とも話してくれ、課長の人事は一週間延びた。農水産課にとってもっとも重大な時期にＴＯ課長と一緒にじっくりと米材の割り当て問題について学びながら対応することができた。

私は入省時貿易関係だったこともあって、貿易実務については決して素人ではないと思っていたが、随分と知らないことがあり、この一週間は改めて割り当て行政について学び、実務を行うノウハウを身につける上で、農水産課のその後の仕事にとって実に貴重な一週間であった。一週間後に後任のＴＡ課長が就任した。新しい課長も国際感覚の優れた立派な人で、その後も公私にわたり長いお付き合いをすることになる。

2　米材の輸出規制への対応

米材割り当て行政は通産省の輸入課、農林省の林政部との密接な連携の下にとりあえず走り出したが、山のように様々な問題が出てきた。こちらは農水産課長の立場もあり、農林省との交渉には、当時の真野輸入課長や補佐の牧野さん（のちの通産次官）の協力を得ながら進めることになった。本問題は農林省の林野行政にとって、当時としては最大の問題でもありＨ林政部長が細かい内容も含めて詳細を把握していたのだが、通産省の同じレベルの幹部にはこの問題で林政部長と対等に話し合う知識も実感もなかったため話が進まず、先方は結局細かい話を承知している牧野輸入課課長補佐と私の二人しか相手にしなくなってしまった。そこで連日のように、農林省林政部長＋南課長補佐（彼は農林技官で木材の知識のみならず、業界事情にも極めて詳しい）対ＴＡ課長、牧野課長補佐、林課長補佐での会談による混乱回避と問題解決の努力が続いたのである。

３　米材の輸入規制の撤廃

そうした中で石油ショックの影響が和らいできたのか、米国は材木の輸出規制を撤廃した。業界の圧力もあったのだろうが、このあたりのアメリカの対応の迅速さには感心する。もちろん、そんなに急に事情が変わるわけでもないので材木需給の混乱状況は続いていた。

農林省は米材の輸出規制が解除されても輸入サイドの割り当ての廃止には頑として反対した。所詮不足気味の米材を国内に公平に割り振るためには割り当ての継続が必要だという。輸入米材の公平な分配を取り仕切る組織として各県に「米材輸入協議会」を作ってしまい、組織論としても廃止するのは大変だったようだ。私は、バナナやオレンジの話で割り当ては利権の巣窟という気持ちがあったので、米側の輸出規制の撤廃を機に何とか輸入割り当て制度は廃止したいと思った。商社は廃止に反対することはないと思ったが、ユーザーである製材業者の意見が重要になる。私は地方出張の際、かなり多くの製材業者の意見をそっと確かめることとした。あまり大っぴらにやると農林省を気にして率直な意見が出てこない可能性もあったためである。その結果多くの製材業者は米国側の輸出規制が廃止されたら、日本側の規制はない方がやりやすいとの意見であった。農林省は強力に廃止には反対する。この件は、貿易局農水産課の力では何ともし難く、通産省の米州課、外務省の協力を仰ぐこととした。時の米州課の課長補佐のHさんは「まったく同感」として私の気持ちを理解してくれた。また外務省は北米二課のＳ課長がこちらに強いシンパシーを示してくれた。世界を股に掛けた壮大な計画の下に米国政府の通商代表をも動かし、ついに輸入割り当て制度の完全撤廃に持ち込むことができた。その過程で米国のあらゆるレベルの人たちと直接交渉ができる通産省の米州担当課の力を実感した。米国サイドも自分が輸出規制をして日本側が対応したのをやめてくれとは言いにくかったかも知れず、こちらからの働き掛けは渡りに船だった可能性もある。農林省の立場に立てば、自分で輸出規制を導入し、木材市場を混乱させた結果、当方はやむを得ず輸入規制を行ったのを「自分がやめたからお前もやめろ」と米側から言われる筋合いはないということになるのだろうが。

4　木曽の森林鉄道

米材問題を通じて林野庁の人たちと親しくなった。優秀な林野技官の南さん（故人）とはとりわけ親しくなり、時折渋谷近傍の飲み屋に一緒に行ったりした。彼は競馬馬に詳しく、また客が競馬馬の話題を楽しむバーもあるのだ。私はその世界はあまり知らなかったが、よく聞く競馬馬の名前、特徴や、ダービーの勝負の見通しなどを実に熱心に話している。ここにいる人達の、馬にかけている情熱を感じて、とても面白かった。

南さんには日本の木材生産地の木曽地域を案内してもらい、木材生産者、製材業者のほか地元の営林署などの皆さんとさまざまな議論をする機会があった。また、営林署長の案内で近傍の山にも案内してもらった。米材、北方材、南洋材などの大量の輸入もあって日本の林業は大きな困難を抱えており、当時の林野庁、そして出先の営林署などは、日々その対応に追われていた。長年使用してきた「木曽の森林鉄道」も廃止することが決まっていた。労働問題も深刻だったようだ。そういった中で、営林署の署長さんと一緒に山に登った際、署長さんが歩きながら一生懸命山のごみ拾いをしているのを見て感心した。彼らは心から山を、そして樹木を愛しているのだ。清掃の努力、植林や間伐の努力、そして環境保護の努力、山登りをする人々のための安全管理の努力等、血の滲むような努力の連続である。当時、営林署にはまともな予算もつかず、建物も古いまま修復もままならない。なんとなくさえない建物の中で必死に仕事をしている営林署の人たちが何とも気の毒な感じがした。

私はそのとき、木曽の五木（ヒノキ、アスナロ、サワラ、ヒバ、コウヤマキ）を教えてもらった。木曾檜をはじめ実に美しい木曽の樹木である。日本の樹木はその間伐や下草伐採など管理の素晴らしさもあって、見事に、また美しく育っている。ただ、増加する輸入材の前に経済的には成り立たないとのことだ。素晴らしい森林と木材を持つ日本の林業が経済的に成立しないというのは何とも残念だ。スカンジナビア諸国はしっかりした林業政策を確立していると聞く。毎年伐り出す木材と同量の植林を行う結果、常に樹木の量は変わらないのだそうだ。しかも林業は住宅用の建材を中心にそれなりに経済的にも成り立っている。日本の場合、林業が成り立たないとの理由から、多くの森林の手入れが十分におこなわれず、しかも檜の茂る山などは、外国の業者に伐採権を安く売っているとも聞く。伐採権を買った業者は木を伐って金にすることだけを考えているので、伐採後の植林のことはおよそ念頭にもないだろう。こうして日本の森林は荒廃していくのだ。

廃止直前の木曽の森林鉄道にも乗せてもらった。意外なほどのスピードで木々の間を走る。快適だったが少し怖かった。それから間もなくこの森林鉄道は廃止された。惜しいことだ。

第五章　海外勤務（パリのＩＥＡでの勤務）

第一節　通商白書の執筆

１　日本経済の試練とその再生への道

一九八〇年、中小企業庁の法令審査委員を卒業し、私は、通商企画調査室長になった。この部局は通産省の対外的な報告書の顔ともいえる「通商白書」の執筆責任を負っている。私の思い出すのは、昭和四三年（一九六八年）頃、当時の通商調査課長の並木信義さんが日本の国際収支の「黒字定着論」を白書で打ち出したことである。当時まだ国際収支の天井だとかが議論されており、輸出振興が叫ばれていた時だったので、並木白書は関係者に驚きを与えたものだった。その後の展開は、並木課長の主張の正しさを裏付けており、私はなかなか先見の明のある人が役人にもいるものだと感心していた。そのポストに（行政改革の影響で「課」は「室」に格下げにはなっていたが）、私が就任することになった。

白書の内容の詳細を述べることはできないが、第一次石油危機後やっと回復しつつある日本経済に「第二次石油危機」が襲い、再び試練を迎えつつある時期であった。

白書は天谷通商政策局長のアドバイスもあり、「日本経済の試練とその再生への道」との標題の下に白書に不可欠な通商問題の分析とあわせてエネルギー問題、国際収支問題、更には日本産業の生産性の問題などを論ずることにした。そのポイントは、

①日本経済は貿易で稼ぐ状況から所得収支(海外投資からの配当など)で稼ぐ状況にシフトしつつある。

②日本産業の競争力強化のために生産性の向上は重要課題。

③エネルギー価格は、着実に上昇し続ける可能性があり、それに対する備えが重要。

当時東京サミットで、石油市場沈静化のために各国の原油輸入量を抑制するとの合意があり、日本も中期的に日量六百三十万バレル以下に抑え込む旨の合意をせざるを得なかった。サミットでもエネルギー問題は関心の中心だったのである。ただその後の推移は、世界景気の後退に伴い、世界の原油輸入量は低迷し、日本の輸入も四百万バレル／日程度で推移し、六百三十万バレルの輸入など及びもつかぬ話になってしまった。原油の輸入量は産業構造やエネルギー消費構造の変化が関係するとともに、大きくは景気の関数なのだ。

所得収支問題についてはあまり各省の賛同を得られず、かなりトーンダウンせざるを得なかったが、貿易摩擦が華やかなころではあり、引き続き貿易収支の黒字は持続すると見る人々が多か

ったのかもしれない。所得収支で稼ぐ国際収支構造が明らかになるのにはもうしばらく時間が必要で、その意味では白書の指摘は数年早すぎたのかもしれない。

生産性問題については、現在同志社大学の教授をしている児玉俊洋君が詳しく研究してくれた。要は、生産性の伸びではなく、その「水準」の計測と比較ができないかとの点である。しかしこの問題は著しく難しい。一年間の白書の執筆期間内に仕上げることは不可能だと思った。児玉君のこの作業は中途で中断し、係長である彼も白書の執筆とりまとめにかかり、どうやら期限内に白書は完成することができた。

この年の通商白書は、とてもプレスフォーカスが大きかった。たまたま白書の記者発表当日、新聞記事にするいいネタがなかったのかもしれないのだが、おそらくは通商白書の権威もあって、マスコミ各社が一面で大きく取り上げてくれたのには、銀行や証券会社から出向してきた調査員も含めて職員一同喜んだ。民間企業では自分の書いたものが新聞の一面で取り上げられることはめったにないのかもしれない。今でも当時の出向者との会合があり、白書執筆当時のことを懐かしく思い出している。

2　韓国への出張

通商企画調査室長時代に、韓国に出張する機会があった。韓国の経済団体の招待であったと記憶している。当時一橋大学の教授をしていた篠原三代平先生たちと一緒だった。篠原先生は先方の要請に応じて学者の立場から、韓国経済発展のための諸条件についてお話しされた。夕食会の席で、韓国の財界人から日本と韓国の経済成長率の格差と両国の経済構造の違いについて質問があり、私は国内市場の大きさは無視できない問題ではないか説明した。韓国の国際競争力もいま一つのところがあり、もし南北統一ができれば大きな経済的なインパクトがあるのではないかとも発言したのだが、韓国財界人の複雑な顔が忘れられない。しかし私の「国内マーケットの規模が経済発展の上では重要だ」との見解は、その後の貿易の自由化の急速な進展で全く異なった様相を示すことになった。GATTでの相次ぐ自由貿易交渉の進展により、海外のマーケットが国内マーケットと同一化してきたのである。マーケットは自由化によって大きく拡大するもので、自由化によって国内マーケットがそれだけ拡大すると考えてもいいだろう。自由化をダイナミックに進めたシンガポールや韓国はその経済も大きく発展し、逆に、なまじ国内マーケットが大きかった故に自由化を逡巡してきた日本は――もちろんそのせいだけではないが――これらの国に対して大きく後れを取ることになる。ちなみに二〇〇七年には一人あたりのGDPでシンガポールに抜かれ、今や（二〇一七年）シンガポールのGDP／人は日本の五割増しのレベルまで上昇している。このままの状況が続けば日本が韓国に抜かれるのも時間の問題だろう。米国のトランプ大統領の誕生で迷走、その発効は見通しが困難になっているが、ＴＰＰの合意（暫定的にＴＰＰ11でも）を早期に発効させ、これを契機に日本経済の自由化と活性化を力強く進めて行きたいところだ。

その後、イスラエルを訪問した際にも同様の印象を受けた。イスラエルは国内マーケットが小さく、どんな企業でも世界のマーケットを念頭に経営するのだそうだ。世界のマーケットでの競争力の確保こそ企業にとって生きるための必須の条件で、野菜が国際競争に負けたら自分たちは種の世界で国際競争力を追求するのだとの話だった。

韓国への出張の際、「三星電子」の工場見学をさせてもらった。ビデオの映写のテストをしていたが、映りが悪い。「あまり映りが良くないですね」と言ったら、「提携している山洋電気が技術協力をしてくれないのです」との返事が返ってきた。現在のサムスン電子（旧三星電子）の栄華と経営破たんした山洋電気を思うと隔世の感がする。

第二節　ＯＥＣＤ・ＩＥＡへの赴任

通商白書に関する各方面への説明も一段落したところで、Ｓ通商政策局総務課長に呼び出された。私の次のポストについてである。（家族の問題もあるとの配慮からか）あらかじめＫ秘書課長から海外勤務が可能かどうか本人の意向を確かめてくれとのことだったらしい。私は、可能ならＩＥＡに派遣してもらいたいとお伝えした。Ｓ課長は、北米のポストも不可能ではないようなことも言ってくれたが、私も生意気ながら、「日本人の中で仕事をするより、国際機関の仕事にチャレンジしてみたい」との意向をお伝えした。

私のパリＯＥＣＤ・ＩＥＡへの勤務が決まった。

１　パリでの生活とＩＥＡでの仕事の開始

私がパリのＩＥＡに赴任したのは一九八一年七月のことである。

給与は切り下げられつつあるフラン建てで、その水準も高いものではないが、国際機関の恵まれているところは給料に税金がかからないことで、さらにランクにもよるが、私のレベルでもガソリン代はパリの街中を走っている程度の量なら無税で買えるクーポンが支給される。また、アルコールも一部無税である。各国の外交官は相互主義でかなり外交特権の幅と深みはあるのだが、国際機関の職員は、その立地している国にとっては片務的な特恵供与になるので、あまり幅広くこれを認めてはくれない。それでも給与の水準を除くとかなり恵まれた状況だったと言えるだろう。

ＩＥＡはＯＥＣＤの一部局で、日本流にいうとＯＥＣＤが通産省とすると「資源エネルギー庁」のようなものだ。この組織は第一次石油危機直後に産油国（ＯＰＥＣ）に対峙するために米国の当時の国務長官キッシンジャーの提唱によりＯＥＣＤ加盟国（その大半は石油消費国）を中心に結成された一種の「石油消費国同盟」である。その業務の内容は、

①緊急時対応（石油が禁輸された場合に備えた備蓄の増強と融通スキームの構築）。

②石油依存度の低減とそのための政策協調。

③これらを支える技術開発と国際協力。

これに加え、調査部門があり、石油の需給見通しなどの策定をしている。

七月の半ば、パリに到着してすぐにＩＥＡに挨拶に行った。フランスは夏休みが始まったところで、ＩＥＡの建物の中にはあまり人がいなかった。ただ、私の机の上に上司のゴーベット（Fred Gorbet――カナダ人で後にカナダ財務相の次官になったが若くして亡くなってしまった）局長のメモがおいてあり、九月に自分が出てくるまでに九月半ばのＳＬＴ（StandingGroup for Long-termCooperation 長期協力局）の会議で使用する国別報告書（Country Report）を仕上げておくようにとの指示があった。

私が配属されたのは「長期協力局」という天然ガスを含む石油代替エネルギーを中心とするエネルギー開発のために各国の協力を追求する部局なので、ゴーベット局長の指示はわからないではないのだが、しかしいったいどうやって何をベースに報告書をまとめるのかもよくわからない。

前任者の清木さんに聞こうと思っても彼はすでに帰国してしまって居ない。誰かに聞こうにも誰に聞いたらいいのかもわからない。通産省の国際資源課に頼んで資料を送ってもらい、必死にレポートの作成に取り組んだ。一方で家探しもしなければならない。秘書のモーリーン（Maureen－スコットランド人）に頼んで一緒に家探しを始めた。国際機関というのはひどいところで、古株の連中は自分のペースで夏休みをとってしまう。仕事は後から来る新人に押し付けていなくなってしまうのだ。オフィスを完全に留守にするわけにはいかないので、休みはかわるがわる取るのだが、夏休みのようなときは先手必勝だ。有給休暇は三十日間あるのでこれをうまく分散すると十五日の有給休暇で夏休みを確実に三週間は取れる。

しかも私が赴任したころは毎日の残業時間を有給休暇に加えることができるルールがあったらしい。このルールは後に上司の命令なくしては残業できないことに改訂され、残業時間はほとんどなくなったことから見ると、それまでは残業が本人の自己申告で相当いい加減に記録、運用されていたようだ。私の部下のオーストリア人は残業で数十日の有給休暇が上乗せできると言っていた。確かにこのルールの下で、一日三時間ほど残業する日が月に七日あれば、月二十時間強、年間二百四十時間を超える残業になり、三十日の有給休暇が上乗せされる勘定だ。とりそこなった残業時間は給与に換算されて支給可能だという。彼は独身で遅くまで居残って仕事をしていたから相当の残業があったようだ。三年目、私は彼に「今後私の命令なくして残業しても残業と認めない」と言ったところ、彼は「今までためてある分が相当あるので問題ない」との返事だった。

前任の清木さんを含め日本人はこの残業の特権を利用したものはほとんどいなかったのではないか。私も三年目の帰国間際に部下のオーストリア人から聞くまでこの制度を知らなかった。

就任直後、ＩＥＡに挨拶に行った時のことだが、ＩＥＡには古手の窓際族みたいな職員も居て、夏休み中もオフィスにいる。「大変だねえ、みんなが夏休みをとっているときに」と話しかけると、「自分は夏休みを九月の半ばからとることにしている。どこへ行っても空いているし、値段も安いからだ。しかも夏休み中のオフィスは静かで、パリの街もフランス人がバカンスに出てしまっているのでがらんとしていて私は大好きだ」という。私はそれを聞いたとき、「仕事の方はどうなるのだ」と思ったが、確かに九月の半ばから本格的に仕事が始まるときに席に居ない職員がいる。残った人は彼の仕事までカバーしなければならないのでたまったものではない。ただ、この種の窓際族は仕事の面では全くあてにされていないようだ。みんながこぞって夏休みをとりたがる時期にオフィスにいるだけでも、それなりの価値があると思われているらしい。

一年目の私は、まだ仕事の能率が悪くて残業しなければ追いつかないのだが、それが本当に残業なのかという個人的な良心もある。しかもどうやって仕上げたらいいのかわからない国別報告書（Country Report）という宿題もある。

八月の半ばに家族が到着した。家はシャビーな家ではあるがともかく住むことは可能になった。ところが前に住んでいた人がカーテンは全部はずして持っていってしまうし、ドアのノブまで外して持っていってしまう。自分のものだという。八月のパリは日が長い。部屋は四階だったが、カーテンなしで寝ようと思っても夜の一〇時ごろまでさんさんと日が差し込んでくる。挙句の果てに隣のアパートや外からは丸見えだ。子供二人を連れてＢＨＶというデパートでカーテンやらドアのノブやら家内と買い物で大変だった。車が手に入っていたのでそれだけは救いだった。また月末に日本からの荷物が着いたのでほっとした。

国際機関の悪いところをいろいろと述べたが、仕事が始まった時のその能率と迫力は大変なものだ。各国の政府や民間企業からエネルギー分野の専門家や優秀な人が出向してきている。アメリカの場合はＯＥＣＤ等の国際機関は、“The US Government in Exile”（亡命中の米国政府）といわれていたから、レーガン大統領になって共和党政権に政権交代したために、民間企業に戻れる政治任命のスタッフは別として、民主党政権の政府内の主要な人たちがいっせいにＯＥＣＤやＩＥＡに来たのである。

私のポストは「国別審査部長」（The Head of the Country Studies Division）で各国のエネルギー政策の審査を担当する。前述の“Country Report”作成のベースとなる各国から提出された報告書をもとに各国別にエネルギー需給状況、中期見通しなどをまとめるとともにエネルギー政策の問題点を指摘、要すれば各国政府に改善を勧告するのだ。

審査のやり方は次のような手続きになる。即ち、私がその年に出張審査の対象となる国及び審査を担当する国（この国の代表が審査団の団長となる）を加盟国の中から選定する。当時の二十三の加盟国はおおむね数年に一度程度の割合で審査対象国になる。この選定は長期協力局の委員会（SLT）にかけ了承を取る。団長に指名された国はエネルギー省なり外務省関係の局長ないし部長クラスの人を推薦してくる。私は事務局から団長をサポートするスタッフを選ぶ。多いときには数人、少ないときは二人ぐらいでチームを作る。国際機関のスタッフはなかなか他国へ出張する機会がないので、この国別審査の機会はきわめて貴重な機会である。また、加盟国にとっても団長としてなかなか行く機会のない国を訪問し、審査を担当することは得がたいチャンスらしい。よく加盟国のエネルギー省の人から電話があり、「今年はどこの国を審査するのか」、「是非自分（この場合は審査担当国ということになるのだが）を団長に選んで欲しい」といった電話があった。場合によっては「副団長にX国のだれだれさんを指名して欲しい」とくる。私が同僚にこぼすと「あの二人は同性愛者だ」との話もあった。しかし国際機関というのは各国の情報を持っており、またさまざまな意向も把握しているので、これらの要求をうまく断るせりふには事欠かない。相手にあまり不満を持たせずにうまくかわしていくことが一種のノウハウである。また、事務局内のスタッフを調査団のメンバーに選別する権限は私にとっては非常に貴重で、自分の管轄以外の部局を含めてスタッフの人心を掌握するのにとてもありがたかった。

私は三年間の間に、数多くの国のエネルギー政策の審査を自らも担当し大変勉強になったし、またミッションそのものも結構楽しい旅であった。

2　アメリカのエネルギー政策の審査

アメリカのエネルギー政策の審査はあまり簡単ではない。しかしこの大国のエネルギー状況を理解することは極めて重要だ。そこで私は自分の最初の審査対象国としてこの国を選んだ。団長はオランダ人の局長である。それにオランダから局長の部下の部長がついてきた。審査にあたって面接する政府機関はほとんどワシントンにある。ホテルからタクシーに相乗りして各役所を回るのだが、タクシーから降りると団長であるオランダ人の局長が一生懸命ペンと紙で何かを書いている。しばらくして彼の言うには、「一人Xドル Yセントだ」とのこと。タクシー代を正確に割り勘で計算していたのだ。なるほど"Dutch Account"とはよく言ったものだ。事務局員の私に指示して「後で清算するからとりあえず立て替えておいてくれ」とも言わない。その意味では極めて誠実、正確なのだが、政府の高官がここまでやるというのはよほど本国でも徹底しているのだろうなと思ったことであった。

アメリカのエネルギー政策のひとつのポイントは「ガソリン税をもう少し高くして省エネマインドを高める」という点にある。しかしこの話はよく知られているように米国にとっては極めてセンシティブな政治問題なのである。ありていに言うと「ＩＥＡごとき国際機関に四の五の言われるいわれはない」、ということのようだ。歴代の米国のエネルギー政策の審査においてこの問題は常に取り上げられ、勧告にも含めるのだが、「カエルの面に何とやら」というのはこのことだろう。全く意に介する感じはない。

エネルギー省、原子力関係の機関も回った。メジャー各社のエネルギー見通しも大変参考になった。

アメリカの審査の後、そのままオーストラリアの審査に回った。旅費節約のためである。隣の省エネルギー部のバルト部長の部下のジョン（John Jimisson）が合流した。到着した日曜日早朝にそのままキャンベラに行き、オーストラリア政府のスタッフと"Royal Canbera"でゴルフをする予定になっていた。しかしながらシドニー行きの便が遅れ、シドニー→キャンベラの便がすでに出発してしまっていた。こんな大都市間の便だというのに夕方まで便がないとのこと。直ちにオーストラリア政府の人に連絡を取り、夕方までキャンベラに行けない、したがってゴルフもできない旨連絡した。しかし夕刻まで時間がたっぷりあり、空港で待っているしかない。そこで私は通産省からジェトロのシドニー事務所に出向している喜田勝治郎氏（前国際石油開発帝石副社長）に連絡して事情を話したところ、彼が都合をつけてくれてゴルフバッグを二つ持って、車で空港に迎えに来てくれた。予定もいろいろとあったのだろうが、本当にありがたかった。三人でゴルフを楽しみ、夕刻キャンベラに向かった。この件について、ジョンは「通産省というところはものすごいネットワークを世界中に持っている」、と驚いていた。この件は人の迷惑も顧みずやり過ぎだったなと思う。また、喜田氏には本当に申し訳ないことをしたと感ずると同時に、無理な話を嫌みひとつ言わずに対応してくれた実によくできた人だと感ずることが多い。

3　オーストラリアのエネルギー政策の審査

オーストラリアの審査の団長は英国エネルギー省の女性幹部である。彼女とはキャンベラで合流した。私の部下のジョンは、引き続き一緒である。

資源大国オーストラリアは国民の資源に対する思いも強く、資源輸出には種々条件を課しており、ＩＥＡの審査にはかなり神経をとがらせていた。パリであらかじめオーストラリアの代表部の公使と審査内容、面接企業を含めスケジュール調整をした。オーストラリアでは、政府はキャンベラ、企業の方はシドニー、メルボルン、ブリスベンその他に分散しているので各地に行くのも距離があり、審査にはかなり日にちを要する。公使との日程調整にほぼめどがついたころ、公使から、「せっかくオーストラリア、ブリスベンまで行くのだから是非グレートバリアリーフ（Great Barrier Reef）を見たらどうですか」との話があった。ブリスベンの上空をセスナで飛んで大規模な石炭の露天掘りを見る、そしてそのセスナ機をマッカイ（Mackay）につけてもらえばそこからグレートバリアリーフはすぐだという。私はグレートバリアリーフが何たるか全く知らなかったが、オーストラリアの誇る世界最大の「珊瑚礁」だという。それを聞いたとたんに行きたくなった。しかも土曜日にマッカイに入れるので日曜日は一日空いている。公使としては土、日までエネルギー政策の審査をされるのもたまらないとの気持ちが半分あったのかもしれないが、実にありがたい提案だった。

審査は予定通り順調に進んだ。そしてわれわれは土曜日にセスナ機でブリスベンの露天掘り（Open-cutMining）のサイトを見学後マッカイに着陸した。そこからヘリコプターで宿泊予定のヘイマン（Hayman）島に入った。セスナ機から見たブリスベン近郊の露天掘り探鉱のスケールには驚いた。石炭を掘っている車両もその車輪もすさまじく大きい。人間は豆粒のように見える。一時間以上上空を旋回しながら探鉱を見ていたら、気持ちが悪くなった。一種の船酔いと思われる。（口絵４）

グレートバリアリーフ（Great Barrier Reef）は、今でこそ観光客が引きも切らないようだが、当時はヘイマン島のホテルはかなり閑散としていた。一組の日本人の新婚さんと思われる男女がホテルの食堂で夕食をとっていた。

ホテルに珊瑚礁へのツアーについて聞いたところ、この島からかなり遠いので「水陸両用機」で飛ぶのだという。シュノーケルは貸してくれる。料金は百ドル（当時のレートで二万円）だという。私は直ちに行くことに決めた。団長の女性は「私は行かない」と言って行かないことに決めた。さてジョンだが、「高いので一晩考えさせてくれ」という。

彼は結局翌日意を決して行くことに決めた。

当日はとてもいい天気だった。水陸両用機は三十分ぐらい飛んで、珊瑚礁のど真ん中に着水、そこで全員が小船に乗り換えた。十人ぐらいのパーティーだった。いい歳のオーストリア人の夫婦が居た。ヨーロッパ人は本当に旅が好きだ。私は水着を着て、シュノーケルをつけて海に潜った。海の中は信じられないほどの美しさであった。色とりどりの珊瑚、そして色とりどりの大小の魚、竜宮城とはこんなところだったのだろうなと思った。私が手を伸ばして珊瑚に振れようとすると小さな魚が頬を膨らませて私に近づいてきてにらみつける。思わず手を引っ込める。ジョンは立派なカメラを持ってきており、水の中は無理だが、海面に浮かび出ている珊瑚をたくさん写真に収めた。後で「本当に行って良かった」といい、私に彼の撮った珊瑚礁の写真をたくさんくれた。ただ、本物に比べていまひとつ色合いがきれいでない。（口絵5）

珊瑚礁から帰ってきてホテルに戻ると、団長が海岸で日向ぼっこをしていた。「私はそんな無駄なことはしないわよ」と言わんばかりだったが、出張中の日曜日に島で一休みするまでならともかく、グレートバリアリーフの見物などしたとあっては、本国政府との関係で英国政府高官の身が持たないとの判断だったのかもしれない。ヘイマン島まで行ったのだからもったいないと思ったが。おそらく日本政府の官僚も同じだろうなと思った。

翌月曜日、朝九時にブリスベンでエネルギー政策の審査の最後の面会先であるブリスベン市の幹部とのアポがある。私たちは午前四時に起床して小船で沖まで行き、海上でゆれている水陸両用機に乗り込んだ。船も揺れるし、荷物もかなり重いので搭乗するのにはとても苦労した。海に落ちる危険もあるので洋服は背広には着替えていない。やっとのことで飛行機に乗り込み、ブリスベンの市役所に午前八時半ごろ到着した。直ちに背広に着替え、会議室に入って最後の審査を始めた。本当に楽しい思い出だ。

オーストラリアのエネルギー政策の審査では、政府が課している石炭輸出に対する輸出税が重要な争点であった。その廃止を勧告するかどうかでSLTの会合は相当にもめた。事務局の我々としては廃止を勧告したかったのだが、オーストラリア政府の強い抵抗と団長を務めたイギリスのエネルギー省の女性局長の最終判断で廃止は勧告しなかった。各国政府は国際機関と異なり、それぞれに自国のアキレス腱のようなところもあり、自国の審査時に跳ね返るのを恐れてか、各国政府が嫌がる話についてては最終的にはあまり無理をしないようだ。ただ、国際会議で争点になっただけでもオーストラリア政府に対する注意喚起になる。石炭に対する輸出税はその後の需給関係も作用して数年後には廃止されることになる。

4　ドイツのエネルギー政策の審査

ドイツの審査は、ノルウェーのエネルギー省の局長に団長になってもらった。私の部下のウォルフガング（Walfgang Zehetner）というオーストリア人を連れて行った。ドイツ語ができるから便利だろうと思ったからである。ボンに到着してホテルで審査の準備をしていると、ゴーベット局長から電話だという。何事だろうと電話に出ると、ドイツ政府から今回の審査について抗議が来ているという。明日の議会の野党からの質問で「IEAが勧告することについてドイツ政府が根回しをして勧告をさせないようにしている」として政府を追及するというのである。フレッドは、「相手国政府と協力してこそＩＥＡの審査は成り立つのだ。心得違いをしてもらっては困る。ウォルフガングが野党の社会民主党に連絡をしているのではないか」という。私は、まだ何も審査もしていないのに変だなと思ったが、フレッドには「よくわかっています。ウォルフガングに聞いてみます」と返しておいた。またこのような告げ口は、あの同性愛といわれていたドイツのエネルギー省のドクターＫから行われたに違いないと思った。野党から質問があったら、堂々と答弁すればいいではないかとは思ったが、同時になんでオーストリア人のウォルフガングが西ドイツ社会民主党に話をするパイプがあるのだろうと不思議な感じがした。

早速ウォルフガングを呼んで経緯をただすと、彼もそこまでの話になるとは予想していなかったらしく「済みません」と言ったが、私が「なんで西ドイツ社会民主党にオーストリア人のパイプがあるのか」と聞いたところ、両国の社会民主党は同根でつながっているとのこと。なるほど「社会主義インターナショナル」とはこういうことかと思った。

西ドイツの審査は大変だった。というのはノルウェーの局長もドイツ語に全く不自由がないのだ。しかも政府部内の担当課長クラスでも英語が話せない人が多く、したがって議論は英語でなくドイツ語なのだ。私は先方に英語の通訳をつけて欲しいと頼んだ。ノルウェーの局長の迷惑そうな顔を今でも思い出す。

ところでドイツ人というのは実に変わった国民だ。一般論で決めつけるのは難しいのかもしれないが、とても形式的なところがある。例えば私の同僚のドイツ人のバルト（Dr.Bart）省エネルギー部長は、あるとき私に「自分はパリでは車の運転ができない」と憂鬱そうな顔をして言う。「なぜだ」と聞くと「パリでは道路に線が引いてない」というのである。また、ドイツ人の団長と一緒にベルギーのエネルギー政策の審査をし、最終報告書を作成するとき、その団長が「この国では最近原発立地がうまく進まない。その大きな原因は電力需要が停滞しているからだ。したがって原発を順調に導入するためには電力需要を増加させなければならない」との三段論法を展開するのだ。ドイツ政府の高官が至極真面目にそういう論理を展開する。本当に面白い国民性だと思った。

5　レッドガス（ソ連からのガス）の輸入抑制に関する議論

当時、われわれの部局の重要なイシューが、ソ連邦からの天然ガスの輸入に上限をもうけるべきではないかとのアメリカの議論である。今振り返ると東西対立によるソ連側の立場は相当に追い込まれており、それから十年もたたないうちにソ連邦が崩壊することになるのだから、アメリカはソ連を追い込むためにソ連のもっとも重要な外貨収入の源泉である天然ガスのヨーロッパへの輸入を制限するという最後のソ連追い詰め政策を追求していたのかもしれない。

アメリカ代表には元ＩＥＡの職員で事務局長のランツケ（ドイツ人）の秘書をやっていたビ

ル・マーチン（William Martin）がおり、毎月のようにエネルギー省から派遣されてパリに来て、ランツケと打ち合わせをしていた。この議論は私の管轄するSLTで議論が行われるのだが、問題がかなり政治的であることもあって、最終的にはGB（Governing Board――閣僚理事会）での議論が行われた。この議論の難しさは、一国の政治と異なり、国際機関は制限を導入するについてそれなりの論理を必要とすることだ。「ソ連は政治的に危険だから天然ガスの輸入を一定限度内に抑えなければならない」というような論理は米国国内政治ではともかく、国際機関では通用しない。ドイツやオーストリアのようにそれなりにソ連といい関係を築いている国々もあるからだ。そこで考え出されたのが、「一国に過度に天然ガスの輸入を依存するのはセキュリティー上好ましくないので、一国からの輸入は自国の総輸入の三十％以内に抑えるべし」との論理であった。この屁理屈がSLTの中で展開された。ドイツが米国のターゲットのようで、ドイツ政府とアメリカ政府、それにIEAのトップが事前に話し合いをしているらしく、SLTの会議の場ではドイツからの反論は一切出ることはなかった。しかし私は、このルールではOECD加盟国の中で困った事態になる国が二か国あると思った。それは日本とオーストリアである。日本の場合、当時天然ガスの輸入の五十％近くがインドネシアからの輸入であった。また、オーストリアは輸入天然ガスのおよそ九十％がソ連からの輸入である。日本は代表部の井出参事官（通産省からの出向者）が、この点を苦しそうに説明した。彼の論理は、インドネシアは全くセキュリティー上問題ないというのだ。たぶんその通りとは思うものの、「ソ連だけはセキュリティー上問題がある」とは言えない。それに代わって一国三十%ルールと言っているのだから井出参事官の言い分はあまり説得力のある論理ではない。私はＳＬＴの会議の場でオーストリアにも「ソ連からのガスの輸入はオーストリアの総輸入の九十%にもなりますね」と指摘してなんと説明するかを見守った。気の弱そうなオーストリアの局長さんは、「その通りだが問題があったことはないし、ガスの供給についてはソ連との信頼関係がある」との回答だった。日本の井出参事官は、最終合意文書の中に日本のインドネシアからの天然ガスの輸入は例外だと書き込んだ。オーストリアは日本と同じ論理は使えない。ドイツと同じソ連からの輸入だからだ。ただ、オーストリアのソ連からの輸入については、アメリカもＩＥＡも全く意に介することはなかった。オーストリア側も含めて双方が無視である。そういったいい加減さ（一種のダブルスタンダード）をはらみながら天然ガス輸入の三十%原則は合意された。守るつもりもないオーストリアも賛成した。ソ連封じ込めのために大国ドイツのソ連からの天然ガス輸入を抑え込みさえすれば、他はどうでもいいようなのだ。現にこの数年後にソ連は崩壊してしまうのだから、米国のソ連封じ込め政策の最後の一つだったのかもしれない。

アメリカ代表のビル・マーチンは満足そうだった。彼はその後エネルギー省の次官になり、私もエネルギー分野が長かったこともあって彼とは長い付き合いが続いている。

6　ＩＥＡの友人たち——Alumni（口絵6左）

ビル・マーチンに限らず、アメリカからＩＥＡに来ていた仲間たちとの間には随分と長い交際が続いている。ＩＥＡで石油市場を担当していたガイ・カルーソ（Guy Caruso）は当時通産省から出向していた元通産審議官で現エネルギー経済研究所理事長である豊田正和氏の上司だった。ガイは二〇一七年現在（ＣＳＩＳ）の研究員をしており、エネルギー経済研究所の主催するシンポジウムにしばしば招かれて講演している。エネルギー市場調査担当部長だったハーマン・フランセン（Herman Franssen）とも長い付き合いだ。彼の奥さんはビルマ（今のミャンマー）のウ・ヌー元首相の姪御さんとのこと。ハーマンは生まれた自分の子供に蒙古斑があると言って驚いていた。彼は後にオマーン国の石油省の顧問も務め、私が国際資源課長の時に同国を訪問した際、オマーンの石油事情についていろいろと教えてくれた。それに私がオーストラリアの国別審査に連れて行ったジョン・ジミソン、私の部下のボブ・プライス（Robert Price）（彼は後に米エネルギー省の局長になった）などがいる。私はジェトロの理事長を退任した後にワシントンに行って彼らと旧交を温めたのだが、皆が夫妻で集まってくれ、ワシントンにもおいしいフランス料理店があるものだと感心するようなレストラン（私の宿泊先のホテル近くの“Oval Room”といった）で食事をする機会があった。ビル・マーチンは一人で来たので、「あの可愛い奥さんは元気か」と聞いたら、「残念ながら離婚した」と言っていた。また、その時はフロリダに引退してそこからネットで仕事をしているボブはジョインできなかったのだが、私たち夫婦でフロリダまで出かけ、彼の家に二泊させてもらった。そのほか国務省に戻ったエリック・メルビー、国務次官補までやったアラン・ラーソンなどもＩＥＡ関係の仲間たちだ。アメリカの友人たちは、ＩＥＡの勤務を素晴らしい思い出として感じているらしい。この国は大国であると同時にかなり孤立したところのある国で、ＩＥＡのような国際機関で多くの国々の人々と一緒に仕事をし、交友することは生涯にそんなに経験できることではない。ボブが丁寧に編集した三〇年も前のＩＥＡ時代の写真を見せてくれたとき、彼はきっとパリでの仕事と生活がとても懐かしいのだろうなと思った。アメリカのように巨大なる田舎に住んでいる人たちにとっては、とりわけあの美しいパリと文化的な生活そして仕事をともにした仲間たちに大きな郷愁を覚えるようだ。

7　ＩＥＡのトップ人事

私がＩＥＡに赴任した時のＩＥＡ初代の事務局長（ＩＥＡのトップ）はランツケ氏というドイツ人であった。（口絵6右）ＩＥＡの事務局長は、圧倒的な議決権を持つ米国が、常時ナンバー2を確保する代わりに、他国（主としてヨーロッパ）から選ぶことが多い。事務局長の秘書には、米国の国務省かエネルギー省からスタッフが送り込まれている。欧米人以外で初めて事務局長に選任されたのが、二〇〇七年事務局長のポストに就いた「田中伸男氏」（元通産省の事務官で、

ＯＥＣＤ科学技術産業局長の勤務経験もある）である。

私がＩＥＡの事務局に勤務していた頃、ＩＥＡの会議に当時の天谷エネルギー庁長官が出張されてきたことがあった。ランツケ事務局長と種々意見交換を行ったようだが、ランツケ氏は天谷さんの見識にすっかり惚れ込んでしまった。彼は間近に迫る任期終了後の自分の後任として、天谷さんを強く推薦した。米国や欧州の意向はあるものの、現職のトップの強い推薦は強力な切札になる。しかし、この話は天谷さんご自身の意向により実現しなかった。

私はフランス人と結婚しているお嬢さんのこともあり、ご本人が受ける可能性があるのではないかと思っていたので、とても残念だった。ご本人は「自分は洋食は好きでないから」といった理由をあげているとの話もあったので、後日天谷さんがパリに出張された折、直接伺ってみた。天谷さんは「そんな理由で断ることはない。自分はエネルギーより通商や貿易の世界で働くことが自らの役割だと思っている」との話であった。おそらくその思いと、自らは和食を好むとの二つの思いから辞退されたのだろう。

〈コラム〉パリの日本人の買い物とフランス文化

私が一九八一年から八四年までの三年間、パリの国際エネルギー機関（ＩＥＡ）に勤務した際には随分たくさんお客さん、友人、家族などがパリを訪問してくれ、いろいろと貴重な経験をした。その、一端を思い出してみたい。

パリの日本人の買い物は、当時バブルの始まったころで、それは華やかなものだった。噂では、あるお客さんの買い物は、シャネルだかエルメスの店で数十本のネクタイが掛けてあるラックの売り場のすべてを、選ぶことなく購入したとの話もあった。時間がなかったのかもしれないが、この種の買い方は美しいものを選んで選択するパリの人たちにとってあまり好ましい買い物の仕方とは見られない。

シャンゼリゼ通りの片隅にあるルイ・ヴィトンの店は、あまり日本人がたくさん押しかけるので一般の買い物客が買い物をしにくいとの理由から、日本人は裏口に並ばされて少しずつ店に入れることにしたとのことで、ひどい話だと我々パリ在住者は憤慨したものだ。

パリにいた時感じた話だが、人の家に呼ばれた際、その家にある絵画とか彫刻、置き物など芸術品に目を留めるフランス人が多いのに気づいた。不思議なもので、パリ在住も二〜三年たつと我々日本人もその雰囲気に染まるのか、友人の家に招かれてそこにかかっている絵をあれこれ論評するようになる。そういった中で同時期にパリのＯＥＣＤに勤務をしていたＨさんが日本から持ってきてパリの自宅に飾っていた絵が、鑑識眼のあるお客さんの目に留まり、貴重な絵であることが判明したこともあった。その価値を知らずに何となくパリに持ってきた絵だとのことである。私は帰国後、役所やジェトロのオフィスに役所が所蔵する絵や友人の奥さんが描いたとてもいい絵をかなり目立つところに飾っていたのだが、頻繁に入ってくる事務官や技官、外からのお客さんで、絵のことを一言でもメンションした人は一人もいなかった。

ヨーロッパに勤務した者は、フランス、イタリア、スペインはもとより、ドイツやオランダ、スカンジナビアの国々においても、多かれ少なかれその文化に触れて自分の中に潜んでいた小さな芸術的な芽を呼び覚まされることもあるらしい。絵画や彫刻に対するコメントのみならず、旅行先でスケッチをしたりする人もいる。歴史的に見ても日本人の芸術的なセンスは高い評価を受けている中で、現代の日本人、とりわけビジネスの前線で活躍している日本人も今少し余裕をもって芸術への関心を高めていくことは今後大事な課題になるかもしれない。

第六章　技術開発政策（電電公社民営化による株式売却収入を巡る抗争）

第一節　基盤技術研究促進センター

1　工業技術院人事課長＋技術開発企画官

一九八四年夏、パリのＩＥＡから日本に帰ってきて配属されたのは、工業技術院（工技院）の人事課長である。このポストは、主として工技院傘下にある研究所の人事関係の仕事をするポストであり、当時筑波移転後の対応をめぐって結構激しい職員の運動が持続しており、労働組合との交渉が大きな使命の一つだった。同時に当時、三公社民営化の一環として「日本電信電話公社」の民営化のプロセスが進行していた。民営化の方向そのものは政府の大きな方針でありこれに抗うことはないのだが、関係者が心配していたのは、長年にわたり電気通信分野の基礎技術開発を担い日本企業全体の基礎技術開発推進に主導的役割を果たしてきた公社の民営化によってこの分野の基礎技術開発の推進に大きな支障が出るのではないかとの点であった。関係者は公社の株式売却収入の相当部分を基礎技術開発のために使うべきだとの主張をしていたのである。この問題に直接責任者として取り組んでいたのが、当時の産業政策局の産業構造課であり、その課長のＨさんだった。私はこの問題が当時の通産省の最優先課題の一つと認識はしていたが、ある時佐藤工技院総務課長（佐藤課長は後に自民党から衆議院議員となったが、亡くなられた）から呼び出しを受けた。公社民営化に際してのＮＴＴの株式売却益の取り扱い問題担当の総務課の川田技術開発企画官が交代するので、「人事課長をやったままで技術開発企画官として基盤技術研究促進センターの設立とその予算の獲得、法律の作成チームに参加してくれ」というのである。

２　電電公社の民営化と株式売却益の技術開発への活用

電電公社は当時の郵政省の所管であるが、その民営化の際の国の収入は、郵政省も情報通信技術のために活用したいという強い希望を持っていた。通産省と郵政省はその方向では一致するのだが、通産省は所管産業分野も広く、特に情報通信産業についても、その製造段階、技術開発についてはほとんど通産省所管の企業の事業との認識があるので、売却収入のうち技術開発予算の大半は通産省にまわるべきものと主張していた。郵政省は自省の傘下の電電公社の民営化の結果であり、自身の通信技術開発も正念場を迎えており、他省にその金の大半を譲るなんてとんでもないと考えていた。両省ともその動機は純粋であっても、役所間の権限争議の中でも巨額の金が絡んでいた故に相当に熾烈な権限争議が展開されざるを得なかったのである。さらに大蔵省は、電電公社民営化の成果は国の収入として国庫に入れた上で国の予算として通常の予算査定、国会での審議を経て適切な配分をするべきであり、あらかじめ特定の支出に振り向けることをコミットすべきではないとの原則論を展開していた。もちろん百戦錬磨の役所のことだから、政治の動き、役所間の争いなどを冷静に分析して、ある程度は通産、郵政の主張に妥協せざるを得ないとの認識は持っていた。

3　大蔵省裁定→株式売却益の産業投資特別会計への繰り入れ

ここで実に見事な大蔵省の戦略が展開されるのである。彼らは株式売却代金のうちの技術開発予算に回す分を「産業投資特別会計」（産投会計）に入れることを最優先の課題と考えた。補助金や委託費としてばらまくのは避けたかったのである。ただ基礎技術研究をするのに産投会計からの資金を使うというのはあまりぴったり来ない。基礎技術のための資金は本来投資資金ではないからである。しかし通産、郵政はそれどころではない。売却収入が一般会計に入ってしまったら技術開発にまわってくる保証はない。ともかくどんな格好でも研究開発のために電電公社民営化によって得られた資金がイアマークされればそれでいいと判断したのだ。さしたる議論もなく産投会計に相当額を繰り入れること、そこから研究開発資金を、出資と融資（融資は無利子融資の形になった）の形で出すことが早々と決まった。これはその金が原則としては（減資をしない限り）減損しないことを意味している。国のカネの金庫番たる大蔵省の常にもっとも強く固執する点であり、早々とこの方向に誘導した実力は感嘆すべきものである。

通産省はその金の受け皿として、基礎技術の研究開発を推進する「基盤技術研究促進センター」の設立を構想していた。しかしこの構想は産投会計に金を入れたことでジレンマに直面する。基礎技術にも出資ないし融資という方法でしか資金を拠出することができなくなった結果、その基礎技術が収益を生む（少なくとも収支相償）との論理構成をしなければならなくなるのだ。郵政省はおそらく既存の電波通信研究所等にその金を投入することを考えていたのだろう。しかし、産投会計に入れた途端、補助金や委託費で研究開発を実施しているこれら法人に金を回すことが困難になる。

私は、「産投会計」という檻の中に閉じ込められて郵政省と争っているような感じを抱いた。おそらく大蔵省はこのうるさい両省の喧嘩を高処《たかみ》の見物をしているのだろうなと感じ、実に戦略的な役所だと思ったものだ。

4　通産省と郵政省の権限争議

通産省と郵政省の権限争議は、まず両省がいくらの割合で分けるかという議論から始まっていた。通産省は過半を譲らない、郵政省もとんでもないとの主張である。ともかく議論が進まない。そんな中に私が投入され、お前の担当は「郵政省と大蔵省だ」と言われた。政治もからむし、政治力に関しては、全国津々浦々に特定郵便局をもつ郵政省の方が通産省に比べてはるかに強力である。また全逓も政治には影響力がある。本当にすさまじい権限争議であった。ただあるとき中曽根首相の意向を受けて分配の妥協案のようなものを私と郵政省でまとめた。これは、基本的にはプロジェクトによって配分をスライディングドアのようなものとするという案で、原則は通産、郵政で半々で分けて管轄するとの案である。私はこの案を熊野大臣官房総務課長のところに怒られるのを覚悟で恐る恐る持って行った。事態が膠着して全く動いていなかったこともあり、熊野総務課長は「これは案になるじゃないか」と叫んだ。私は「これまでの通産省の主張とだいぶ違うのだが」と思ったが、最高責任者ともいうべき熊野総務課長がそういってくれたので、その方向で走り出した。この件は、熊野官房総務課長、牧野会計課長、福川産業政策局長、坂本産政局総務課長、細川産業構造課長、それに工業技術院サイドも荒尾総務部長、佐藤総務課長などそうそうたる幹部が全力投球していた。私はその手足となって動き回っていたのだが、人事課長をやりながら、本丸の郵政省と大蔵省担当というのは大変だった。しばしば、組合交渉をしている真最中に呼び出しがかかるのだ。研究所の看護婦さんの「いかに仕事が大変か」と涙ながらに訴えている話を聞いて、早々に交渉を切り上げて省内の打ち合わせ、郵政省、大蔵省めぐりをする。そして要求する予算の内容を固める。しかし当時の工業技術院の幹部は本当にシャープな、しかし温かい人格を持った人たちだった。また最前線で闘っていた産業政策局の人たちもよくできた人たちであり、猛烈な仕事環境の中に居てもさほどつらいとは思わなかった。

郵政省との配分も、条件付きながら五十対五十の割合で決まり、また、基盤センターの大きな構想もほぼ固まったころ、牧野会計課長のところに郵政省側の責任者であるU課長がやってきた。U課長が牧野課長に頼みに来たのは、基盤センターに相乗りさせてほしいという話である。U課長は涙ながらに訴えたとのことである。既存の研究所は出資を受け入れて研究をする仕組みはないので産投会計に金が入ったことにより、出資を受け入れることができる新しい組織を利用せざるを得ないのである。牧野さんは本来男気のある人で、直ちに「かわいそうじゃないか」と相乗りを決断したとのことである。もっとも別の人は「Uさんは通産省のビルを出たら『うまくやった』と舌を出しているよ」と言っていたが。確かに相当にしたたかな有能な人だとの話である。ただ、郵政省にとってもこれ以外の方法は考えられず、牧野さんは早晩そういう結果になるのを見越して決断したのだろう。

いずれにしろ基盤センターは、基礎技術に対する出資と無利子融資を実行する機関として通産、郵政の共管、共同責任でスタートすることになった。

第二節　基盤技術研究促進センターの意義

基盤技術研究促進センターは、いかなる効果をもたらしたのだろうか。

企業間の国際競争が一段と激化する中、各社とも、特定の商業化に近い技術に特化して研究開発資金を投入する傾向が強くなっていた。当時、はやり始めたゼネラル・エレクトリック社（GE）の主導していた「選択と集中」の経営方針に沿った流れである。その結果、企業内では企業が資金を投入する分野以外の基礎技術、そしてそれに携わる技術者ははじき出される傾向があった。センターは重要と思われる基礎技術で企業がなかなか資金を回す余裕がない、しかし国としても企業としても将来の重要な技術として育てたいと考えている技術を取り上げ、株式会社を作り、そこに出資する。そしてその会社には企業からその技術を担当していたすぐれた技術者を派遣してもらい基礎研究を実施してもらうことにより、国として重要な基礎研究の継続と技術者の温存を図ることができる。その意味では技術の進歩に大きな貢献ができる可能性があるといえる。ただ、スキームが出資なり融資をしてそのリターンを狙うというものなので、研究には常に限られた期間内（七年ないし十年）での商業化を実現しなければならないというプレッシャーがかかり、基礎研究を遂行する仕組みとしてはかなり難しい。

センターには設立からその廃止に至る期間におよそ千八百億円の出資と六百億円の融資（条件付き無利子融資）が投入された。ただ、センターが出資した多くのプロジェクトが、三千件に近い特許そして一万件を超える学会発表件数を記録しながら、成果（この場合の成果とは十分な収益ということなのだが）がないとして、大蔵省から厳しく追及されて解散することになってしまったのは、政策の狙いとその受け皿のスキームに整合性がないということで、もともとそれは想定された話なのである。基礎研究に産業の再生に利用するような出資スキームを適用しようというのには無理がある。最初の出資が尽きた段階でほとんどの研究開発会社は出資金の多くを回収することができず、最終的には基盤センターの出資は減資されることになった。そして基盤技術研究促進センターも厳しい批判を受けて解散することになり、政府内の評価としては失敗プロジェクトの代表のように言われている。民間でも同じだが、赤字ゆえに出資を減資するというのは大変なことで、それがましてや国の資産を減資して毀損させるというのは大問題になる。多くの法人が実際はほとんど価値のない資産を抱え込んだまま存続しているのは減資をしたくないからなのである。したがって国の予算の使い方としてその種の批判を避けるためには、目的と手段に整合性があることが必要で、基盤センターは電電公社の民営化に伴う国の収入相当部分を直接研究開発費に振り向けるという、本来望ましい手法が大蔵省の知恵の前に潰えたということなのではないかと思う。

大蔵省としては、公社民営化の株式売却収入を極力国庫に入れようとの発想で、両省要求の研究開発資金を「産業投資特別会計」に繰り入れることを最大の目標としていたようなのだ。こうすれば、国庫に入った金は減損を免れ、国の財産として維持することができる。産投会計にいったん入れてしまったら、実際には、最低でも収支相償のプロジェクトに出資ないし融資をするしかないわけで、基礎研究という本来一定期間内には収支を考えることのできない分野に対し、この会計から出・融資した資金を使うというのは、どんなに巧妙に説明しても、おのずと限界があるのである。正しくはすべて国の予算に入れてそこから補助金、委託費として基礎技術のために拠出するという手法をとるべきなのだ。ただ国の予算の編成の宿命として、いったん国の懐に入ったものは政治的に強いものの方に優先的に振り向けられるのが常で、基礎研究のために予算が振り向けられる可能性は低い。したがって、通産、郵政が公社民営化の収入を基礎研究のために投入すべく必死に努力し、基盤センターを設立したことはそれなりに評価できるのであろう。「ともかく技術開発に電電公社の民営化の収入の一部をまわしたいとの通産、郵政の要請にこたえてあげよう」との大蔵省の善意もあったのかもしれないが、所詮方法論としては無理があったということなのかもしれない。本件に関しては、国家の金庫番としての大蔵省の面目躍如たるものがあったと理解すべきだろう。基盤センターは、二〇〇一年その廃止法が国会で成立し、二〇〇三年に解散した。センターの一切の権利義務は「通信・放送機構」および「ＮＥＤＯ（新エネルギー・産業技術開発機構）」に承継された。

願わくは、われわれの予想の範囲内ではあったが、毀損された出資金が日本の基礎技術の発展のためになにがしかの役に立ってくれたことを祈るばかりである。ちなみに東レの故伊藤会長は、あの出資が東レの基礎技術開発を大きく前進させたと語っておられたが。

第三節　郵政省の通信行政

1　両省の合意

基盤センターの件で郵政省と話し合いをしていて大変興味深かったのは、彼らが話し合いの内容をいつも詳細なメモにしていたことで、次の話し合いの時にそれをベースに厳しい主張をしてくることだった。もちろんそのメモはこちらの了解をとるわけではないので、メモの内容はどうしても自分に有利なものになりがちだ。こちらから聞くと微妙に違っていることもしばしばあってあまり愉快ではなかったのだが、別にこちらがサインしているわけでもないので、委細構わずこちらの主張を続けていた。この方式は「現認」といって、組合交渉では当然のやり方らしい。全逓という厳しい組合と常時折衝している郵政省の幹部の皆さんはその方式を役所間の話し合いにも使っていたようなのである。

大方の権限争議も終了、両省とも何とか合意にこぎつけた内容を、両省間の合意文書にしておくという作業があり、通産省側から郵政省担当の私と、郵政省側からはＥさんという課長が二人で帝国ホテルの地下のブラセリーで軽い食事をしながら、合意文書を作成した。Ｅさんは権限争議の最中とは打って変わって真摯な態度で私の言った内容をほぼそのまま自分でかなり達筆な字で筆記して文書にし、二人でその内容を確認し、サインした。

２　郵政省の実力

驚いたことはそれから起こった。彼はやおら電話機のようなものをポケットから取り出し、電話をしている。携帯電話などまだほとんど普及していなかったので、なんだろうなと思って見ていた。間もなく中年の紳士が我々の席に近づいてきた。Ｅさんは自ら書き上げた私との合意文書をその紳士に手渡して「すぐにこれをコピーして二部持ってくるように」と部下にいうように指示した。その紳士は極めて丁寧にＥさんにお辞儀をしてその場を辞した。Ｅさんに確認すると、帝国ホテル内の郵便局の幹部とのこと。改めて郵便局に対する郵政省の権威には驚いた。

一九九六年私が通商政策局長のころ、シンガポールでＷＴＯ発足後初めての、閣僚会議が開催された。その会議では、情報技術協定（ＩＴＡ）などの交渉が舞台裏で行われる予定になっていた。郵政省からは、後に参議院議員になられた長谷川さんが参加した。当時携帯電話も普及し始めてはいたが、なかなか海外では使えないことが多かった。長谷川さんが、「今回の会議のために日本とシンガポールが携帯で通信できるように措置しておきましたから」と言われたのには驚いた。そんなに自由自在にどことでも通信できるようになっているのなら、もっと早く、広くそういうやり方を普及させればいいのにと思った。課金問題や、通信領域をめぐる争いなどもあり、簡単にはいかなかったのだろうが、もう少し国民のために便利になるやり方も考えられるのではと思ったものだ。

第四節　失敗に終わった電力業界の通信分野への参入

通信の世界での電電公社（ＮＴＴ）の独占体制は、研究開発の推進の面などでいい面もあったが、総じてコスト高、そして国際的な展開の遅れにつながった。電電公社の独占体制を何とか打破し、この世界に競争を持ち込んで利用者のためにベネフィットを実現したいとの気持ちは通産省内に長らくあり、その方策の検討も行われていた。一つの方法として、全国を網羅する電力会社に通信ネットワークを張ってもらい、電電公社の競争者として活躍してもらう道を誰か（多分公益事業部の枢要なポストを歴任されたＯさんだと思う）が考えた。実際、九電力会社は商社と組んで真剣にこの分野に乗り出した。電力事業の補完と同時に全国に張り巡らした送配電網が有効に使用できると踏んだのだろう。

しかしながら、電力会社の通信分野への進出はうまくいかなかった。各電力会社は自己のテリトリーにこだわるあまり、テリトリー内の顧客の獲得には熱心なのだが、電力会社の送配電網を相互に利用しながら通信事業の全国展開を図る発想にはあまり熱心ではなかった。私は三井物産時代に、本社の専務としてこの分野の担当をした時期があり、四国電力、関西電力、北海道電力などを回り、是非テリトリーの壁を取り払って全国ネットワークを構築してほしいと懇請して回った。しかし、各社とも子会社として設立した通信会社の顧客獲得は電力会社の力である程度進んでおり、なんとか経営は成り立っていたこと、全国ネットワークを作り上げれば、（各電力会社の言い分を引用すれば）「最大の通信会社である東京電力系に飲み込まれてしまう」というのである。一商社の専務ぐらいの力では各地方でこの天動説を堅持している巨大な電力会社を説得することは難しかった。

一方、地方の電力会社から強力と見られている東京電力系の通信会社であるが、私は、当時、物産の情報産業担当役員として三菱商事の担当役員（後に社長、会長を務めた小島さん）とともに東京電力系の「ＴＴネット」の社外取締役になっていて、その内容をよく知り得る立場にあった。両社はこの会社に巨額の出資をしていたのである。しかし同社に対しては、毎月の取締役会で、小島さんと一緒にその経営に苦言を呈する役回りだった。ソフトバンクなどのスピード感のある会社の急速な台頭や、国際舞台で活躍する通信会社の日本進出が盛んになる中で、有能な経営者であるかもしれないが、長年産業界に対し、殿様のように君臨してきた電力会社から出向してきた経営者には激しく動く通信業界の舵取りは正直無理な感じがした。

三井物産も三菱商事も完全に期待を裏切られ、電力会社の通信事業への出資はそれぞれ二百億円を超える大規模な減損を余儀なくされたのである。この減損は私が担当の専務の時に生じたため、物産において私が償却せざるを得なかった不良債権の中でも大型の減損であった。

通信分野での競争はソフトバンクや外資の参入を認めることにより促進され、産業の利用するブロードバンドの料金も国際水準に近づくことになった。その後急速に普及した携帯電話の分野では日本企業は完全に出遅れ、ソフト、ハード面で韓国、台湾、中国などの海外企業に大きく後れを取ることになった。必死に国内マーケットを守ろうとする技術的な対応も、結果として日本のマーケットをガラパゴス化することになり、利用者に高いコストと、国際的な孤立を強いることになってしまったのである。私は欧州三井物産の社長時代、どこの国に行ってもカナダの携帯ブラックベリー（Blackberry）で仕事をしていたのだが、日本に来た時だけはその携帯が使用できず本当に不便を感じたものだった。

この一世を風靡したカナダの携帯電話「ブラックベリー」も、スマホや他の携帯電話の登場により衰退の道を辿ることになる。ともかくこの分野の技術進歩は速い。

第七章　エネルギー行政と繊維行政

第一節　エネ庁企画調査課

基盤センターの仕事に一応のめどがついて、私は資源エネルギー庁の企画調査課長に就任した。企画というと結構重要に見えるのだが、エネ庁の中では石油部とか公益事業部とか大きな組織を抱えた伝統的な業界担当の原局に比べると今一つ権限も仕事内容もはっきりしない新しい課で、場所も総務課の端っこのひと隅に、ついたてを立てて仕切られた十人足らずの小さな課であった。私はまず、総務課の付属物みたいな存在から、物理的に独立したいと思い、山本貞一総務課長にたまたまエネ庁の中の空いているスペースを企画調査課のために確保してほしいとお願いした。総務課長はすぐにＯＫしてくれた。スペースは狭かったが、十人程度が仕事をするのには問題ない。

この課の大きな仕事は二十一世紀のエネルギービジョンを作成することで、エネルギーの需給見通し作成も含まれている。とりわけ重要な部分は代替エネルギーの見通しであった。

１　エネルギーミッション

私はエネルギービジョン作成の参考に、米国の状況を調査するために「二十一世紀のエネルギーミッション」と称して柴田益男元資源エネルギー庁長官（現在はすでに故人）がヘッドになって組織された調査団に自らも加わることとした。留守は課長補佐の太田房江さん（のちに大阪府知事→参議院議員）が守る。十日間ほどでアメリカの主要なエネルギー関係の企業と会見、施設などを見学した。メジャー各社との面会、エネルギー省、原子力関係組織との会談等を通じ、ミッションから得るものは大変大きかった。視察の過程で車で通りかかったカリフォルニアの丘に林立し回転している風車の数には驚いた。

２　二十一世紀エネルギービジョン

エネ庁の企画調査課でエネルギービジョンを取りまとめる際、私は新エネルギーの見通しと同時に、熱・電気供給システムとしてヨーロッパでは重要な位置を占める「コ・ジェネレーション」はどの程度のシェアを占めるかを見通しの中に含めるとコ・ジェネを拡大するインセンティブになるのではないかと思い、これを提案した。日本のコ・ジェネは燃料としては主としてガスを用いて熱と電気をつくり出すので、電力会社としてはあまりうれしくない。ある日企画調査課に東京電力の企画課長と称する人が訪ねてきてエネルギー見通しについての議論をした。彼は電力会社としてエネルギーの需給見通しを担当しているらしく様々な議論をした末に、私が今度の見通しには「コ・ジェネの見通しを入れたいと思っている」と言ったところ、「それは必要ありません」という。私が説得しようとしても何の理由も言わずに「コ・ジェネを入れるのは適当ではありません。必要ありません」の一点張り。随分失礼な人だと思ったが、後にコ・ジェネの見通しを含めることにエネ庁内部でも反対があり、われわれのような力の弱い課がこれを押し切ることはできなかった。もちろんエネルギー見通しなので、各エネルギーの需給見通しがメインで、コ・ジェネのようなエネルギー利用の仕方は若干異質なところもあり、エネ庁内の議論に理論的にも耐えない面もあるため、我々も固執をすることもないとは思ったが、エネ庁内の反対意見の中心は電力業界所管の公益事業部だったので、電力会社に注射されて反対しているのではないかとの疑いを持った。この程度の話は課長にさえ上がらずに下の方の反対で押し切られてしまう。

もう一つエネルギービジョンの中で重要なのはそのテーマ、思想である。そもそもエネルギー需給見通しに求められるのは第一に「安定供給」、第二に「コスト」、そして第三に「環境対応」と言えるだろうが、今では当然の「環境対応」を当時エネルギー見通しの第三の柱にするという発想は誰も考えていなかったのである。もちろん先のコ・ジェネ同様、環境対応がエネルギー需給見通しなのかとの理論的問題もある。エネルギー資源の観点から“Quality”と言ったり、環境対応も包含した概念である「Needs 適合性」と言ったりしていた。第二次石油危機の後ということもあって、コストや安定供給に重点が置かれていたのはやむをえないところはあるが、今にして思うと通産省の組織の至らぬところかもしれない。私は答申が完成する前に国際資源課の方に異動してしまったので、あとを継いだK氏が「安定供給」、「コスト」、「ニーズ適合性」の三本柱で提言をまとめてくれた。エネルギー需給見通しとしては立派な三本柱なのだが、今でも第三の柱は理論的整合性を無視しても「環境対応」とすれば、エネルギー政策を先取りした先見の明のある答申となっただろうと惜しまれる。

第二節　国際資源課

この課は基本的に日本のエネルギー政策の国際的側面をカバーしているのだが、原子力関係は別の担当課があるので大きな仕事は、二国間関係とＩＥＡ（国際エネルギー機関）との関係である。原子力関係の国際機関としてはウィーンに本部のあるＩＡＥＡ（国際原子力機関）がある。

ＩＥＡでは毎月のように各グループの会議があったので、毎月パリに出張していた。外務省の国際エネルギー課長（当時は後に駐米大使になる藤崎一郎さん）もいつも一緒だった。二人は常設委員会であり、かつて私がＩＥＡの職員として勤務していたＳＬＴ（長期協力委員会）の共同副議長もしていた。外務省と通産省がそれぞれ競い合って代表を出す慣行は昔から続いていて、時には相互に厳しい関係もあったようだ。この点はアメリカも同様で、国務省とエネルギー省から一人ずつ代表が毎月派遣されてきていた。藤崎課長と私はお互いに敬意を払っており、問題には共同して対応したことも多く、おそらく日本のプレゼンスはかなり高まったものと思う。日本のＯＥＣＤ代表部大使は国際機関であるＩＥＡにとってはかなり重要な大使であり、大使との関係は日本の主張をＩＥＡにおいて通す上で大変重要なものであった。藤崎課長は、エネルギー政策の面では責任官庁であるエネルギー庁の代表たる私の立場を最大限に尊重してくれ、大使との関係で難しくなる局面でも私を助けてくれた。

ＩＥＡ事務局の勤務に引き続く国際資源課長として毎月のように出張したＩＥＡの会議を通じて、数多くのＩＥＡ事務局のスタッフや各国代表との知己を得た。その後も続いた米国人との関係もＩＥＡの事務局時代に加えてこの時の関係も大きい。

国際資源課時代、私の課長補佐をしていたのが、民主党（民進党→二〇一七年の総選挙では無所属）の元代表の岡田克也氏である。当時から主張のはっきりした極めて優秀な補佐であった。国際資源課には銀行からの出向者もおり、仕事の後よく麻雀に行ったりした。岡田氏の麻雀は、弱い私に比べてもなお弱い。後に国際資源課の仲間が集まる会で岡田氏が、「一度サウジアラビアに出張させてもらいたかった」と言っていたのが印象的だった。

（注）私の国際資源課当時は役所としても海外旅費が大いに不足しており、海外出張が多い中で苦慮していた。私の

場合ＳＬＴの副議長として毎月のようにパリのＩＥＡの会議に出かけなければならないため、主として使ったのは「ボンジュール・パリ」とかいうどこかの旅行会社のパリ往復ツアーのパックだった。二時間前に空港に行かねばならないこと、一週間後でなければ帰りの便がないことを除けば旅費が安く助かった。ただ、三人がけの隣の席は新婚さんのカップルの場合が多く、こちらは仕事をしなければならないので、お互いにあまり気分の落ち着くものではない。日程が自由になるわけではないが「仏滅」の翌日の場合、飛行機が比較的空いていることが分かった。極力日程を仏滅の翌日の出発に合わせたものだ。

第三節　繊維産業

国際資源課長の後、繊維製品課長に異動した。前任者は後にエネ庁長官を務めることになる川田さんである。川田さんは膨大な引き継ぎ資料を作成しており、その内容はこれまで見たこともないほど微に入り細をうがった詳細なものだった。川田さんの筆力に感心してしまった。

私が異動する直前に、撚糸工連事件がおこり、隣の原料紡績課には検察の手入れも入って繊維関係者は動揺していたが、ようやく事件の後遺症が癒されつつある時であった。繊維製品課はこの事件からは大きな影響は受けていなかったが、関連の国会質問が飛んでくることもあり、何となしに重い空気が立ち込めていた。

1　売上税構想の挫折

繊維業界にとって大問題であったのは中曽根内閣の時に提案された「売上税」である。繊維業界はあげてこの構想に反対した。ただでも需要の落ち込みの激しい繊維製品にとってプラザ合意後の円高の中での輸出は困難に直面、新興国の台頭もあって繊維品の輸入は急増しており、この新税の導入は業界に致命傷を与えるのではないかと危惧されたのである。もちろん他の業界も反対運動を展開したが、衰えたとはいえ地方に根強く根を張る繊維業界の反対は無視できない力であり、売上税構想は潰えた。

おそらく、当時の大蔵省は繊維業界の力を過小評価していたのだろう。政府として決めれば、当然各省は協力しなければならないし、関係業界の説得は各省が適宜やるべきで、またやるだろうといった程度の認識だったと思われる。しかしこの売上税構想には必ずしも通産省の産業所管の原局、原課が納得していたわけではない。もちろん政府の一員として表だって反対することはできないが、業界の反対運動に対してそれなりの理解を示していた感じはある。繊維業界も政治力の強かった旭化成の宮崎輝会長が先頭を切って反対しており、こういった構図の中ではこの大構想を通すのは簡単ではない。

売上税構想が潰えたのち大蔵省は、中曽根内閣の跡を受けた竹下内閣の下、総理をはじめ組織を挙げて新たな税（消費税）の実現に向けて戦略を練ったようだ。その重要なターゲットの一つが、繊維業界なのである。私は、個人的な心情としては消費税のような間接税体系にシフトしていくことについて、基本的に賛成である。これはオックスフォード大学に留学中に黒田さんと話した際、二人の意見が奇しくも一致した点で、二人とも消費税の方が一見逆進的に見えても実は公平であるとの感じを抱いていた。消費の少ない人に対しては税金は少ないし、ぜいたく品等多額の消費をする人には多額の税金がかかる。また、食料品等の低額課税、あるいは免税、場合によっては低所得者に対する給付金制度によりさらに逆進性は改善できる。現在の税制の改善の方向として、八％の消費税を十％→二十％に引き上げる。多分将来は欧州並みのその程度の増税は覚悟せざるを得ないであろう。同時に八％の課税を食料品、生活必需品に対しては消費増税のテンポに合わせ最終的にはゼロにするか、それに見合う給付金制度を創設するのが理想的なのではないかと思う。消費税の仕組み上の基本的な難点もあり、また、いったん実現した税率のレベルを引き下げるのは財務省にとってはとてものめない話だろうが。

2　消費税の実現と繊維産業の構造改善の方向

私の繊維製品課二年目は、大蔵省が本格的に消費税の創設に全力を挙げてきた年である。その意気込みは確かにすごかった。宮崎輝さんに対しては竹下総理自らが説得に当たった。宮崎さんの自宅まで行って長時間話し込んだという。繊維製品課には繊維業界を通じて手に取るように大蔵省の動きがわかった。それによると、大蔵省の中二階（局長と課長の間の管理職）が、繊維業界の主だったところに自ら訪問し、説得に当たるのである。墨田区のニットの業界の幹部は、私のところに来てその状況を説明してくれた。売上税反対で大きな役割を果たした岡山のユニフォームの業界に対しても東京から、そして現地の財務局の担当者などが出向く。大阪、名古屋、その他売上税闘争で反対運動をした地域の業界団体の幹部は次々に説得されていった。大蔵省がどういう手段を用いたかは正確には知らないが、私のところに次から次へと来る地方の繊維の業界トップの人たちは「そろそろ矛を納めざるを得ない」という人が多くなっていった。このような状況の中で、私は消費税創設については、大蔵省に積極的に協力して、繊維関係の予算の獲得につなげることが得策ではないかと思い始め、その方向で動き始めた。

実現した消費税は当時三千万円以下の売り上げの企業には簡易な報告を課すのみで、事実上帳票（インボイス）の保持などの義務は課されることなく、結果として益税問題を生じる等必ずしも理想的な制度ではなかったものの、ともかく消費税は実現したのである。

繊維製品課は、消費税の創設に協力したせいもあったのだろうか、また、繊維業界をなだめるとの思いもあったのだろう、大きな予算ではないが、それでもこの課の歴史にとっては記念に残る予算を獲得することができた。この予算は、法律上設立されることになった「ファッションセンター」（法律上の名称は「繊維リソースセンター」）を各地に設立する原資となった。同時に繊維産業の構造改善を進める観点から「連携生産単位＝システム」（Linkage Production Unit：

ＬＰＵ）の構想が打ち出された。これは、紡績、織物、染色、縫製などの繊維生産の各工程が連携してより付加価値の高い製品を生産できるようにするといった生産システムの提案である。この構想は頭文字をとって「ＬＰＵ」と呼ばれた。この構想を繊維業界に浸透させる努力が続いたのち、繊維産業構造審議会で議論された。生活産業局総務課は、この英語は英語になっていないとの理由でＬＰＵの名前を変更するように審議会の席で求めた。私は名前などいい名前があればどんな名称でも構わないと思っていたが、英語になっていないとの話は少し違う。もし気に入らないなら"Linkaged Production Unit"でもいいと思ったが、総務課によるとLinkageは名詞だからそれはダメだという。別の名前にすべきというのである。その旨審議会の席で総務課の佐藤哲哉法令審査委員が発言すると、繊維業界の代表（福井の組合の河合理事長と記憶している）から、「業界としてすでにＬＰＵ（Linkage Production Unit）という言葉が馴染んでおり、この言葉を変更するのは困る」との発言があった。総務課は何がしかの腹案があったらしいが直ちに引っ込めた。ＬＰＵが繊維産業構造改善のうたい文句になったのである。新しい繊維法は、ＬＰＵと繊維リソースセンター（ファッションセンター）がその中核となった。

3　絹産業

生糸は明治政府が成立して以来、日本の重要な輸出品であった。しかし、絹を原料とする和服の需要も昭和四十一年をピークに減少の一途をたどり、私が繊維製品課長に就任した昭和六十二年（一九八七年）頃には絹織物の生産量はほぼピーク時（昭和四十一年）の半分という状況であった。他方で、海外とりわけ韓国、中国からの生糸や絹織物の輸入は着実に増加し、日本の絹産業は養蚕農家を含めて存亡の危機にあって、すぐれた織物を生産する絹織物産地、丹後や西陣、さらに福井や新潟等北陸の産地もその経営はかなり困難な状況に陥っていた。

このような状況下、急増する生糸・絹織物について輸出国に秩序ある輸出を求める必要があるというのが我々の認識であった。自動車や家電製品に関して欧米諸国の日本に対する輸出自粛の要請に対して反発をしながら、新興国に対してはこのような要請をしなければならないのは若干つらいものもあったが、業界の窮状を目の当たりにするとそうとばかりは言っていられない。私は、生活産業局通商課の事務官たちと韓国に出かけた。生糸の輸入急増に対する対応はこれまでも繊維製品課と隣の原料紡績課の結構重要な仕事であった。生糸そのものについてある程度輸入が抑制されても生糸を竹のような筒に巻いて筒状の製品（青竹と称していた）にして輸出する、こちらに到着したとたんに直ちにこれをほぐして糸にする。青竹についての規制も始めざるを得ない。すると加工度が徐々に上がっていくようなのだ。いずれにしろ、生糸の需要があり、日本で絹製品を製造する原料の糸を安く確保したいとの要請の表れなのである。私は「そのうち織物になり、着物になるよ」と言ったりしたものだ。

韓国政府は当然のことながら我々の要請には冷たい。当時の竹下総理の国会演説などを引用して、「総理は自由貿易の大切さを強調していますね。あなたの話は総理のご意向とはちがうのではないですか」と鋭いことを言ってくる。私たちは、「自由貿易を守るために秩序ある輸出をお願いしているのです」と苦しい言い回しになる。

なかなか難しい交渉の最中に先方の局長が私を招待してくれて、二人で料理屋の座敷で話をする機会を設けてくれた。このような席を設けてくれるということは全くのゼロ回答ではないのではないかとの期待を抱いた。しかし局長は単なる儀礼的な接遇だったようで、こちらが水を向けても仕事の話はほとんどしなかった。その席で座敷の隅に立派な虎の絵を描いた屏風があった。私は思わず「立派な虎ですね。韓国には今でも虎はいるのですか」と局長に聞いた。すると局長は即座に、「今はいない。みんな加藤清正に殺された」と真剣な顔で言うのである。これには驚いた。四百年以上たっても秀吉の朝鮮への侵攻が韓国国民の間に根強く「恨み」として残っていることを痛く感じた。

日本の輸入は今や生糸から絹織物、中でも地方の特色のある「大島紬」などの製品にシフトしていた。もちろん技術的には日本の卸業者などが指導してつくらせているもので、見ただけでは本物と区別がつかない。しかも商標問題を避けるために「韓国産大島紬」と表示する者もある。この種のものも我々の韓国政府に対する要請の重要な項目なのである。絹の交渉結果は何ともあいまいではあったが、それなりに韓国に対してこちらの要求を伝え、先方も真面目に考える姿勢を示したところで打ち止めにせざるを得なかった。

私は交渉に疲れ、帰国の日、宿泊していたホテルの売店に行って土産物をみていた。すると中年の韓国人の売り子のおばさんが近寄ってきて、「お客さんいいものがあるよ」と言って腕をつかむように引っ張って行かれたのが奥の大島紬の売り場である。ともかくおばさんは強引だ。ここまで強引だと釣り込まれて買う人もいるだろうなと思うくらいであった。「大島紬といったら日本の通関はできないだろう」というと、「大丈夫、一点や二点問題ないよ」という。絹製品や大島紬の輸出自粛を要請する交渉の後で、大島紬を売り込まれるとは何とも皮肉な話だと思い、売り子のおばさんの実に巧みで強引な客扱いを見て何となく空しさを感じ、どっと疲れが出た。

4　ニットのダンピング提訴

現在、WTO体制の下で、合法的に輸入を制限できるケースは限られており、アンチダンピング制度はその有力な手段となっている。公正な競争による国際競争を慫慂するためのアンチダンピング制度であるが、この濫用は避けなければならない。日本の場合は、かつてはこの制度をほとんど利用したことがなく、むしろ多くの輸入国からのアンチダンピング提訴の被害国といってもよかった。ところが私の繊維製品課長時代に繊維業界が日本として初のアンチダンピング提訴を韓国製のニット製品を対象に持ち出してきたのである。この係争は旭化成の宮崎輝会長が強力に後押しをしており、日本の繊維業界の期待をも担っていた。直接的に生活産業局の通商課が法律論を含めて対応していたのだが、業界所管の我が繊維製品課も巻き込まれた。旭化成の弓倉社長が会長の指令を受けて毎日のように岡松局長のところにやってくる。韓国の政府、業界の反発はすさまじかった。ダンピング認定をするためには現地に行って国内価格を調査する必要があるのだが、調査をしていたら何をされるかわからないとの議論さえあった。ほぼダンピング関税の賦課が本決まりになりそうになった時、韓国政府から「自主規制」をする旨の提案があった。一般的に自主規制と相手にダンピング関税を課せられる（あるいは輸入規制をされる）のとでは自主規制が当該国にとって、やりやすいのである。自ら主導権をもって数量抑制に伴う値上がりの付加価値（レント）を留保するとともに、関係業者の調整もできるからだ。かくしてニットのダンピング提訴の件は韓国側の自主規制で決着した。

5　新しい繊維産業の息吹——ファッション産業

繊維行政は、厳しい環境の中にあったが、新しい息吹も吹き始めていた。それは絹織物を使用したファッション製品や風合い豊かなニットの製品であり、また、独特の品質を備えた合成繊維の製品なども開発され始めていた。全体としては、繊維の需要は落ち込んでいる中で、多くのデザイナーが活躍し始めていたことは注目される。私はこの分野は繊維の業界に新たな希望を与えるものだと思った。東京ファッションウィークなど日本のデザイナーたちが競演するファッションショーが代々木の森でテントを張って開かれていたし、また、従前からパリのオートクチュールに出品していた森英恵に続いて、一九七〇年代から高田賢三、三宅一生、山本耀司、川久保玲、山本寛斎などの新進気鋭のデザイナーたちが、パリを拠点とする国際舞台で高い評価を受け始めていたのである。私はまず手始めにファッションショーの見学を積極的に行った。デザイナーの工夫を凝らして作った服を着てきれいなモデルさんが客席に伸びた舞台を闊歩する姿は大変見事で美しいのだが、一時間を過ぎると眠気をもよおしてくる。二年間の繊維製品課長の時代にこの種のファッションショーは百回ほど見学した。五十回ぐらい見た後は、さすがに眠気を催すことはなくなったが。この舞台を織物業者にどうやってつないでいくのだろうと考えるとなかなかアイデアが浮かばない。デザイナーたちは、自分の作る服の素材を求めて産地を捜し歩くとの話も聞いた。彼らはインドの奥地で作られる絹織物が素晴らしいと言ったりする。しかし素材はかなり日本のものが優れているとのことであった。これを考えるに、ファッションの世界の興隆そのものがより良い繊維製品の製造につながり、繊維業界の活性化につながる期待が持てるのではないかとの認識を抱くに至った。

地方におけるファッション産業振興の動き

いろいろな地方でファッション振興の動きがあった。ニットの産地である東京都墨田区は区役所立て直しの跡地利用の構想が、神戸市も埋立地にファッションセンター設立の機運が高まっていた。神戸はもともと芦屋周辺を中心にかなりモダンな地区であり、大手アパレルメーカーのワールドが立地をしており、子供服のファミリアのデザインセンターもあった。四国の今治市もタオルの産地としてより付加価値の高いタオルの生産に向けて動き出していた。私は繊維、アパレル産業振興のためには、ファッションを興隆させるためのあらゆるイベントを応援する、そしてこの各地の動きを支援するのが政府にできることではないかとの気持ちになった。神戸市では埋立地（六甲アイランド）に建設予定のファッションビルのコンセプトを議論する委員会が立ち上がり、私もその委員に就任するよう依頼された。また、墨田区では区役所の跡地に高層ビル建設の計画があり、ここにアメリカのＦＩＴ（Fashion Institute of Technology）にならったファッションスクールを作ろうとの構想があって、そのための委員会ができ、ここでも委員就任を要請された。ちなみに東京都墨田区は、日本でも有数のニットの産地なのである。東京ニット工業組合の理事長をしていた深澤和章さん（二〇一七年逝去）とは随分とファッション振興の話をした。今の経済産業省をはじめとする役人世界からは想像もつかない話だが、何度も若い人たちと彼の家へ押しかけてはお酒を酌み交わしながら繊維産業、ファッション産業の議論をしたものだ。墨田区役所の跡地に建てられたビルの中にファッション関係の施設が創設されたのもこの時の議論も影響している。

これ以外にも神戸や東京ほど大規模ではないものの、当時、横浜市でも三菱重工移転後の跡地の「みなとみらい」の再開発の中でファッションも推進したいとの構想もあり、関連の会議も設置されたのでこの会議にも参加した。国のレベルでも繊維構造審議会が動いており、ファッション産業振興も一つの柱であったが、国としては、定義もよくわからないファッションというよりも繊維産業の構造改善といった伝統的な切り口になり、ファッションはその部分として取り上げることになる。そもそも国の法律にファッションという言葉は出てこない、というより使えない。消費税実現の見返りとして予算手当てができた構想は「地域ファッションセンター」という名称で地方のファッション振興拠点にしたかったのだが、法律の上では法令審査の結果、「繊維リソースセンター」という言葉になった。さえない言葉だなと思ったが、伝統的な繊維産業の人たちにとっては、こちらのほうが親しみを感じることができるかもしれない。言葉はともかく、地方の動きはファッションを、そしてファッション産業を育てるのだといった極めてシンプルなコンセプトを真正面から取り上げるので、しかも地方が保有している不動産を最大限この分野で活用したいとの発想なので、力強く、いきいきとしている。当時はバブルの最中で、社会の流れがこのような華やかな世界を後押しした可能性もある。ただ、繊維産業にとってファッションのコンセプトはその成長の中核となるもので、一時のバブル経済の落とし子として見られるべきものではない。この点は、パリやミラノ、ニューヨークなどのファッションの長期にわたる隆盛をみればおのずと明らかである。

武道館における世界のファッションショーの開催

繊維製品課としてのファッション行政の成果の一つは、パリ、ニューヨーク、ミラノ、ロンドン、東京の有力デザイナーの作品を武道館で競演するイベントを開催するに至ったことである。世界のファッションの代表たる都市の代表的なデザイナーを東京に集め巨大なファッションショーを開いたのである。もちろん繊維製品課にこれを主宰する予算はない。この趣旨に賛同してくれた関係企業と業界団体、東京商工会議所、東京都、その他有志の支援を得て、開催に至ったのである。このような日本のファッション業界にとって歴史的なイベントを東京でやることから東京都と東商が物心両面で中心的な役割を果たしてくれた。私は当日武道館に多くの人を招待させてもらった。特に大蔵省主計局の次長やわが局担当の主査（主査は谷川さんといって、二〇一八年現在西日本シティ銀行の頭取をしている）をも招いて特別によく見える前の方の席を用意した。ショーがたけなわになって、ロンドン、ミラノ、パリ、ニューヨーク、それに東京のデザイナーたちが、お互いに、「負けじ」とばかりに競演し、そのモデルの着た服の質も量も、そしてその華やかさも感動的だった。私はよくここまでできたと苦労が報われる思いだった。ショーが終了したころ大蔵省の谷川主査のところに行って感想を聞いた。主査自身は大変楽しんだといってくれたが、一緒に行ったF主計局次長から、「こんなものに金を出していないだろうな」と念を押されたとのこと。このプロジェクトに国のカネは出さなかった、というより出す金はなかったのである。この世界を理解してもらうのは遠い道程だと改めて思ったことである。

6　三億円のプレゼント

そのころ私のところに横浜の「布帛振興協会」という団体の専務さんが訪ねてきた。私は、この団体の存在さえ承知していなかったが、専務さんは薗田さんというかなりの歳の人だった。彼の説明では、横浜で絹織物の輸出やスカーフ、ネクタイ等の製造を振興するために戦後三十年以上頑張ってきたとのこと。ただ、もうやるべき仕事は細りつつあり、しかも面倒を見ている自分も高齢になったので、会員各社の了解を得てこの社団法人を解散したいというのである。更にこの法人には若干の基金があって、できればこの基金の中から自分に退職金を払って欲しい、また、残った基金は繊維製品課長である私に預けるのでいいように使って欲しいという。私は、係長の多田明弘君（二〇一八年現在製造産業局長）に検討を頼んだ。しかしながら、この専務さんの期待するような解決策は簡単でないようなのだ。そもそも社団法人の基金から退職金を支払うのは難しいとのこと。また、残った三億円ほどの金の行き場所も簡単ではない。（口絵7）

多田君は公益法人を管轄する産業政策局の総務課と連日協議を重ね、あまり多くの金額ではないが、専務さんに退職金を払うことができる解決策を見出してくれた。専務さんは金額には不満が残ったようだが、自分もいい歳なのでと最終的には納得してくれ、方向が決まった。私はいただいた三億円については、布帛振興協会の目的とも整合的であり、かつ現下の繊維産業の振興の核ともなるファッションの振興に使いたいと思った。ただ、三億円の資金ではあっという間に消え失せてしまう。そこで考えたのは、日本・東京商工会議所の会員でこの世界に理解のあるメンバーを中心に二〇億円程度の拠出を求め、ファッション振興の基金を造ることであった。その基金の管理は当初太田伸之さんの管理する「日本ファッション協会」に委ねたいと思ったのだが、この協会は資金を管理する事務能力がないという。最終的には「日本アパレル産業協会」（当時会長はオンワード樫山の高山さん）にお願いすることにした。資金集めにはそれなりの苦労はあったものの、当時はバブル経済の状況だったこともあり、二〇億円の基金は比較的スムーズに集まった。繊維関係企業のみならず銀行や証券会社も協力をしてくれた。これによって、民間ベースのファッション振興対策は、「アパレル産業協会」をベースに進んでいくことになる。私は後に、ファッション振興のためには二十数億の基金では十分でなかったと思った。当時の経済状況からすれば、民間に百億円の拠出を仰いでも、可能性はあったのではないかと思っている。当時日本はそれほど前に向かって進もうとする気概にあふれていたのである。われわれが集めた金は二十億円に過ぎないが、この基金が少しでも日本のファッション振興に役立ったことを願っている。

私は直後の人事異動で石油部計画課長に異動した。次章で述べる石油政策の財源問題で苦労した課長補佐を務めた課の課長に就任したのである。

第八章　石油政策

第一節　エネルギー対策の財源を確保した税制改革

1　原重油関税引き上げによる財源手当て

私は通産省時代、石油やガスに関する行政についてては、比較的経験が長い。直接の関連ではないが、第一次石油危機の際は貿易局の農水産課にいて真野輸入課長の指示で、日本に来る食料などを運ぶ船舶に対するバンカーオイルのスムーズな入手や手配などを手伝った。さらに立地公害局の保安課で鎌田吉郎保安課長の元で、石油や石油化学コンビナートの事故対応を行う中、高圧ガス取締法や、消防庁と一緒に作ったコンビナート防災法に基づく各種保安規制（その中には三菱石油の水島製油所の原油流出事故後に強化された防油堤の基準作りなどもあった）など直接間接に石油や石油化学業界に対する接点はかなりあった。立地公害局保安課時代は、事故対応の法改正を含め、私の役人生活の中でも最も忙しかった時期である。

しかし真の意味で石油行政に直接関係したのは、保安課後、一九七六年に異動していった石油部計画課の課長補佐としてであった。第一次石油危機の混乱は収まりつつあったものの、いまだ石油をめぐる情勢は不安定であり、石油開発の推進、さらには当時ＩＥＡで合意されていた石油備蓄の充実などやらねばならない石油政策は目白押しだったのだが、これらに対応すべき予算がない。一般会計に予算要求しようにも、各省は大蔵省から厳しく要求枠をはめられていて、このような大型の予算を手当てすることは不可能だ。

そこで当時の資源エネルギー庁総務課長の真野温さんを中心に考えられたのが、原重油関税の引き上げである。百十円／キロリットルを二百二十円／キロリットルに引き上げ、約三千億円もの収入を確保しようというのである。この関税引き上げ問題は、困難を極めた。もちろん石油業界は大反対である。当時税制改正の実権を握っていた自由民主党の税制調査会の委員を中心に業界は必死の根回しをして関税引き上げつぶしを目指した。役所自身も、当時の石油公団の総裁（倉八さん）も必死に対抗してこの増税実現のために政治家に働きかけた。ともかくこの関税引き上げ構想はどうなるか全くわからなかった。ただ、石油の開発と並んで、石油備蓄もＩＥＡで決まった九十日備蓄の予算要求は、関税の引き上げによる予算手当ができなければ潰えてしまう運命のものであった。そもそも石油に対する課税は、石油の安定供給のために必要な政策を実施する費用として消費者が負担する最終価格に含まれるもので、円滑な転嫁ができるなら石油業界が反対することもないのだが、これがなかなか簡単にはいかない。まず、石油にかかる税金が、関税のほかガソリン税、軽油引取税、航空機燃料税等多岐を極め、その製品価格に占める割合は原油の値段にもよるが合計で五十％程度になる。輸入段階の原油価格（ＣＩＦ）が三十円／キロリットルとすると、精製する費用が十〜二十円／キロリットル、税金が関税、ガソリン税等で六十円／キロリットルほどあり、百二十円／キロリットルでガソリンを販売しても、マージンは末端のガソリンスタンド営業のための費用を含めてほとんど十円程度しか残らない。しかもガソリン販売は過当競争が常態で、十円前後のマージンも厳しい競争の結果、まず安定的に得ることはできない。石油元売り業界でも販売業界でも転嫁が困難なこともあって、課税によるコスト上昇には極めて強い反発がある。極め付きは消費税導入時の対応である。私どもも石油業界もこの税金は消費に課税するものなので先のガソリン価格のうち、生産・消費活動（約六十円／キロリットル分）に対する課税が当然と思っていたが、ガソリン税等の税金部分にも消費税を課するとの結論になってしまった（いわゆる Tax on Tax——税金部分への消費税）。徴税技術の上で根っこの部分と税金部分を分けるのは難しいとの議論はあるが、みなしで分ければいい話で、所詮税収を増やしたいとの一心からで、最終的には消費者が負担するのだから、また値段が上がれば省エネ効果もあるではないかといった筋違いの判断でこうなってしまった。

ガソリン税は道路財源に使用されており、政治的にも増税の圧力（道路財源確保の圧力）が強く、いかに通産省が抵抗しても当時の建設省＋道路族の議員にかなうわけがなかった。このように石油業界は税金の重圧に押しつぶされている状況で、政治的に必ずしも強くない通産省の提案する増税に対しては、「本来税金に抵抗すべき我々の味方であるべき通産省が増税を持ち出すなどは言語道断だ」との気持ちも強かったに違いない。

２　決め手になった国家備蓄

百十円の関税引き上げによって、三千億円もの収入を確保しようという構想は中期的な歳出予測に基づくもので、これだけの予算が確保されても翌年度その使い道が急に出てくるわけではない。いかなるプロジェクトでもステップを踏んで進むものだからである。例えば当時ＩＥＡで、各国に九十日備蓄が義務付けられた。これに対する対応が急務ではあったが、例えばこのための予算要求を考えてみよう。まず、備蓄を国が自ら担う国家備蓄にするか民間備蓄の形でそれに対する国の補助という形にするかを決めねばならない。石油各社はビジネスをする上で相応（おおよそ七十日前後）の備蓄（ランニングストック＋α）を持っていたが、これも各社によって若干の差がある。これを各社の必要量を超えて国の求める九十日の備蓄に積み上げてもらうのは簡単な話ではない。特に備蓄用の土地などの手当てから始めるのは石油会社ごとにコスト面の差異を含め様々な難問が付きまとう。他方、国家備蓄の場合も同様で、その計画を立てた上で適地の探索からはじめねばならない。初年度はせいぜい調査費を計上するのが精一杯のところであろう。しかし中期的な財源確保ができなければ、政策はスタート出来ないのである。

当時石油行政は、石油開発予算の不足にも困っていた。一般会計予算が厳しい中、このまま推移すれば「自主開発原油」を三十％にしたいという目標そのものも頓挫する可能性もあった。しかし、単純に石油開発のための予算が不足しているから予算を増加してほしいといっても、大蔵省は認めるはずがない。そもそも当時、予算要求には前年度Ｘ％増という各省の要求枠がはめられている中で、エネルギー予算を増やすには通産省の他の予算を切り込まねばならない。もともと公共事業を担当している省庁と違って、通産省の予算は大きな予算ではないから、巨額のエネルギー予算など予算要求枠の中に呑み込めるはずがないのである。

資源エネルギー庁の総務課長の真野温さんは、エネ庁の法令審査委員をしていたＨさんに増税要求を支える予算の中身を詰めさせて、自らは、大蔵省、自民党、それに財界、石油業界に対し精力的に説得工作を進めた。

石油部計画課の課長補佐たる私は、Ｈさんの指示を受け、主として備蓄の予算の積み上げと理論構成を進めた。石油開発予算は「石油開発公団」が担っており、当時、後に通産次官になる熊野英昭さんが公団の中枢の総務部長を務めていた。石油備蓄は民間に九十日を義務付けることは早々とあきらめ、国家備蓄の構想を中心に進めることになった。私は今でも民間備蓄の選択もあったような気がしているが、民間を説得するのは簡単でなく、ましてや関税の引き上げに猛烈に反対している業界に更なる重荷を課した場合、関税引き上げそのものも困難になると思われたのである。

石油備蓄の理論は、「ＩＥＡにより課せられた義務の履行」と「石油の安定供給」が中心だったが、後者の理屈はそんなに簡単ではない。というのは、石油需給が緩和しているときには備蓄を積み、タイトの時には放出するというのが安定供給のための望ましいオペレーションなのだが、国家備蓄の構想はそんなに融通無碍に石油の備蓄の積み増しと放出を想定するわけにはいかない。安定供給の論理は九十日備蓄が完遂された暁の緊急時対策に使用するという意味であり、九十日の備蓄が積み上がるまでは、着実に積んでいかねばならなず、備蓄の積み増しはタイミングによっては需給の悪化に拍車をかけることになる可能性さえある。熊野さんは私に対して、「安定供給の論理は全く理解できない」と厳しく指摘された。しかし、理論的には今一つ難しい問題はあるものの、石油が当時往々にして過剰になる時期があり、国家備蓄を積み上げる段階でも、タイミングよく各社の過剰手当の原油を購入することによって（少しゆがんだ形ではあったが）、石油の市場の安定に資する結果になったのも事実のようだ。

3　河本大臣へのご説明

関税の引き上げ、石油開発・備蓄予算の確保の要求は困難を極めた。業界、自民党は猛反対をしている。大蔵省も特別会計の創設には反対で、関税の引き上げにも消極的であった。ただ、大蔵省は反対ではあったが、予算を握る主計局は、増税によって財源が増加することには心理的には反対ではない。当時の通産大臣は河本敏夫大臣。自ら事業を立ち上げ「三光汽船」という船会社のオーナーでもあり、ビジネスマンであった。真野総務課長は、内外の有力者への根回しは怠らなかったが、この関税引き上げと石油関係予算が成立するかしないかは、大臣の決断いかんと判断していた。というのは、当時海運業界とりわけタンカーを保有する船会社は三光汽船を含め過剰船腹の保有でニッチもサッチもいかない状況にあったのである。

その年も押し詰まったころ、私は真野課長のお供で河本大臣室を訪れた。この日の大臣、真野課長会談ですべての方向が決定する。私はかなり緊張した。真野さんは別に気張るでもなく、「大臣のご判断ですが」と淡々と手短に石油政策と財源の話をし、国家備蓄を行わざるを得ないこと、そのためには関税の引き上げによる財源確保が不可欠であることを述べられ、国家備蓄の基地ができるまではタンカーを借り上げて備蓄をする予定である旨を説明した。私はタンカーによる国家備蓄はどんなものかと思ったが、この予算の構想が成立するためには大臣のもっとも関心のあるタンカー備蓄が決め手になるかもしれないとは思っていた。大臣はその場ではっきりは言われなかったが、この予算の構想については決してネガティブではないとの心証を得た。もちろん、タンカー備蓄の構想は、当時の松尾大臣秘書官（後の石油部長、国際石油開発帝石の社長）や関係の団体、企業関係者から大臣の耳にも入っていた。大臣はこの会合の直後、エネ庁の提案する国家備蓄、石油開発政策と関税の百十円の引き上げについて「ゴー」サインを出されたのである。

大臣の決断は実に大きい。それからも大蔵省や業界等関係方面とは言い尽くせない苦労や折衝があり、構想がいつつぶれてもおかしくないと思われるような局面もあったのだが、当時のエネ庁長官の橋本利一さん、真野さんをはじめとする幹部・職員の血の出るような努力もあり、ついに政府案として関税の百十円引き上げ、石油開発の充実、石油の国家備蓄の実施の構想が決定されたのである。石油開発公団も国家備蓄機能を追加することにより新たに「石油公団」と名称変更し、新たな船出をすることになった。

予算案と公団法の国会審議では、タンカー備蓄に対する批判や議論が噴出した。タンカー備蓄の安全性、原油流出時の対応、台風が来た時の対処の方法、そもそもこの構想はタンカーを保有する船会社の救済策ではないか等々。しかし、政府案は成立し、エネ庁の石油政策は新たな局面を迎えることになる。

4　石油税への組み換え

その二年後、エネ庁の新たな体制で、百十円の原重油関税引き上げ案を換骨奪胎して、原油と石油製品全体に課税する「石油税」の構想に組み換えられ、石油を中心とするエネルギー政策、省エネ、代替エネルギー政策などの予算がこの財源で手当てできることになった。担当された当時の見学石油計画課長の話では、最初の関税引き上げに比べるとかなりスムーズであったという。

石油税構想は関税構想に比して、よほど理論的にもしっかりしていたし、当時省エネ、代エネの予算の手当てが必須とされていた中、また関税の引き上げのようなあまりオーソドックスでない手段に比して、より関係方面を説得しやすかったと思われる。業界も関税率をもとに戻してくれるなら、やむを得ないと納得したのかもしれない。ただ、エネルギー予算の安定的な財源手当てが可能になったのは、まさに当初の関税引き上げ、特別会計の創設という苦労の結晶があったからだということは関係者の誰もが認識していることである。私はその意味で、真野総務課長を中心とする政策の構想の大きさとしっかりとした裏付け、更にそれを実現させるための様々な戦略、戦術そして手練手管には心の底から感心した。また、自らがその戦略実現のための駒として一緒に苦労することができたのは何とも感激であった。

大蔵省は、最終的には本予算を通常の特別会計方式ではなく、いったん一般会計に繰り入れ、エネルギー対策に必要な額を一般会計から新たに創設した「石油対策特別会計」に繰り入れる方式で納得した。当然のことながら、関税の引き上げで収納された金額を各年キッチリ全額使い切れるわけではないし、また、後にはこの収入では足りなくなる可能性もあり、その時には累積された歳入の余剰額を限度として一般会計から繰り入れるというのは不合理な話ではない。ただ、ガソリン税等の税収を特別会計に直入する道路整備特別会計などと異なり、税収はいったん一般会計に繰り入れられてしまうので、大蔵省は各年の予算の不足をまかなうためにこの特別会計の歳入を流用してしまう。したがってあとでエネルギー対策に必要となっても、予算要求を厳しく査定してなかなか一般会計からの繰り入れをしてくれない。その結果かなりの繰り入れ不足分が出てしまう。これをエネ庁では「北方領土」と称してその回復に努めるのだが大蔵省の壁は厚い。それでも一般会計予算に比べればエネルギー政策、石油政策を推進する上では相応の予算手当てができたといえるだろう。私はその後ＩＥＡ勤務の後、エネ庁では企画調査課長、国際資源課長、石油部計画課長、石油部長、エネ庁次長とエネルギー庁のポストを経験することになるのだが、その際、昔せっかく苦労して獲得した財源であっても、なかなか我々が提案する政策に予算をつけてくれない大蔵省にかなり不満を持った。もしこの税収が「道路特会」のようにガソリン税等の収入を一般会計に繰り入れず、特別会計にたまるようにしていればもう少し政策予算の自由度が増したかもしれないと思った。それでも後に会計課長の時に、一般会計予算の手当てに苦しみを味わっている通産省の関係部局に比べれば、エネルギー庁の予算はかなり恵まれたものだと感じ、これも自ら苦労して財源手当てをしたことの成果の一部だったのかなと思ったものだ。この石油関税の引き上げ構想が実現したのは私が石油部計画課の課長補佐の時である。

第二節　再び石油行政の担当へ

石油行政の変貌

一九八九年、繊維製品課長から、石油部計画課長に異動した。三年ぶりのエネルギーの仕事への復帰である。およそ十年前に石油部計画課の補佐として担当した石油行政（前節）に若干の変化があった。以前は石油製品価格の値崩れ防止のために、各社にＰＱ（Production Quota）と称する各社の収益源であるガソリンの生産枠を設けていた。私が石油部に来てこの制度を知った時、いまだにこのような統制的な行政が行われているのかと驚いた記憶がある。ただガソリンスタンド業界は過当競争の典型のような業界で、独禁当局が「不当廉売」と指摘するほどの安値競争が行われていた。コストを割り込むような不当廉売を持続することは、企業の健全な経営を損なうものとして独占禁止法上の違法な取引である。品のない広告や安値看板は日常茶飯事で、私が石油計画課の補佐時代、あまりに品のない某外資系系列のスタンドの看板広告について、石油業界の品格が疑われるとして石油部流通課の杉山課長補佐（のちの通産次官）に注意を喚起したことさえある。このような過当競争の原因となっている過剰生産を防止するために、ガソリンの生産について止むを得ずＰＱ制度が設けられていたのである。私の国際資源課長時代に、当時の内藤石油部長が石油精製・元売り会社のトップを集めた委員会を作り、規制緩和の名目で一定の期間をおいてこの行政指導を撤廃する決断をしたことにより、業界と石油部の間が正常な関係の方向に向かいつつあった。このＰＱと称される生産枠の行政指導はいかにも強烈すぎる行政であった。過剰設備を抱えていた石油精製・元売り業界も全体としての過剰生産を防止するために、しぶしぶながら従っていたもので、早晩この行政指導は廃止の方向にあった。ただ、放任した場合、明らかに猛烈な過剰生産と価格破壊が起ることは目に見えていたため、いかに自由化に向けて軟着陸をさせるかが大きな課題だったのだ。私は国際資源課長としてこの議論をしていた委員会に参加していた。

内藤石油部長のこの問題についての判断には学ぶものがあった。自由化をするとの方針の下、実際にすぐにでも廃止しなければならなかった行政指導の廃止期限を二年後まで伸ばして、その間に業界の設備廃棄をはじめとする構造改善をスムーズに行わせるというものだ。私はこのＰＱ行政は外国からの批判になかなか耐えられないと思っていたので、外務省と米国政府が問題視するに至った時、おそらく直ちに廃止せざるを得ないのではないかと思っていた。内藤部長は自らの米国政府、メジャーなどとの人脈も最大限に使ってスムーズな軟着陸の答申を出す方向に持っていったのだろう。私が石油部計画課長に就任した時はまだ最後の指導の残影が残ってはいたが、大きな流れは決まっており、以前のような面倒な話は少なかった。もちろん石油製品についての過剰な競争や価格の破壊を防ぐことは、石油部にとって依然として重要な課題であった。私は、欧米で一般化している「セルフスタンド」の方向を石油審議会の答申原案に盛り込みたかったのだが、当時の石油流通課長のＯ君（のちのエネルギー庁長官）はもうしばらく時間が欲しいといってどうしても納得してくれなかった。セルフスタンドが設置できない零細なスタンドが更なる価格競争で窮地に陥るのを危惧したのだろう。

しかし大きな方向は、戦前、戦後、またオイルショック後にも持続していた極めて統制的な石油行政も着実に自由化の方向に向かっていたのである。

第三節　イスラム経済研究会のソ連へのミッション

こういった中で石油部計画課長として崩壊直前のソ連邦に行く機会があった。いつもは石油企画官が参加していた「イスラム経済研究会」主催の視察旅行が、石油生産の中心地である中東地域から今回はソ連邦の石油生産地域の視察をするという。当省からも参加を要請されていたのだが、本来行くべき石油企画官は行かれないというので、黒田石油部長に是非私に行かせてほしいと願い出た。黒田石油部長は「えっ！　十日も行くのか」と驚いていたが、一月の半ばで予算も終わっていたこともあり、認めてくれた。

一九九〇年、崩壊直前のソ連邦の石油生産地域の視察旅行は実に印象深いものだった。ほとんどが電力会社、ガス会社からの参加で、その他エネルギー経済研究所の十市勉さん等エネルギー専門家が多く参加した。団長はソ連東欧貿易会の「小川研究所長」が務め、元東京新聞の編集委員の最首公司さんが事実上団を引っ張った。最首さんは「イスラム経済研究会」を主宰しており、ご自身もイスラム教に改宗している。

十日間にわたるソ連邦の視察の間いろいろと驚くような経験をするのだが、その中でとりわけ印象に残った二〜三の点を思い出してみたい。

1　モスクワのホテル

事前に、バスタブに栓がないことがあるので蓋をするのにゴルフボールを持っていった方がいいとか言われたが、この点はあまり問題がなかった。ホテルによるのだろう。団員全体のお土産には一緒に行った吉川さんが、ビデオデッキを数点持っていった。各面会先でこれをプレゼントすると大変に喜ばれた。日本の家電製品の評価も高かった頃であった。個人的には生活物資が喜ばれる、とりわけ女性のための製品がいいという人もいたので、荷物にならないこともあり、通産省の地下の売店で女性のパンティー・ストッキングを三十足ほど買って荷物に入れた。しかしこれはあまりいい土産ではなかった。というのは誰にあげたらいいのかわからないからだ。訪問先に行って女性のパンティー・ストッキングを土産に差し出すわけにはいかない。現地にいる日本人外交官にも渡すのは失礼だろう。当時のモスクワのグムのデパートでは法外な値段で売っているのを見ていたから、それなりの価値があるのだろうとは思ったが、渡す相手がいないのだ。

モスクワからチャーター機に乗った時、若いスチュワーデスにあげるのならいいだろうと思って三足手渡したら、驚いたような顔をして、それを胸の前に抱きしめるようにして「スパスィーバ」（ありがとう）とお礼を言った。まだ二十数足余っている。しかしホテルでよく見たらSサイズとなっているのだ。あまりよくわからずに買い込んだものだから、サイズが適当でなかったかもしれない。ロシアの女性は日本の女性と違って当然Lサイズに違いないと思い、ますます渡しにくくなってしまったので、残った奴から、ホテルの我々の階にいる門番みたいな太ったおばさんに三足あげた。おばさんが使わなくとも娘さんがいれば使えるかもしれないと思ったからだ。ただ後に貿易局審議官としてモスクワを頻繁に訪問するようになった時、現地の事情にすこぶる詳しい天野公使夫人に聞いた話では、「林さん、ソ連へのパンティー・ストッキングのお土産はSサイズがいいのですよ」との話だった。ロシアの若い女性は足が細いのかもしれない。しかし当時それを知らなかったから、Sサイズでは使い物にならないと思って大半は日本に持って帰ってきてしまった。

当時モスクワはソ連邦崩壊直前の変化の最中で、外国人の訪問も多く、ホテルの確保は大変だったようで、私たちは二人の相部屋だった。ホテルで寝ているときに電話がかかってきた。私は音に敏感なのですぐ眼を覚ましたが、たまたま同室の電力会社の社員の若い人が電話をとり、“I am too tired”と繰り返している。私はどうせその筋の電話だろうからいちいち言い訳することもないのにと思ったが、電力会社の社員は、お客様対応の癖がぬけないのかもしれない。すると先方も心得たもので、おそらく（推測だが）「もう一人あなたの友人がいるだろう」といったようだ。そこで某電力会社の若手社員のせりふが振るっている"He is too old"というのである。私を称してそう言っているらしい。「失礼なやつだ、大体英語の語彙が不足している」とは思ったが、知らぬ顔をして眠ったふりをしていた。翌日その電話の話になって、「林さんが階段の女性にパンティー・ストッキングなどをプレゼントするから、そのおばさんが気を利かして女性に電話させたのではないか」という。その時はそうかもしれないと思ったが、その後人から聞いたところでは、その種のビジネスは独自の哲学で展開しているらしく、宿泊客の名簿、電話番号は、女性の方が金を払ってホテル側から入手するのだそうだ。私のプレゼントは関係ない。

2　タタールスタン訪問

我々の旅は、まずタタールスタンの石油開発地域に向かった。この地域はソ連邦でも有数の石油生産地域で、街全体が石油生産企業の企業城下町という感じであった。住民の生活のすべてが石油企業の活動に依存しており、仕事もその関連の仕事である。農産物、肉、卵の類まですべてこの企業の傘下の農場の生産で、企業城下町の自給自足体制にある。ただ、石油の生産が次第に落ち込んでおり、かなり先行きが懸念される状況だ。石油企業の技術者の話を聞かせてもらったのだが、このような状況に対して企業の技術開発努力はすさまじく、深層油田の開発、掘削方法の改善（水平掘りその他）などあらゆる努力を続けている。すべての住民の生活が懸かっているのだから当然だ。その意味で石油掘削、開発、生産技術は極めてレベルが高いとの印象を受けた。地層の探査、調査も徹底しており、表示された地層の図面を見せてもらっても相当に正確な地層図であり、かなりの探査能力を備えていると思われる。（口絵８）

宿泊は現地のホテルというより企業の寮のような宿舎であるが、十分に湯も出ず、少しシャビーな感じだった。ただ、人々は極めて親切で親しみやすい。どこの国でも地方に行くと同じ印象を受けるのだが、大都市とりわけ首都のような所と地方とは人心が基本的に違うとの印象を受ける。後にアメリカ、中国の内陸地に行くこともあったのだが、その際も地方の人たちと、ワシントンやニューヨーク、それに北京や上海などの大都会の人たちとは根本的に違うと思ったのだが、当時のソ連邦でさえ同様なのだ。

３　アトムマーシュの視察

石油生産地域に次いで、原子力の関連機器を製作している工場（アトムマーシュ）に向かった。このアトムマーシュのある町はドン河のほとりにある。ショーロフの「静かなドン」の舞台だ。小説の中で主人公のグレゴーリが草むらに入って煙草を吸うシーンを何となく思いだした。もっとも小説にあるような静かな、かつ緑多きドン河のほとりとは似ても似つかぬコンクリートブロックの堤防に囲まれたところであり、工業化がいかに自然を台無しにしてしまうものかと味気なさを感じたものだった。帰りの空港へのバスの中から小説の中の「アスターニャ」の水汲む姿の石像が見えた。

アトムマーシュの工場の構造は日本の原子力機器の工場と大差はないが、ただ、そのスケールの大きさには驚いた。天井の高さにしろ、幅の広さにしろ、日本の同種の工場の二倍から三倍程度の大きさである。原子炉格納容器の生産の仕方は日本と大差ない感じである。ただ一九八六年四月のチェルノブイリの原子力発電所の事故以降、原子炉の注文は激減しているとのことで、五、六基の生産能力に対して受注は現在は一基のみとのことであった。

この工場の人たちが夕刻レセプションをしてくれた。酒に弱い私はウォッカをしたたかに飲んですっかり酔ってしまった。ロシアの人は歌が好きでかわるがわるマイクを持って歌った。私は「カチューシャの唄」を披露した。「カチューシャ可愛や別れのつらさ……」とやって相当に受けたのだが、最首さんから「林さんロシアのカチューシャの唄というのは『リンゴの花ほころび川面に霞立ち……』というあの唄ですよ」という。私の歌ったのは大正時代日本で評判になった「松井須磨子」の歌のようだ。

帰りの小さな空港にポスターが貼ってあり、「原発反対」（Niet）と書いてある。チェルノブイリの事故以来、このソ連でも、また、この原子力産業で生活している街でもこういう動きがあるのだなと感ずるところがあった。

4　ソ連の経済

一九九〇年のソ連は丁度一九八五年に大統領に就任したゴルバチョフが、ペレストロイカ（「再構築」の意）を旗印にソ連邦の改革を進めているときであった。グラスノスチ（情報公開）と併せ、ソ連邦が大きく変革を遂げつつあった。人々は環境の変化に戸惑いを隠せず、しかも高進するインフレの中で、とりわけ年金生活者を中心とする貧しい階層の人々は苦悩していた。後に中国から批判される「政治改革先行型」（というより政治・経済改革の同時進行といってもいいが）の改革の中でソ連経済は混乱の極みであった。経済面でも計画経済から自由経済への道を模索していたわけだが、私の名刺に「石油部計画課長」と、計画の文字があるので、日本にも計画課があるとして妙な喜ばれ方をされた。しかしソ連の経済構造は明らかに変だと思った。モスクワの路傍でぶどうを売っている。売り手の人にどこから来たのかと聞くとアルメニアだという。アルメニアからモスクワまで優に千キロを超える相当な距離だから、「何で来たのか。トラックか」と聞くと、「飛行機だ」という。「こんな値段でぶどうを売っていたら航空運賃も出ないだろう」と言うと、「飛行機代はタダだ。人に乗せてきてもらっているのだ」という。そういえば我々がチャーターしたはずの飛行機に出発間際に何人かが荷物を持って乗り込んできたことを思い出した。チャーターした飛行機会社の関係者と思っていたが、いろいろな運搬手段があるものだ。庶民はたくましく知恵を巡らしている。

ソ連邦に十日も滞在していると、自らの行動に微妙な変化が生じてきているのに驚く。ホテルの近くに長い行列ができている。何の行列なのかわからないのに反射的に行列の最後列に並ぶのだ。何の行列か前に並んでいる人に聞くと、「何かの切符を買うため」と聞いて列を離れる。当時のソ連では生活物資も行列をして買わないと手に入らない。ソ連東欧貿易会（ソ東貿）の職員のウクライナ人の御嬢さんは、何か物資が出たとの情報を耳にするや仕事の最中でも脱兎のごとく事務所を飛び出し、雪の中でその店の行列に並ぶのだそうだ。たまたま私たちのミッションがソ東貿の事務所にいた時、その女性が雪の中を大きな袋を抱えてにこにこしながら戻ってきた。何が手に入ったのか聞いてみると、腕に抱えるほどのバターとのこと。彼女の話ではソ連の家庭の冷蔵庫は食料品で一杯だという。この調子で国民が買いだめをするのでは、オイルショックの時の日本ではないが、トイレットペーパーでも洗剤でも不足するので行列を余儀なくされるのは当然のような気がする。

5　帰国の旅――ソ連の崩壊を示唆した藤崎公使の話

一週間を超えるソ連の視察旅行を終えて、フィンエアー（フィンランド航空）でサンクトペテルブルグからロンドンに向かった。結構年配のスチュワーデスだったが、この十日間ほどソ連のどこに行っても見ることのなかった「笑顔」を見て、「ああ、これが西側なのだなあ」と感心するところがあった。失礼な言い方だが、「馬の何とか」と言われる感じのビールやどこに行ってもチョウザメの燻製と硬い肉の繰り返しだったモスクワに比べて、フィンエアーのサーブするビールや食事は実においしい。

チャタムハウスでの会話

ロンドンではチャタムハウスのエネルギー担当調査員とソ連担当調査員と面会する機会があった。ソ連担当の人はインド系の人で、実に英語がわかりにくい。ものすごい早口でついてくのが大変だ。しかしその人の話で印象的だったのは、「ソ連は十五の共和国に分裂する可能性が高い」とのセリフであった。これには我々全員が驚いた。一九一七年のロシア革命以来七十年を超えて盤石と思える体制で持続している強力な大帝国の分裂など、我々日本人にとっては想像もできなかったからだ。

当時駐英国日本国大使館に藤崎一郎公使（のちの駐米大使）が赴任していた。彼は私の国際資源課長時代、外務省側のカウンターパートの「国際エネルギー課長」であった。我々二人は毎月パリのＩＥＡの会議に出ていた盟友であり、ＳＬＴ（長期協力のための常設委員会）の副議長を共同で務めていたことは前述した。私は藤崎公使にチャタムハウスで聞いたソ連邦分裂の話をして彼の意見を確かめた。「まずそんなことはすぐには無いでしょう」との返事を予想していたのだが、公使の意見は「私もそう思いますよ。早晩分裂する可能性は大きいと思います」というのである。私は、「外務本省は全くそう思っていないのでは?」というと、「物事をバイアスをもって見るからそういう見解になるのです。客観的に、かつ中立に事態を眺めればその可能性が大きいということはわかるはずです」というのである。私は外務省の見解と百八十度異なる意見を、昔からの親しい関係とはいえ他省の私に、外連味もなく率直に（しかも「全くの私見ですが」とか「引用しないでくださいね」との言葉もなく）披露する藤崎公使の肝っ玉の太さに感心したものだ。帰国後エネ庁の幹部会でこの話をしたのだが、誰一人ソ連邦分裂をまともに受け止める人はいなかった。ほとんどの幹部が「バカなことを言って……」との受け止め方であった。

およそ一年半後に本当にソ連邦は十五の共和国に分裂したのである。私は改めて英国の情報の鋭さとともに藤崎公使の見識の高さに感心したものだ。

その後三井物産の役員としても、イスラエルのイラン爆撃の可能性について藤崎さんの意見を聞きながら仕事をすることができた。私には藤崎さんとの関係は貴重な資産である。

第四節　我慢強いソ連邦→ロシアの人たち

１　崩壊前夜のソビエト連邦（モスクワ）

石油部計画課長の後、会計課長を経て貿易局審議官に就任した。当時進行していたソ連邦の急速な変化については、この変化がどのような影響を日本に及ぼすのか、調査する必要があるというので、貿易局審議官の私が団長になって、銀行や製造業の人たちを中心に対ソ調査ミッションを出した。

モスクワで見たソ連国民の生活は、ペレストロイカ、グラスノスチの進行するソ連社会の急速な変化に適応できない人たちの様々な問題が内包されていた。

ただ、感心したのはソ連の人たちのその苦しみの中での耐久力である。この国民は本当に我慢強い。ミッションはそれなりのソ連邦の現状についての有意義な情報収集をすることができたのだが、何よりも変化の最中のソ連という国を直接自分の目で見ることができたこと、その中でのソ連国民の生きざまを肌で感じることができたことは貴重な体験だった。

その後、私は毎月のようにソ連に通った。主たる目的は貿易保険債権の回収であり、いわば借金取りの立場だ。国が崩壊しようとするときに、貸した金を回収することは簡単ではない。まして、ソ連邦がバラバラになる前夜のことである。先方はかなりハイレベルの人が会ってはくれるのだが、こちらの返済要求に対して「今は金がない、待ってほしい」の一点張りで全く進展はなかった。

2　アルバータ通り

連日の空しい成果の後で、晩秋の寒いモスクワの街に出て、何か買い物でもしたいと思い、当時でも比較的モダンな街並みの「アルバータ通り」（口絵9）に出かける。日本の銀座通りに相当するショッピング街である。そこでは若干の食べ物屋と雑貨屋、毛皮を売る洋服屋など、当時のソ連邦としては比較的しゃれたたたずまいの店が並んで観光客を待っているのだが、通りの端々に年取った大柄な老婆が足元に籠を置き、刺繍をしたスカーフやひざ掛けのようなものを目の前にかざして売っている。おそらく自分で、あるいは家族が刺繍したものなのだろう。私は刺繍の評価はできないが、それなりに丁寧な刺繍織物でマフラーとかひざ掛け、あるいはテーブルクロスに使用するような大きさだ。彼女たちは体の芯まで染み通るような寒さの中で何時間でも立ったままでいる。われわれが買おうと思ってもルーブルの持ち合わせがない。あまり必要がないから手持ちの通貨（ドルや円）をルーブルに替えないのだ。交換して余っても再びドルに戻すことはできないし、持って帰ってもどうにもならないからだ。ドルを使うことはソ連の法律で禁じられている。でも我々は先方がドルを喜んで受け取ることは知っている。毎月のように切り下げられるルーブルに比較して外貨、とりわけドルの方が彼女たちにとってもありがたいからだ。公式の交換レートを踏まえて、５ドルか６ドル出すと、彼女たちは喜んで自分が一生懸命刺繍をしたものを売ってくれる。そっとドル紙幣を出して「これでいいか」というと、老婆のしわだらけの顔に微笑が浮かんでうなずく。二十〜三十ドル持っているとかなり楽しい買い物ができる。

この寒さに耐えながら刺繍織物をかざして売っている老婆たちを見ると、ナポレオンのモスクワ遠征に耐え、ヒトラーのレニングラード攻撃を百万人に近い犠牲者を出しながら耐えぬいたロシア人の我慢強さを見る思いがしたものだ。

家に帰ってその刺繍を眺めると、一つ一つ丁寧に刺繍した彼女たちの努力の跡がにじみ出ており、とても素朴で素晴らしいものだと思った。もっとも贅沢慣れした日本の女性たちからはあまり高い評価は得られなかったが。

当時のソ連邦は激しいインフレの進行中で、一般労働者の平均所得は約二百四十ルーブル／月（一九八九年）↓四百ルーブル（一九九一年）↓千二百ルーブル（一九九二年）といわれていた（チュメニの石油労働者の賃金はその十倍といわれる）。一九九一年にグムのデパートで見た包装もせずに二本、だらんとぶら下がっていた女性用のパンティー・ストッキングに八ルーブルの値段がついていたし、ロシア人の大好きなバラの花二本が公設市場で五ルーブル、自由市場では少し立派で新鮮だが、二十ルーブルもする。公設市場のものは少ししおれかけている。経済が混乱しているのでこの種の為替レートにどのような評価をしたらいいのか不明な所もあるが、そのころの日本の物価水準と比べてみると、当時の日本の平均所得がおよそ二十四万円／月とすれば、八ルーブルのパンティー・ストッキングは約五千円もする計算になる。ロシアの家庭で欠かせない誕生日のプレゼントのバラの花は、たった二本で公設市場の値段でも約三千円だ。私はニーナの歌う「百万本のバラ」を思い出した。若者が旅の芸人の女性への愛を示すために自宅を売り払って百万本のバラの花を彼女の泊まっている宿舎の前に敷き詰めたという話（若者の思いは通じなかったという歌のセリフになっている）だが、かくもロシアの人は、花、とりわけバラの花が好きでどんなに貧しい境遇におかれても、どんな犠牲を払っても、好きな人の大事なときのために花を買うという話も、このバラの花の値段を見てなるほどと思ったものだ。もっともこの歌の原型はロシア、ポーランド等大国に翻弄され続けた「ラトヴィア」の悲劇を歌ったものらしい。哀愁を込めた子守歌の形をとってソ連への抵抗の想いを歌っているのだという。熊本県の五木村に伝わる「五木の子守歌」の、同じように悲しい想いを歌った子守歌を思い起こさせる。

第五節　ソビエト連邦崩壊

一九九一年、例によって貿易保険債権回収の空しい努力の最中、ホテルでＣＮＮのＴＶを見ていたら、いきなりＣＩＳ（Commonwealth of Independent States）が誕生するという報道が飛び込んできた。前年藤崎公使からその可能性を聞いてはいたのだが、私自身まさかそんなことはないだろうと半信半疑だっただけに、このニュースには仰天した。ＣＮＮのニュースによると、どうもソ連は英国の英連邦方式を踏襲するような感じである。

十五の共和国はいずれも独立国になるらしい。本当にこのような変革はスムーズに軟着陸ができるのだろうかとの懸念と、改めて英国チャタムハウス（Chatam House）と藤崎公使の卓見には感ずるところがあった。

私の仕事の債権回収の問題だが、ソ連が十五の共和国に分かれた後、パリクラブ（先進貸し付け国政府と借り手政府との公的債権・債務の解決方法を模索する会議）などですったもんだの末に、過去の債務はもっとも財政的に強力なロシア共和国がすべての共和国の債務を継承する形で収拾された。価格が上昇しつつあった石油、ガス等のエネルギー資源がもっとも多く、ロシア共和国の領内に存していたこともその理由である。

旧ソビエト連邦は基本的にロシア共和国にそのまま継承された。その点が先方との面会ではっきりした。新生ロシア共和国の政府幹部と名刺交換をしたとき、英語版の名刺だが「ソビエト連邦」と書いてある所だけ「ロシア共和国」とボールペンで訂正してある。当面は組織もそのままだったらしく、ソ連時代の名刺をボールペンで訂正して使っていたのである。

第六節　石油部長への就任と石油税増税の話

１　石油部長への就任

一九九二年六月、貿易局審議官から資源エネルギー庁石油部長に異動になった。細川恒さんの後任である。細川さんからは、実に詳細な引き継ぎを受けた。主な項目としては次のようなものであった。

①共同石油と日本鉱業の「金・石分離」を前提とした統合の実現等業界再編の推進。
②アラムコの日本の元売り・精製会社への参加プロジェクトの仕上げ。
③カタールガスプロジェクトの立ち上げ。
④サハリン石油開発のロシアとの利権獲得交渉及びエクソンの参画への対応。
⑤アラビア石油の利権更新問題。
⑥いくつかの規制解除（石油製品の輸出規制等）の問題その他。

これらの問題はそれぞれにかなりの重みのある問題なのだが、これらに触れる前に私の石油部長就任に当たって米国メジャー（エクソン）への訪問と在任中に降ってわいたような石油税増税問題を思い出してみたい。

2　エクソン本社訪問

石油部長の仕事は、言うまでもなく石油やガスの国民にとって低廉かつ安定的な供給を確保するためのあらゆる手を打っていくことと、この目的のため、国内の石油企業（元売り、精製、石油・ＬＰ販売業者等）の体質強化などが重要なのだが、加えてメジャー各社との関係にも留意しなければならない。メジャー各社と良好な関係を維持し、提携している日本の石油企業の健全な経営を確保することも安定供給の基本にかかわってくるからだ。通産省としては、メジャー各社の日本企業に対する好ましくない支配をけん制する意味もある。更に石油やガスの開発に圧倒的な強みを持つこれら各社との上流部門での協力関係の構築も重要だ。

石油部長は、米国メジャーのエクソン本社を訪問することが慣例になっていた。当時エクソンは精製会社の「東亜燃料工業」（東燃）の最大の株主であり、更に「エッソ石油」という販売会社の百％株主ともなっていた。これらの子会社に対し、エクソン流の経営を浸透させるために経営陣に対する締め付けはかなり厳しく、とりわけ配当を厳しく要求されている日本の精製、販売会社が必要な投資を実行できるよう彼らの考えを確認する意味もある。上流分野の関係では、エクソンが関心を示しているサハリンの石油ガス開発についての対応も大事なポイントだ。

私が石油部長に就任したころ、エクソンは本社をニュージャージーからテキサスのアービングに移転していた。出張には菅家君が記録係として一緒に訪問することになった。昼食を挟んでレイモンド会長と、ウィリアムス副社長（彼は日本及び極東担当）と会談した。

レイモンド会長は一見アザラシのような風貌の、かなり迫力のある人物である。話が東燃のことになると、どうしてこんな細かなことも知っているのだろうと思うくらい知識が豊富だ。石油部長の知識のレベルにも匹敵する。世界を股にかけてビジネスを展開しているメジャーの会長が、おそらくは彼らにとって極めてマイナーな存在（ただ、収益面での貢献はかなり大きかったようだが）である日本の一精製会社の件について、こんなにくわしく詳細な議論ができるとは想像もしていなかったので正直驚いた。さすがに世界の石油市場を支配するメジャーであると思った。しかし彼らのこの時点での最大の関心は、「サハリンの石油・ガス開発」に関しての日本とエクソンの協力である。エクソンは需要が伸びる東アジアでの資源確保を目指して、八十年代から華南沖での大陸棚の探鉱に注力してきたものの結果が失望的であったため、サハリン沖（東サハリン全域）のポテンシャルに注目し、一九七〇年代からサハリン沖で探鉱を手がけていた日本サハリン石油開発協力株式会社（ＳＯＤＥＣＯ）との協働を模索することにしたのである。エクソンは一九八八年日本側に接触してきたが、八九年時点ではソ連側がエクソンの希望する条件（オペレーターをエクソンが担う等）を受け入れる見通しもないとのことから、いったんその意図を引っ込めた。その夏にアラスカにおいてバルディーズ号による原油流出事故を起こしたもののサハリンの石油・ガス開発へのエクソンの情熱はかわらず、伊藤忠商事を通じて日本側にアプローチしてきたのである（一九九〇年夏）。その翌年にはソデコ、通産省、石油公団もエクソンと組んで対応するとの方針を固めた。しかしながら一九九一年はソ連邦が崩壊した年であり、ソ連側のサハリン開発に関する対応は混乱の極みであった。ただ、日本側にとってエクソンが仲間に加わったことは極めて重要な変化であった。ソ連側も米国メジャーを警戒しつつも、石油開発に関するメジャーの能力には一目置いていたからである。

私がエクソンを訪問する二週間前にウィリアムス副社長が日本を訪問し、私の所にも表敬に来た。彼はサハリンについても東燃問題についても徹底的に勉強して行ったと聞いた。レイモンド会長はこの報告をたっぷりと受けたのだろう。

サハリンの話については、レイモンド会長との間で、日本側とエクソンとの協力を改めて確認する会談となった。日本側にとってもエクソンとの協働は難航していたロシア側との交渉を打開するのに意味のある選択と考えられ、両者の意向が合致したのである。

〈コラム〉サハリンの石油・ガス開発

日本のエネルギー業界は、通産省、石油公団（当初は石油開発公団）の協力の下に一九七〇年代（基本契約――ＧＡ締結は一九七五年）から、サハリンの石油・ガスに関してソ連との探鉱・開発協力に取り組んでいた。「サハリン石油開発協力（ＳＯＤＥＣＯ）」

という会社を設立して、日本の経済界、エネルギー業界の総力を挙げて取り組んできたと言ってもよい。有望な鉱区との事前の予測があったチャイオ・オドプトの二つの鉱区についてソ連側と共同での探査を行い、それなりの石油とガスの埋蔵を確認できたものの、石油価格の低落もあり、その経済計算等を巡ってソ連側と意見が合わず、巨額の投資にもかかわらず、十年以上もその開発に着手することができなかった。私が貿易局の審議官→石油部長の時に、このプロジェクトはソ連・ロシア側の「この鉱区には経済性がない」との主張の下に「チャイオ・オドプト」の二鉱床の開発の断念、放棄を迫られていた。ロシア側の意図は明白で、日本側に両鉱区の開発を断念させることによって、日本側がつぎ込んだ探鉱貸付金のソ連に対する請求権を消滅させようとしていたのである。ただ二十年以上にもわたって日本の総力をつぎ込んできたプロジェクトを、安易にあきらめるわけにはいかない。ソ連・ロシア側との交渉はソ連邦の崩壊も挟んでいたこともあり、筆舌に耐えないほどの厳しくかつ面倒なものであった。その過程で入札制度が導入され、一九九二年冒頭、ＳＯＤＥＣＯにとっては衝撃的なロシア政府の決定が行われたのである。すなわち、これまで何十年にもわたってサハリン開発のために努力してきたＳＯＤＥＣＯとは別に、ＭＭＭグループ（三井、マラソン、マクダーモト、後に三菱、シェルが参加、４Ｍ＋Ｓとなる）をルニ・ピリトン、アストフの二鉱区の落札者としたのである。

しかしエクソンを含めたソデコＧは諦めなかった。これら二鉱区を除いてもサハリン北東部のポテンシャルは十分に大きいとして従来のチャイオ、オドプトの二鉱区にアルクトン・ダギを含む鉱区の獲得に全力を投入するのである。この過程で、エクソンとの協力により、これまでの貸付金の請求権を新たな鉱区を含めた一体開発の権利と引き換えに（放棄）するとの決断により、一九九三年末にようやくロシア側と合意に至り、翌一九九四年一月、ロシア側とＳＯＤＥＣＯとのＰＳ（プロダクションシェアリング）契約の交渉と実施のための二者間協定が調印されたのである。ロシア側の資源政策の変更もあって、当初ＳＯＤＥＣＯとソ連邦側で締結していたＧＡに基づく「融資買油」的契約と異なり、開発権をより明確にしたＰＳ（生産分与）契約の形になった

私自身、モスクワ訪問の機会に、当時モスクワにおいて本件でエクソンとの窓口役を果たしていた伊藤忠商事（当時岩武常務が担当）と話し合い、ソ連側で本件に関して実質的に決定権を持っていたといわれる燃料エネルギー省のシャターロフ次官と直接会って、協力を要請した。しかし、ロシアとの交渉は並大抵のものではない。その後ロシア側との交渉の主役を務めたのは、当時の石油部開発課長の浦田益太郎君であり、彼は石油公団、ＳＯＤＥＣＯの経営陣、そして伊藤忠商事等の株主の支援を受けつつ、毎月のようにモスクワに通い、厳しい交渉を続けた。最終的には、ＳＯＤＥＣＯの実績を熟知していたチェルノムイルジン副首相（後首相）の決断もあって、ソデコ・エクソンＧによる三鉱区一体開発の方向でＰＳ交渉に入る旨の合意ができ、九五年六月に契約調印に至ったのである。本

件に関しロシア側との厳しい交渉をこなし、合意に漕ぎつけた浦田課長はじめ石油公団等多くの関係者の努力は高く評価されるべきものだ。

新たな鉱区の獲得については、われわれとしては石油の上流に圧倒的な知見を有するエクソンの見解を重視していた。当時エクソンの意向を受け、その代理人の役割を務めていたのは、コンサルタントのコープランド氏であり、氏は頻繁に資源エネルギー庁はじめ彼の昔からの友人たる通産省の幹部などにアプローチしてきた。彼を通じて私に伝えられたエクソン本社の見解は、チャイオの鉱区に隣接する「ダギー・アルクトン」の鉱区が極めて有望であり（彼の言い方を借りると真珠「Pearl」のような輝く鉱区だという）、日本側は新たにこの鉱区の獲得に全力を挙げるべきだというのである。

日本側（SODECO）は、関係者の努力により「ダギー・アルクトン」を手に入れ、エクソンとともに従来の鉱区と合わせた三鉱区の一体開発を進めた。ただ、サハリンの石油・ガス鉱床は総じて油層が断裂状況にあり、とりわけダギー・アルクトンの鉱床からの採掘可能な石油もガスも当初は極めて微々たるもので、とても商業ベースにはのらないものであったという。私はエクソンといえども地の底、海の下についてはわからないものらしいとの認識を持ち、メジャーの技術も信用できるものではないとの感を抱いた。

しかしながら幸運なことに、二十一世紀に入って世界景気の回復とともに油価の上昇がみられ、加えて掘削技術の進歩により断裂状態の油層からも、大偏距掘削（Extended

Reach Drilling-ERD）（水平掘り）などによる採掘が可能になって、二十一世紀初頭にはチャイオ、次いでオドプトの鉱床から原油生産が開始されるのである。また、二〇一五年ごろからはダギ・アルクトンの鉱床からも待望の原油生産が行われるに至り、ガスの採掘も可能となった。現時点（二〇一八年）でダギー・アルクトンにおける原油生産は二十一世紀初頭に商業生産を開始し、生産量を拡大してきたチャイオ、オドプト油田の生産量に匹敵するまでに至り、間もなくこの二油田の生産量を凌駕する段階まで来たという。

これを鑑みるに、サハリンプロジェクトにおけるエクソンの果たした役割は大きく、私の当初の彼らに対する疑いとは異なり、やはり上流に関する知見や技術においても優れたものがあったといえるだろう。さらにソ連・ロシアとの交渉を進める上でも心強いものがあったといえる。加えてＳＯＤＥＣＯに対する日本側株主の長年にわたる不満や失望感を、エクソンが仲間になり、将来に期待を持たせることによって緩和してきた面もある。

ロシアとの新たな合意を受けてサハリンプロジェクトに関しては、「サハリン石油ガス開発株式会社」が設立され、新しいＰＳ契約を含む石油ガス事業を旧ＳＯＤＥＣＯから譲渡を受けて開発を進めることになる。新たな権益とバーターした対ソ貸付金はエクソンと折半で将来の事業収益から払うこととされた。新ＳＯＤＥＣＯはこれらの債務をほぼ完済した上、石油の販売により堅実な経営を続けている。大量のガスも近い将来必要になった時に開発・生産に着手することができるまでになったのである。

3　石油税増税案

ある日石油部長の私のところに「国家備蓄を増強する（九十日→百二十日）必要があるが、そのための財源が不足するので石油税の増税をしたい」との話が飛び込んできた。この件は細川さんからの引き継ぎにはなかったので、かなり唐突感があった。大臣官房の強い意向だという。その後毎週のように黒田資源エネルギー庁長官の下で御前会議が開かれた。黒田長官は誠実かつ賢明な人で、私の何代か前の石油部長も経験していたので（その当時私は石油部計画課長）、石油部の立場は十分に理解していた。したがって私はその会議でも主役ではなかったし、増税の決断の場に立ち会ってもいなかった。しかし、議論は着実に増税の方向で進んでいた。石油業界を所管する石油部長という立場を離れても、この増税案を理解するのは難しい。まず国家備蓄は多ければ多いほどいいということはあるのかもしれないが、九十日備蓄と異なり、別に百二十日の備蓄を国際的に合意しているわけでもない。しかも国家備蓄基地の建設は順調に進み、九十日（民間備蓄七十日＋国家備蓄二十日）はほぼ達成されていた。しかも民間備蓄は七十日を常時維持しなければならないので、実際は数日以上余分に持たざるを得ず、実際の備蓄量は官民合わせて百日分ぐらいになる。

これ以上の備蓄の積み増しは本当に必要なのかとの疑問がある。もう一つの難題は、石油特会（「石炭石油特別会計」となっていたと思う）のたまっているはずの石油税収入（いわゆる「北方領土」）が、繰り入れられずに相当額残っているはずなのである。もちろん大蔵省は簡単にはその金を戻してくれることはないのだが、まず、この金に手を付ける努力をしないで増税といっても、当時増税で苦労したわれわれからするとなかなか納得できないところがある。当時アラビア石油の会長をしていた小長啓一さんも私と同様の意見であった。しかしことが通産省の大臣官房の意向というと、何か別の狙いがあるやもしれず、組織としては実現に向かって取り組んでいかざるを得ない。何となくもやもやした気持ちが残る毎日であった。

そんなある秋口の日に、当時商工部会長の梶山清六先生を囲んで大洗でゴルフ大会が開催された。ゴルフの後は会食があり、普段あまり顔を合わせない部局の人たちが食事を囲んでいろいろな意見交換をする。宴が盛り上がったころ私はたまたまT次官と話す機会があった。強力次官の名をほしいままにして二年目を迎えている次官に対し、私はその場の気安さから「あの石油増税の話は難しいですね」と率直に申し上げた。その時の次官の反応はあまり記憶していないが、相当に気分を害されたようだ。

翌日出勤すると内藤官房長からの電話だという。電話に出ると内藤さんから「君が昨日次官に対して話した石油増税の件で次官が怒っている。ともかく次官に対して直接言ってはダメだ。まず、長官に話をするように。下手すると君はクビになるぞ」との話。官房が強い意志を持って推進しているというのはT次官の意向だったようだ。官房長の電話以来、私は随分気が重い日々が続いた。どうも自分はかなり気が弱いのかなとも思った。当時は石油部長にも車がつき、毎日車で通勤していたのだが、通産省の門の前で下車するのがつらい。登校拒否児童のようだと思った。つまらぬことが気になる。例えば「過去石油部長でクビになった人はいなかったなあ」とか、「クビになったら何をしようか」とかである。内藤さんは石油部長を経験しており、私も当時国際資源課長として一緒に中東やヨーロッパに旅をしたりしていたので、おそらく石油部長の気持ちは分かっていたのかもしれない。

4　消えた増税構想

後日、元次官としてこの石油増税の難しさを官房に説明、説得してきた小長さんから、T次官と差しで話し、石油増税は進めないとの感触を得たとの連絡を頂いた。石油増税構想はつぶれた。私をクビにする話はその後なかった。

もともと予算の多くない通産省にとって、新しい財源を確保することが通産行政のために重要な課題であることは疑いの余地はない。各部局を担当しているものにとっては細部しか見えないのでわからないが、より大きな視野で全体を見ている大臣官房にとっては、おそらくこの時点で新たな財源確保は極めて重要な課題だったのだろう。T次官にとっては、通産省に対して自分としてもできる限りの遺産を残しておきたいとの親心もあったかもしれない。それに対して石油業界ならともかく、最先端で業界説得にあたるべき石油部長が、還ってくる可能性のない北方領土など書生っぽい議論をして反対するというのは、次官にとっては我慢できなかったに違いない。上司の意向に従わない「問題のある部下」と映ったであろう。しかし今思い出してみてもかなり難しい増税案だった気がする。

〈コラム〉湾岸戦争支援の財源→石油税の増税

石油は増税問題とは切っても切れない代物のようだ。話は前後するが、一九九〇年湾岸戦争が勃発した。私はその年会計課長に就任していた。年末の予算編成で忙しかったある日、熊野官房長から呼び出された。官房長は総務課長、秘書課長、会計課長の官房三課長の直属の上司である。官房長室には大蔵省主計局の田波総務課長と田谷主計官がいた。大蔵省のこの二人は、湾岸戦争に協力するための経費として石油増税を頼みに来たのである。熊野官房長は、苦渋の様子ではあったが、基本的には条件付きで協力する旨の意向を示した。その条件というのは増税が石油だけではないということで、この点は大蔵省側も最初からそのつもりで、タバコ増税を一緒にやるので是非理解して欲しいとのことであった。私は「また石油増税か」と思ったが、湾岸地域の秩序と平和の維持のためなら産油国側も石油業界も納得せざるを得ないだろうと思った。石油増税は走り出した。歳入はおよその一兆円である。しかしながら、その過程でとんでもないことが起こった。タバコ増税の方は与党自民党の了承が得られないということでつぶれてしまったのである。私は熊野官房長に「おかしいですよね。約束違反です」と申し上げた。熊野官房長は「予想されたことだよ」と割合にあっけらかんと言うので驚いてしまった。政治とか、それに近い行政府の上の方はさまざまな読みと思惑があるのだなと思った。一兆円もの増税を単独で押し付けられた石油業界、石油部に対しては「申し訳ない」の一語に尽きる。

第七節　カタールガスプロジェクト

イランとアラビア半島の中間のアラビア湾（イラン側ではペルシャ湾という）の海底には膨大な天然ガスの埋蔵が確認されていた。このガスの開発に着手しようとしたのがカタールである。しかしどんなに膨大なガスがあろうとも、購入してくれるマーケットがなければガスの開発はできない。パイプラインで送れる市場が近くにあるガス田のものは比較的開発に着手しやすい。輸送コストが安価で済むからである。しかし買い手が陸続きでないとか、遠隔地だといった場合はＬＮＧ（液化天然ガス）の形にしないとマーケットに送り込むことができない。ＬＮＧの分野で先鞭をつけ、世界の市場を支配していたのは日本である。アラスカ、ブルネイ、アブダビなどがかなり早期の段階から日本へのＬＮＧ輸出国・地域である。ブルネイなどと大規模な取引を開始したのは三菱商事で、山田敬三郎さんがその先鞭をつけた立役者と言われる。そしてそれよりも相当に小さな規模でアラスカやアブダビとのＬＮＧ取引を開始していたのが三井物産であった。

カタールとしては、歴代の在カタール日本国大使のアドバイスもあって日本のマーケットに照準を定めた。これまで三菱商事や三井物産を通じてガスを購入していたのは東京電力や関西電力、それに東京瓦斯、大阪瓦斯であり、大手電力三社の一角を占める中部電力はガスに手が出ていなかった。そこで同社はカタールの誘いに乗りたいと思ったのである。カタールプロジェクトを中電に持ち込んだのは丸紅であった。中部電力は、会社の命運を左右するかもしれないこのプロジェクトに丸紅一社では心もとないと思ったのか、この分野の経験豊富な三菱商事の参加を求めた。しかし、当時、カタールは政情も不安、かつカタールの政情不安定等の悪口を書いた本が出版されるなど、国際社会からもリスクの大きい国とみられており、メジャー各社もカタールプロジェクトに参加する社はなかった。三菱商事もこのプロジェクトへの参加を断った。代わりに参加したのが三井物産である。物産はガスの分野で三菱との差を縮めたいと念願していたこともあり、丸紅とともにカタールプロジェクトに参加することを決断し、交渉を開始したのである。

1　決め手となったファイナンス

私の石油部長就任当時は、最後の詰めの段階で、通産省の貿易保険（現在は独立行政法人→特殊株式会社のNEXIとなっているが当時は通産省の中にあった）の付保ができるかどうか、そして石油公団の債務保証がつくかどうかが、プロジェクトが立ち上げられるかの大きな岐路であった。輸銀融資も重要な要素であるが、融資の過半を担保する貿易保険＝通産省の決断なしには輸銀も単独では難しい。そもそもLNGプロジェクトはパイプラインガスプロジェクトと異なり、上流から下流までかなりの設備投資を要するプロジェクトなのである。リグや掘削設備は当然のことながら、高価な液化設備、オフショア（海域）のガス田から海底、陸上を走るパイプライン、LNG船（零下百六十度まで冷やしたガスを遠路運ばねばならない）、そして受け入れ側のLNGタンク等、どれをとってもとても高価な設備や施設への投資が必要なので著しくコストが増嵩する。したがってカタールプロジェクトにはファイナンスが決定的な意味を持つ。銀行もオウンリスクでは融資しきれない。このような中で、カタール側の当時の責任大臣アッティヤ鉱物資源大臣は、毎月のように日本に来て関係方面と折衝していた。もちろん中心は中部電力、三井・丸紅の両商社、それにメーカーである川崎重工やエンジニアリング会社の日揮、更には日本郵船などの輸送業者などであり、多岐を極める。そして彼らがもっとも重視していたのが、融資のカギを握る通産省であった。アッティヤ大臣は民間との交渉をする傍ら、毎月のように通産省に来る。

前任の細川さんからは、「石油部長の部屋はいかにも狭い、大臣と話すには格式も大事で、あの部屋ではちょっとまずいので、是非長官か次長の部屋を借りた方がいい」との引き継ぎを受けていた。長官、次長は外出していることが多く、たいていはいずれかの部屋は空いている。大臣は日本企業との話し合いの進捗状況を報告かたがたやってくる。最初は長官、次長の部屋を借りていたが、大臣がかなり頻繁に来るので、やはりいつも長官、次長の部屋が空いているわけでもなく大臣と話している最中に長官、次長が帰ってきてしまうこともあるので、狭いがやむを得ず石油部長室で大臣と会うことにした。

天然ガスに対する私自身の評価だが、「将来核融合などのエネルギーが主流になるまでのつなぎのエネルギーとして日本は重視する必要がある」というもので日本の場合、ＬＮＧという高価なガス資源の入手を円滑に進めるためには、国も相応の支援をしていく必要があるとの意見を持っていた。この趣旨は国際資源課長時代にキプロス島で行われたシャマス（Pierre Chamas）氏のセミナーで講演した際にも明確に主張した。すべてメジャー中心で上流が支配されていたエネルギー市場においては、国の関与を主張するのは若干異質な見解であったが、産ガス国やコンサルタント等の専門家を中心に支持してくれる人も多かった。現在、核融合はもとより、東日本大震災後は既設の原子力発電所の再稼働もままならず、他方シェールガス等天然ガス分野には新たな供給源が参入してきているため、天然ガスそのものの寿命はさらに延びそうである。

カタールプロジェクトに対して日本側では、三菱商事が参加を断ったのに次いで、銀行でも資源・エネルギーでは最も重要な役割を果たしていた日本興業銀行が融資団に加わることを拒否した。カタールリスクは大きいとみたのである。代わって東京銀行が融資団を主導することになった。当時私の元の上司であった黒田元資源エネルギー庁長官が東京銀行の顧問をしていた。また、丸紅には小川邦夫さん、三井物産には鈴木直道さん、いずれもＭＩＴＩの先輩がそれぞれ両社のエネルギー担当役員として本件を担当していた。

一方、通産省側のもっとも重要な部局である「貿易保険課長」には、直前に石油部開発課長を務めた北畑隆生氏（のちの通産事務次官）が就任した。実は私自身直前は貿易局の審議官として貿易保険の担当審議官であった。本件を担当する責任者である石油部長にとっては極めて好都合な布陣である。北畑氏は「本件については、保険を担当し現在石油・ガスも担当している林さんが一番よくご存知でしょうから私は石油部長の判断を最大限尊重します」と言ってくれたのは有難かった。

このような状況の中で、巨大プロジェクトへの貿易保険の付保（担当者はその巨額な保険金額にかなり逡巡したようだが）、石油公団の債務保証、そして輸銀融資が実現したのである。総額三千億円にも達する規模の融資である。

2　LNG船の発注

ほぼ融資が決着することになった時点で、私のところに日本郵船の幹部の方が面会を申し込んできた。何の要件だろうとお会いしたところ、何社かの船のメーカーの皆さんと一緒に見えた。彼らの要望は、カタール側が必要とするLNG船を日本製のものにしてほしいという趣旨であった。商社や中部電力もそれを希望しているという。日本で建造する船がもっとも信頼できるというのである。

この件は基本的にはカタール側が決めることだとは思ったが、そういえば「あれほど苦労して融資を決めたのに通産省としてカタール側には頼んだことは何もないな」とも思い、一応大臣に聞いてみましょうと約束した。数日後大臣が私の部屋に来られた時、その船の話を持ち出した。大臣は、「もちろん日本の船にする。しかも四隻すべて日本の船にすることを約束します」と言われた。どうも私が言うまでもなく、日本側とりわけ中部電力の意向を尊重して日本の造船会社に発注することを決めていたようだ。私の大臣に対する話がこれにダメを押しただけだった感じである。後に私が三井物産の副社長として欧州三井物産に赴任する際、川崎重工の緒方副社長にごあいさつに伺ったのだが、緒方さんは「最近は船価が低迷して困っている、本当の利益が上がったのはあのカタールのLNG船だけだった」と話されたのを聞いて、なるほどいろいろなところに影響があるものだと、日本郵船や造船会社の人たちが私の部屋に来て通産省からダメを押してもらおうと思った理由がわかった。

3　石油公団法改正・電力業界の反対

この融資を巡って一点私が懸念していたのは、公団の債務保証が液化施設やパイプラインに出せるかどうかという点であった。公団の仕事は法律上ではリスクの大きい上流の探査、開発、生産段階への債務保証が中心である。本プロジェクトは主要な業務が上流のガス開発である以上、その生産物を出荷するために必要な液化施設やパイプラインに対する債務保証は付帯業務として法改正をしないでも可能ではないかと考えた。ただ、カタールプロジェクトの上流（開発）には石油公団はかかわっていないので議論を呼ぶ可能性はある。実際の事業への債務保証実行までには時間もあるので、私は、明確にこのための債務保証が可能になるよう浦田石油開発課長に公団法の改正を頼んだ。今後はこういうリスクの大きなプロジェクトに国が関与できないと、日本の参加するエネルギープロジェクトが進まないと危惧したこともあり、しっかりとした支援可能なベースを作っておきたいと思ったのである。しかしこの公団法の改正はその構想段階で意外な抵抗に遭うことになる。電力業界からの異論である。

彼らの主張は、本来民間が担うべき分野に石油公団が手を出すことは国の支配を強めることになり好ましくないとの議論である。本件についても、興銀はじめ銀行団が金を出さないなら本来経済性がないと判断すべきであり、プロジェクトをあきらめればいいとの主張である。この議論は一理ある。しかし残念ながら日本の銀行は当時国際プロジェクトには極めて及び腰で、とりわけカタールプロジェクトのような巨大なプロジェクトには貿易保険や輸銀融資がつかなければ自らリスクをとることはまずなかった。このような銀行の姿勢は、金融危機を経てますます嵩じてきて、後に私が国際協力銀行（ＪＢＩＣ）の理事、そして三井物産の役員をしていた時にも、大きな国際プロジェクトに対して民間銀行が主導的にリスクをとったケースを知らない。まずＪＢＩＣや貿易保険（当時は通産省、後にＮＥＸＩ）の判断を見てから決断するのである。しかもプロジェクトが百の資金を必要とすると五十はＪＢＩＣ、残りの五十のうち九十五〜九十七・五％の銀行の融資分についてはＮＥＸＩの保険がつくので、銀行のとるリスクは最大でも総額の二・五〜五％の二分の一に過ぎない。もちろんそんな小さなように見える割合でも総額が大きくなるので相当な額にはなるし、プラスアルファで関連企業等の面倒も見なければならず、プロジェクトが何らかの理由で頓挫してしまった場合の銀行のリスクはこれにとどまるものではないが、数行で分担した場合、銀行のとるリスクはさして大きなものではないといえるのではないか。現在は、金融部門でも国際プロジェクトの重要性は格段に増してきているので、銀行も従来のような消極的な経営方針ではないと思うが、当時はそんな感じであった。公団法の改正は、公団の債務保証を金額の張る液化施設やパイプラインに拡大しようとするもので、そもそも銀行がオウンリスクで融資してくれるなら、公団は出る必要はないのである。あえて法改正した場合と付帯業務で実施する場合の違いといえば、日本企業（＋石油公団）の上流への関与がなくとも日本向けのガスのためなら液化施設やパイプラインの建設のみに対しても公団の債務保証が可能になるので、本来の公団の機能から見てこの点を問題視する向きはあるかもしれない。ちなみに本プロジェクトの上流部門に石油公団は関与していないが、三井、丸紅両商社のカタールガスへの出資は行われている。

当時電事連（電気事業連合会）の会長をしていたのは関西電力の秋山会長であった。私は、関西に出かけていって秋山会長とお会いしてお願いすることにした。私の訪問の趣旨は想像できたはずで、もし徹底的に反対というなら面会さえしてくれなかったはずだ。しかし、一応会ってくれることになり、さらに翌日の休日に、一緒にゴルフをしようとの話まであった。ただ、どういう意図で会ってくれるのか、やはりわれわれの法律改正はだめだといわれるのかは、実際にお会いして見なければわからない。会合は比較的和気あいあいとしたものだった。法改正の話を切り出した私に対して、秋山会長は、「その件については、検討した結果反対しないことにした」との話をしてくれた。その話はその一言で終わりだった。私は嬉しさのあまり顔がほころびるのを感じた。その席には興銀の関西支店長の方も同席していた。その日の会食、翌日のゴルフは本当にリラックスした楽しいものであった。想像ではあるが、中部電力が社運をかけて追求しているカタールプロジェクトについて、電気事業連合会として足を引っ張るのも難しいと判断されたのかもしれない。

法案は浦田課長と、後にファンドで有名になるＭ課長補佐の努力で策定され、無事閣議決定を経て国会に提出された。国会での議論は比較的スムーズに推移した。しかし質疑を聞いていてびっくりするような議論があった。商工委員会にも長く、通産行政にも詳しい自由民主党のＮ先生の質問である。同時にＬＰＧの国家備蓄関連の法案も上程していたので、先生は、一連の法改正を称して「エネルギーの上流から下流までの支配を狙った通産省の野望」を表したものだというのである。この議論には驚くと同時に、見方によっては、こんなささやかな法改正がこのように受け取られる可能性があるものかと改めて緊張する思いであった。石油公団法は無事国会を通過して、液化施設やパイプラインの敷設に対しても公団の債務保証が可能になった。この法改正がカタールプロジェクトの推進に大きな役割を果たしたことは言うまでもない。

〈コラム〉アッティヤ大臣の人となり

カタールガスプロジェクトをカタール側で推進していたのはアル・アッティヤ鉱物資源大臣である。前述のように大臣はこのプロジェクトに政治生命をかけていたようだ。私が石油部長に就任したころからカタールの大臣クラスの要人が何人も訪日した。その都度日本側かカタール側が席を設けて懇談をする。その席に度々私が呼ばれていた。懇談は雑談

が多かったが、仕事の話になると決まって会話を取り持つのはアッティヤ大臣であった。(口絵11)

あるとき、時の政務次官が大臣を食事に招待することになり、私もお供した。大臣はとても会話の上手な人で、かなり知的レベルも高い人である。緊張の中にもリラックスした会話だったのだが、政務次官が大臣に対して次のような話を始めた。「神様は不平等ですよね。あなたの国には石油もあるし、山のようにガスもある。日本にはほとんど何もないのです」。私は、この政務次官の産油国の大臣に対する神様を引用した話に冷や汗をかいた。しかしその発言に対しての大臣の返答は実に見事なものだった。大臣は「それでは、お国を取り換えっこしましょう」と言ったのである。これには我々もギャフンである。

この席でのアッティヤ大臣の当意即妙な返答に接して、この大臣はただ者ではないと思った。大臣はカタールガスプロジェクトの成立後、毎年日本に来た。ガスの契約で関係した人を招待してお礼と関係強化のためにレセプションを開き続けたのである。中部電力も、三井物産も丸紅も、そしてＪＢＩＣ、通産省、銀行等の関係者を招待し続けた。こんなところも何となく日本人の感情に近いところがあると感じたものだ。東日本大震災に際してのカタールによる巨額の寄付も思い起こされる。

このアッティヤ大臣の需要家との強い関係の維持は、シェールガスの出現によるガス市場の軟化、また政治的にも現在(二〇一七年)、サウジやＵＡＥとカタールの関係が悪化し断交にまで至っている中で、大産ガス国カタールの立場を守るために大きな意味を持つに至っている。国と国との関係も信頼関係に基づく長期的な視点が必要との証左であろう。

4　カタールガスプロジェクトのその後

砂漠の上に絨毯を敷いて行われた起工式の式典（口絵10）

カタールのガスプロジェクトは順調に進んだ。一九九三年、ドーハのラスラハンの港でプロジェクトの起工式があった。起工式には本プロジェクトの主役である中部電力の安部会長ほか大勢の日本の関係者が招かれた。起工式の前、私の部屋にカタールのガス公社から電話があった。安部会長に次いで日本側を代表してスピーチをして欲しいというのである。たぶんアッティヤ大臣から指示されたのだろう。私は、日本政府を代表してスピーチをするのは在カタール日本大使ではないかと思ったので、即答は避け、在カタール日本大使に電話をして「ガス公社からスピーチをと言われているのだが、本来大使がやるべきところなのですがどうしましょうか」と照会したところ、「構いませんよ。遠慮なく引き受けてください」との大使の返事であった。どうも融資の承諾はプロジェクトを立ち上げるための絶対条件であり、カタールにとって実に大きなことであったと見える。

砂漠の砂の上に何百枚もの絨毯を敷いて執り行われた起工式はとても懐かしい。いまやラスラハンの港は著しく近代化が進んで様変わりとなったと聞く。ただ、私がスピーチをしたことで日本政府の主役みたいになってしまったことに今でも大使に申し訳ないことをしたと思っている。

この式典を機にプロジェクトについての私の役割はほぼ終了したのである。

長らく決まらなかったガス価格

しかし、このプロジェクトはそれだけでは終わらなかった。実は一九九七年、第一号のＬＮＧ船が日本に到着してその後安定的にガスの輸入が行われたのだが、それ以降も長い間ガスの価格が決まらなかったのである。ＬＮＧの契約は長期間（二十年）にわたるものが多く、価格は多くの場合原油価格に連動するスキームで決まるケースが多い。しかしカタール側は、通常の原油価格連動では満足せず、原油価格が低落した場合のフロアープライス（最低価格保証）を要求してきたとのことである。これは日本側が簡単に飲むことはできない。毎年ドンドンＬＮＧが入荷される中で価格スキームが決まらないまま推移している状況は、とりわけ輸入サイドでは将来の価格調整による巨額のトランスファーの可能性が気になるところである。中部電力は、カタールの要求を呑む瀬戸際まで追い詰められていた。私は、長期契約に関してフロアープライスのような価格の硬直性を約束することは基本的には好ましくないとは思っていた。しかし民間企業間の契約、とりわけ価格については政府として介入すべき筋合いでもない。一九七四年ごろ私が農水産課の課長補佐をしていた頃、砂糖の需給がひっ迫し、日本の商社がオーストラリアの砂糖公社と砂糖の長期契約をし、その後砂糖の国際需給が緩んで、この長契で合意した価格水準はとんでもない高いものになってしまい、日本の商社は契約を守ることができなくなってしまった話は前述した。当時カタール側とすべての交渉をしていたのは三井物産、丸紅の両商社と中部電力からは「鹿野」燃料部長（故人）であった。最終判断はガスの買い手である中部電力が行うことになる。そこで私は鹿野部長に私の知り合いのマブロー教授（Dr. Mabro）に会ってもらい、彼の意見を聞いてもらうことにした。マブロー教授（二〇一六年逝去）は、当時、オックスフォードセミナーを主催しており、世界中からエネルギーの関係者を招いて、自身が教授をしているオックスフォード大学の St. Catherin's College で毎年セミナーを開いていた。サウジのヤマニ石油大臣など、産油国のエネルギー関係者が数多く出席する会議で、オックスフォードセミナーの方が老舗だが、現在のダボス会議のエネルギー版と言ってもよい。私は、国際資源課長の時はそのセミナーの生徒として、石油部長の時は講師（スピーカー）として参加している。マブロー教授は、エネルギーの世界に詳しく、たびたび日本を訪問しており、日本のエネルギー関係者にも知己が多い。ユーモアに富んだ楽しい人である。マブロー教授が訪日した機会をとらえて彼に時間をとってもらい、鹿野部長を交えて会食懇談会を開催した。彼の意見はいろいろあったが、価格の部分についての意見は一言でいうと、「エネルギー価格は流動的であり、フロアープライスは好ましくない」とのことであった。中部電力はこの意見が参考になったのかよくわからないが、その後のエネルギー情勢の変化もあって結局フロアープライスは採用しなかった。オーストラリアのガスの価格の値決め方式に倣ったらしい。最終的にカタール側とＬＮＧ価格を合意したのは第一船が日本に到着してから数年後のことであった。この価格決定の是非は後で振り返るといろいろと考えさせられるところがあったようだ。フロアープライスをのめば“Ceiling Price”（天井価格）も取れたのではないか。そうすれば石油価格が百ドル／バレルを超えるような事態の時は結構有利だったのではないかといった議論もあったらしい。

しかし、ガス独自の国際市場がいまだできていない中では、原油市場と連動したガス価格は一応ＬＮＧの市場価格の代わりになっている状況で、このような原油市場連動のマーケットでの価格なら、双方がやむを得ないと納得する性格のものだと思う。

ガス独自の市場価格の形成は、大量のシェールガスが市場へ参入している中、産ガス国の課している揚地規制（他国ないし他の取引先への転売禁止規制）などの硬直的な条件は徐々に緩和されざるを得ず、遠からずガス独自の市場と価格が形成され、フロアープライスなどの議論はなくなることになるだろう。

カタールのガス輸出はその後順調に拡大し、同国は今や押しも押されぬガス輸出国となり、ガスの輸出収入の拡大に伴い、カタールの経済発展は目を見張るものがある。現在、一人当たり国民所得では、世界一の国になっている。あの砂漠に絨毯を敷いて起工式をやったラスラハンの港もおそらく様変わりになっているのだろうなと思いを馳せている。カタールのＬＮＧの輸出は、日本のみならず、中国、韓国そしてヨーロッパの国々にも展開している。

二〇一七年、日本とのガス取引開始二十周年を記念して、ドーハで多くの日本の関係企業を招いて記念式典が開催されたとのことである。カタールのガスを最初に導入したのが日本であり、第一船が日本の港に到着してから二十年になるのだ。実に感慨深いものがある

〈コラム〉興味深かった人事

カタールプロジェクトを通じて興味深い銀行の人事があった。このプロジェクトに初めから参入を決めた「東京銀行」は、中原さんという常務が中心であった。当時同行の顧問をしていた黒田元資源エネルギー庁長官も、常時この件の打ち合わせには参加していた。カタールプロジェクトの成功以来、中原さんは東京銀行の中でかなりステータスを高めたようだ。三菱銀行と東京銀行が合併したのち、同行が全銀協の会長会社になった際、会長のアシスタントとして全銀協に入り、さらにその後日銀の政策委員にも就任した。言うまでもなく、この栄進は中原さん自身の能力によるものではあるが、東銀の命運をかけた国際プロジェクトの成功が後押ししたことは推測される。

一方、このプロジェクトへの参加を見送った日本興業銀行であるが、当時長期信用銀行は金融危機の中で追い込まれていたようで、とりわけ日本興業銀行は、住専の傷や、後の

尾上縫事件などにも巻き込まれ、このようなビッグプロジェクトを主導する雰囲気ではなかったようだ。このような背景があったせいで、本人には全く責任はないと思うし、推測の域を出ないのだが、カタールプロジェクトへの参加を見送ったことで、担当者はかなり厳しい人事上の扱いを受けたような気がする。

本来エネルギーの世界では、銀行の中でも常に主導的な役割を果たしてきた興銀が、このような大きなかつ重要なプロジェクトに参加しなかったことにより、この分野での興銀の地位の低下に拍車をかけた可能性がある。それにしても、もし担当者が人事面でその責めを負わされたとすれば、民間企業の人事というのも厳しいものだとの思いを新たにする。

第八節　サウジアラビア

1　潰えたアラムコのダウンストリーム進出構想

二〇世紀末それも一九八〇年代は、日本の経済力がピークに達したころである。このような日本の経済発展を見て、産油国は日本のマーケットに何らかの形で進出したいとの強い希望を持っていた。石油部長への引き継ぎで、私が就任する数年前、クウェート政府がM社の株を買収したいとの動きがあったことを聞いていた。これは日本企業側が消極的であったこともあり、また通産省石油部も会社側の意向を受けて何とはなしにクウェート側をディスカレッジしたようだ。私の石油部長時代には、ＢＰが日本のガソリンスタンド（主としてスタンドを保有している特約店）の買収を考えている旨の話があった。しかしこの話は立ち消えになった。スタンドだけ買収してもあまり将来性がないと思ったのかもしれない。本格的な産油国の日本進出の話はサウジアラムコの日本の精製会社の買収の話である。この話は当時の日石が中心に進めていた。買収対象は日本石油の苫小牧製油所、日本鉱業の知多製油所、それに日本石油の下松に（古い製油所をスクラップして）新しい製油所を建設し、これらの製油所を日石、日本鉱業、アラムコが合弁で新会社を設立して共同で運営するとの構想である。通産省としては産油国、とりわけサウジアラビアの資本を日本のダウンストリームに引き込むことは基本的に望ましいと思っていたので、日本企業側の積極的な姿勢が示されたのは大歓迎であった。もっともこの合弁会社の経営のことを考えると、日石の苫小牧はともかく、知多製油所そして新たに建設するという下松の製油所については、本当にその採算は大丈夫かなとの懸念は強く持っていた。しかし当事者がその方向で走り出すということはそれなりの勝算があるのだろうとの判断で、全面的に協力の姿勢を打ち出した。本件はアラムコのダウンストリーム進出として国際的にも注目を浴びていた。関係者の長いかつ熱心な交渉を経て交渉はほぼ合意にこぎつけることができた。私も何かにつけ協力をしたので、最終的に日石で中心的な役割を演じていた甲斐部長が私の部屋に来てほぼ合意ができたこと、二週間後に三社による調印を行う旨の報告をしてきたときは本当にわがことのようにうれしかった。

しかしそれから事件は起こった。本件を推進してきた中心人物の当時の日石の建内会長が私に緊急に会いたいという。私の部屋に来られて話し始めたことは驚天動地の話であった。要するにこの合弁の話は解消したいというのである。私は「これだけ関係者が長期にわたって努力をし、かつ我が国への最大の石油供給国の一つのサウジアラビアが絡んだ話で簡単に解消というわけにはいかないでしょう」と色をなして会長の翻意を促した。しかし会長の意思は堅かった、というよりもっとも採算のいい苫小牧製油所の技術者の強い抵抗があるというのである。

そんな話は最初から分かっている話で、関係者がここまでこぎつけた苦労をチャラにするのはいかにも見識のない話ではないか等々議論を続けたが、会長の決断はどうにもならなかった。本当に解消したかった理由はどこにあったのかいまだにわからない。もともと日本鉱業は本件の帰趨にはフレキシブルとの予想がついた。問題はアラムコである。そして産油国のダウンストリーム進出を期待していた我が省である。しかし通産省としては馬の首に縄をつけて水場に引いて行って水を飲ませるわけにはいかない。また、アラムコもパートナーが撤回するのをダメだと言ってもどうにもならないだろう。

苦労に苦労を重ねて、契約調印直前までできた産油国との合弁交渉は頓挫した。この交渉が頓挫して間もなく私のところにミーズ（MEEDS）の編集長セイモア（Ian Seymour）氏から電話が入った。合弁交渉解消の経緯を教えて欲しいというのである。〝ミーズ〟は、権威ある石油の国際的な専門誌で産油国、消費国の関係者が必ず目を通している雑誌である。編集長のセイモア氏とはＯＰＥＣ総会の取材など様々な局面で親交を深めており、私にとっても国際石油情勢や産油国事情についての貴重な情報源でもあった。本件について、その取材の早さにも驚くと同時に、交渉を推進していた石油部長の私のところにピンポイントで電話をしてくる的確さにも驚いた。伊達にこの道で商売をしているわけではないなとの感を深くした。それだけこのプロジェクトは国際的にも注目を浴びていたともいえる。

合弁交渉解消の後、私はアラムコに釈明の旅に立った。すでに石油部長は退任しており、エネ庁の次長に就任していた。当時アラムコの社長は後に石油大臣になるアリ・ナイミ氏であった。ダハランのアラムコ本社でナイミ社長、後にアラムコ社長になる当時副社長のジュマ氏等数人のアラムコの幹部と昼食をはさんで差しで会談、一応の経緯を率直に説明した。先方は残念がってはいたが、当事者がその気にならない以上しょうがないとの淡々とした反応であった。このあたりにもアラムコの石油の世界の王者たる風格が表れている。後にアラムコは昭和シェル石油の株式を十五％取得することになる。日本のダウンストリーム進出の思いは断ち切れなかったのだろう。率直に言って、あの段階で新しい製油所の建設を前提にした日本のダウンストリーム進出が良かったのか、昭シェルの株の取得の方が良かったのか私には判断がつきかねるが、その後の日本経済の停滞を考えると、たとえアラムコの資本参加があっても、おそらく新製油所（下松）の建設は難しかったのではなかったかと思う。

2　アラビア石油の利権更新問題

アラビア石油は、山下太郎がサウジアラビアで獲得した権益からスタートし、一九六〇年カフジ油田を掘り当て日本初の日の丸油田として生産を始めた日本の自主開発原油の生産を代表する会社である。その三年後に軽質油を生産するフート油田を掘り当て、ピークには両油田合計で約三十万バレル／日の生産量を誇り、当時の日本の原油輸入の五％を占めていた。アラビア石油のサウジでの事業開始については同社の出版した「アラビアに生きる」という小冊子を何度も読んで、当時のアラビア石油の社員の苦労に思いを馳せたものだ。（口絵12）

四十年の利権契約が切れる直前の一九九〇年代から、サウジアラビアと利権契約の延長を巡って様々な交渉、接触が行われた。この問題は実はサウジアラビアにとってはアラムコの国有化以降外国に利権を供与している唯一の鉱区だっただけに、よほどの条件が日本側から提示されない限り契約は終了させる構えであった。このため諸外国もその帰趨を大きな関心を持って見ていたのである。この鉱区は、サウジとクウェートとの間に当時広がっていた中立地帯に位置する鉱区で、両国にとって日本の企業が開発し、生産を続けることは中立地帯から生産される石油についての面倒な権利調整を日本企業を通じて行い、サウジ・クウェート間で直接交渉せずに済むという利点もないわけではなかった。もちろんアラビア石油としては、お互い主導権争いを繰り返すサウジ、クウェートの両国を主要な株主としてお仕えしなければならず、いろいろな意味でのその苦労と負担は並大抵のものではなかったと思う。しかも第一次石油危機の前後から産油国が国際石油資本を相手に国有化、事業参加を拡大、石油価格の支配権を取り戻しつつあった中で、この小さな石油会社は激動の石油情勢に翻弄されるのである。産油国の資本参加の拡大に関しては、両国政府との交渉の末、アラビア石油が両国政府から得ていた五十％ずつの利権の各六十％は各々両国に返還することが合意された。百％の国有化が行われなかったことがせめてもの救いであった。

ただ、同社は石油価格についても全く主導権はなく、一九七七年、第一次石油危機後の世界不況の中にあっても、両国政府の指示に従い十％の値上げを強制されたのである。

このように、アラビア石油の本鉱区についての権利は、いわゆる出資相当分の権利とは、思えないようなささやかなものであった。利権を持っていると言っても、事実上その支配権は両国政府に握られており、必要コストはカバーされていたものの会社としての主導権を発揮する余地はほとんどなかったと言えるだろう。一九七七年の石油価格の十％引き上げは、世界的な景気後退が深刻化していたこともあって、アラビア石油のカフジ油田からの重質原油の日本企業の引き取りを困難にし、同社に深刻な危機をもたらした。同社の大慈弥会長は、我が国の石油の安定供給にもっとも重要な国策原油でもあり、何とか引き取りを円滑にしてもらいたいとの観点から通産省にも何度か足を運んでこられた。私は当時石油部計画課の課長補佐であったが、古田石油部長の命をうけ、各社の原油輸入担当の役員に石油部計画課に来てもらい、カフジの原油の引き取り増を要請した。一連の要請を経てもカフジ原油の引き取りは一滴も増える気配はなかった。ガソリン需要のみ増加している中で、ガソリン留分の少ない重質のカフジの原油は引き取りが難しかったし、軽質油はイランや東南アジアの方からいくらでも手当てできたからである。大慈弥会長は、「経済的に引き取れる条件がないと事態の解決は困難」として、重質原油の関税を引き下げられないかとして関係方面に打診を始めた。もちろんいくら自主開発原油と言っても、それだけの理由で特定の原油の関税を引き下げるわけにはいかない。いろいろな知恵を出して、重質原油（事実上カフジの原油）の関税が引き下げられ、第二次石油危機の兆候もあって、その後アラビア石油の原油の引き取りはそれなりの水準を回復することができたようだ。

ただ、この会社を通じてサウジアラビアとの関係がしっかりとつながっていたのは通産省にとって極めて貴重な資産であった。この点はアブダビのムバラス油田等の利権を獲得して同国で操業していたコスモ石油（日本鉱業と合弁でアブダビ石油という子会社を作っていたが）を通じて、UAE（アラブ首長国連邦）とのパイプが維持できていたのと並んで価値あるものであった。

しかし四十年の利権期間の終了を控え、サウジ側はこのような国有化の例外を認めるについては相当に厳しい態度であった。日本側も様々なルートを通じて利権の延長の努力を続けたものの、最終的にはサウジ側からの厳しい条件（二千億円もの鉱山鉄道の敷設とその操業責任）のコミットを求められ、日本政府もアラビア石油もこれに対応できず、四十年間続いたサウジ、クウェートとの間の石油利権は消滅した。アラビア石油はクウェートとの間でしばらくは技術提供契約を結んで操業を継続したが、これもクウェート議会の反対により延長することができず、間もなくアラビア石油のサウジ、クウェートにあった利権は完全に消滅した。この利権の消滅に関してアラビア石油の社員の中から、同社の幹部に就任していた経産省のＯＢに対して厳しい批判の声が聞かれるが、私自身はサウジ、クウェートの大義である国有化の例外として続いてきたこのささやかな石油利権を守ることは、相当に難しかったのだろうなと思っている。もちろん職場を失ってしまった社員の人たちに対しては、お気の毒としか言いようがないが。

本来サウジ側にとってもこの国の最も価値ある石油資源の開発生産に対して外資、とりわけ日本企業の参加を得ておくことは日本との関係においても価値あることと思うのだが、アラムコの国有化以来、両国にとって「のどに刺さった棘《とげ》」のように思っていたアラビア石油の利権はサウジ、クウェートの国有化の原則の前に回復することはなかった。

ちなみにアラビア石油の存在価値の一つであった「中立地帯」は二〇〇〇年にサウジ、クウェート両国の合意により、石油生産設備を含めて両国に分けられ、国境が画定した。

この事件以来、サウジと日本の関係はかなり冷え込んでしまった。引き続き原油の輸入については最大の輸入先国としてサウジの地位は高かったし、両国の要人の往来もないわけではなかったが、両国の協力関係を前進させるような目立った動きはなかった。また、中東諸国との関係強化を役割としている「中東協力センター」の活動もなにがしか元気のないものになっていたようだ。サウジと日本の関係が再び日の目を見るのは、石油価格が高騰してきた二十一世紀初頭の第一次安倍内閣の成立（二〇〇七年）を見てからである。

〈コラム〉アラブの人々の感性――アブドゥルカリームさん

アラブ世界は、アルカイダの脅威やイスラム国の殺戮行為など中東・アフリカを中心に勃発するイスラム過激派のテロがイスラム教を含めこれら地域全体のイメージを著しく傷つけている。私はイスラム教をそれほど深く勉強したわけではないが、イスラム教はキリスト教や仏教などと並んで世界レベルの普遍性を持った宗教であり、イスラム教を信奉する人々が極めて健全な世界市民であると思っている。一部の過激なイスラム教徒によってイスラム世界全体が誤解されているのはとても残念だ。また、アラブの人々はその感受性、生き様などにおいて欧米人より日本人に近いのではないかとも思うこともある。砂漠の厳しい環境の中で人々の生活や性格も様々に変化してきたものと思うが、人々の生活の基本的価値観、すなわち年長者を敬う気持ち、家族を大事にすること、旅人に対するもてなし、コミュニティーを大切にする気持ちなどは日本人の価値観と相通ずるものがある。

サウジアラビアの石油省の副大臣をしていたアブドゥルカリームさんは、歴代石油部長のいわばサウジ側のカウンターパートであった。彼はアラビア石油の取締役をしていた関係で、年に一～二度は訪日して関係者と懇談する機会を持った。もちろんこちらからもサウジに出かけるときは必ず面会、懇談の機会を持つことにしていた。彼は長期間そのポストにいるのだが、こちらは一～二年ごとに交代する。したがって彼が訪日するときは歴代石油部長四～五人が集まって一緒に懇談する機会を設けることが多かった。私は、通産省を退官した後、ジェトロの理事長としてサウジアラビアを訪問する機会があった。第一次安倍内閣の時、安倍総理とサウジ国王の間で合意された日・サウジ間の「戦略的・重層的パートナーシップ合意」の下で「タスクフォース」が設立され、その日本側責任者に私が任命され、その仕事の関係での訪サだった（この件は第二編のジェトロの章で詳述）。昔の縁をたどって石油省の顧問になっていたアブドゥルカリームさんを訪ねた。昔変わらぬ親しみのこもった懇談だったが、彼の執務机の上を見て驚いた。その時から十数年前になると思うが、彼が訪日した際、数人の石油部長と撮った写真が額縁に入れて飾ってあるではないか。すでにセピア色をしていたが、日本の通産省との関係を十数年経った時点でも大切に残していてくれていたことに感動を覚えた。（口絵13）

私が現役の石油部長の時、用事があってサウジアラビアに行くことがあった。リヤドでもバーレーンでもどこに到着しようと石油省やアラムコは最大限の手配をしてくれ、石油部長時代私はサウジアラビアで通関手続きをしたことがない。これも石油省の副大臣であるアブドゥルカリームさんの手配である。空港に到着するとアラムコの車が機側に待っていてくれる。そのままその車でホテルに向かう。三十〜四十分後に荷物がホテルの部屋に届けられる。ホテルではアブドゥルカリームさんがロビーで待っていてくれる。「お迎えありがとう」と挨拶すると彼は、「空港まで迎えに行かなくて申し訳なかった。でも、自分が空港まで迎えに行くと、お前は私が日本に行く際、成田空港まで迎えに来なければならないだろう」と言うのである。これほどまで配慮ができる人は日本人の中にもそんなに多くはないと思ったものだ。私の前前任の黒田石油部長（国際石油開発帝石相談役）の時までは、成田空港に迎えに行っていた。ただ、サウジ側と違って通常の通関手続きをとらねばならないのでせいぜい通関の出口まで迎えに行くことが精一杯だった。この点を先方が配慮して、また、成田空港ではプライベートジェットの着陸枠を確保することが難しいこともあって、仙台空港に来て新幹線で来たりしていたので、私の時には基本的にホテルで迎えることにしていた。

アブドゥルカリームさんは、サウジ側の持っている様々な情報の提供についても随分協力してくれた。あるときどうしても聞きたい話があって、彼のオフィスに電話をしたら、直ちに調べて連絡するとのこと。想像だが、現場の情報は石油省よりアラムコの方が詳しい。おそらくアラムコに確認するのだろうと想像した。ただ、その時私はどうしても出かけねばならない夕食会があり、明日また連絡しようと思い、連絡を待たずに出かけてしまった。会食の場所について三十分ぐらいしたら「電話です」とのこと。電話に出るとアブドゥルカリームさんだ。私の秘書から聞いて直接その料理屋に電話をしてくれたらしい。そして的確に私の聞きたかった話を教えてくれた。「どうもありがとう」とお礼を言うと同時に本当に誠実な人だと思った。後に日・サウジの産業協力タスクフォースの私のカウンターパートになっていたシャラビー氏（元アラムコ）に聞いたら、「アブドゥルカリームさんは人格的に立派な人で、サウジの中でもリスペクトされている」とのことであった。彼を見て、人間の誠実さは国籍や人種とは関係ないと改めて思ったものだ。

第九節　昭和シェル石油の外国人会長問題

石油部長を退任して資源エネルギー庁次長に就任して間もないころ、シェル石油本社のアジア代表から会見の申し込みがあった。その内容は極めてデリケートなものであった。

昭和シェル石油は上場会社であるが、株式の三十三％以上（現在は三十三・二四％）は本社のシェル石油が保有している。（現在アラムコが十％→十四・九六％を出資しているが、これもシェルの株式を購入したはずなので、当時はおよそ五十％の株式保有者であり、シェル石油はこの会社を完全支配している状況であった。同社は一九八五年にシェル石油と昭和石油が合併してできた会社で、この時両社間で日本人が合併会社の会長になることが合意、確認されていたらしく、その後日本人の会長、社長が続いていた。同社の日本人経営陣によると、「同社のトップ人事について、①シェル本社が合意と慣例に反して外国人の会長を送り込みたいと言ってきた。これは両者の合併の時の合意に反するものである。②両社の合併には通産省も相当尽力しており、昭和シェル石油のトップを日本人にするというのは通産省も認識の上で、両者経営陣のスムーズな合意が、石油業法上の合併、及び同社にとっての必要な設備投資許可の前提だとして行われた合意だ」という。

この問題は実は私の石油部長時代からシェル側から持ちかけられており、当時の黒田資源エネルギー庁長官もシェル本社の役員と当時の昭和シェル石油の経営陣を交えて会談しており、私も立ち会っていた。

シェル側の言い分は、①合併時の合意は合併直後の体制を合意したもので、それが未来永劫に続く合意ではないし、そのはずもない。②昭和シェル石油は、日本人経営陣の失態でおよそ二千六百億円もの為替による損失を出し、シェル本社も世界の株主との関係で大変な苦労を強いられた。現在何とか落ち着き始めたが、経営の立て直しが必要だ。③現在の経営陣には（若すぎるとか、経験不足とかの理由で）適当な会長候補もいないので、鶴巻社長はそのまま継続してもらうこととし、暫定的にシェル本社から会長を送り込みたい、というのである。

本件は長い歴史のある話で、シェル石油が昭和石油の五十％の株主でありながら別々の会社であり、合併が模索されていた時代があった。昭和石油の方は、シェル石油からの様々な干渉（と当時の経営陣は言うのだが）があって、同社の独立性、日本人による経営の維持のために通産省を頼ってきた経緯がある。昭和四十二年には椎名通産大臣あてに「川崎製油所」の設備拡張の許可申請に合わせ、合併実現の暁にも取締役会の選任する会長には日本人を充てる旨を申し述べている。昭和五十八年、両社の「合併に関する覚書」が締結され、合併会社の会長、社長を含む常勤取締役は「原則として」日本人とする旨の合意となっていた。

黒田長官は過去の通産省との関係、シェル側のコミットメント、特約店との関係を含む社内の協調等々から「日本人の会長が望ましい」との見解を述べた上、人事問題で臨時株主総会を開催するのは問題を拡散してしまうのであまり常識的ではないとの意見を述べた。シェル側の強硬手段を牽制したのだろう。ただ、シェル側の説明について、「本来日本人が会長、社長になるべきだが、今、日本人に適当な人がいないという見解と理解してよいか」との質問を発しており、シェル側からは「原則論には異論はないが、今回（為替の損失問題で）会長、社長がともに辞任するということになり、つなぎの人事として、暫定的に高度に有能な人材を本社から送ることにしたい」との返事があった。このやりとりで、シェル側は若干の期待を持った可能性はある。

私のところにシェル本社から派遣されてきたのは、なかなか立派なオーストラリア人でオリンピックの陸上で銀メダルをとった人との話だった。資源エネルギー庁長官は黒田長官から堤長官に交代していた。私は堤長官の了解をとった上で、この話については原則的な意見を主張することにした。私のところに来たのは、長官が交代してしまったので、この問題について継続的に話ができる相手は、石油部長から次長に昇格した私が適任と思ったのかもしれない。先方が通訳をつけてきたので私も日本語で対応することにした。日本語で対応すると、考える時間ができて楽なことがある。私は予定通りの主張をした。しかし、当方の意向がシェルからの暫定的な会長派遣にもネガティブなものと明らかになるにつけ、先方は次第に怒りの気持ちを表し始めた。「シェル石油がライジングサンの日本進出以来九十年（前身のサミュエル商会の進出から数えれば百年）以上にもわたって日本のために貢献してきたのにこの仕打ちは我慢できない」と眉間にしわを寄せて怒るのだ。私は内心、五十％もの株を持っているのだから勝手にやると言われる可能性もあるとは思ったが、進出先国の政府の意向を最大限尊重して対応するというのが本社の方針なのだろう、そういう話は一切出なかった。実はこの話の数年前、クウェートの投資庁（ＫＩＯ——Kuwait Investment Office）が、ＢＰ（British Petroleum）の株を二〇％以上買い占めたのに対し、当時のサッチャー首相が国家安全保障上の理由から、ＫＩＯに対しＢＰ株の放出を命令、十％以下にするよう求めた事件があった。規制緩和と自由化、外資導入を推進していたサッチャー首相にしてこの種の干渉をしたことに驚いたものだが、石油産業に対しては、この種の国家の干渉が避けられないとの認識はシェル側にもあったのかもしれない。

結局話し合いは決裂し、本社から派遣されてきたオリンピック選手は傷心のうちに通産省を後にした。昭和シェル石油の日本人会長、社長の維持は当時の通産省の方針とはいえ、この話は私の心の中ではあまり後味のいい記憶としては残らなかった。

同社の二千六百億円を超える損失により、株価も一挙に低落していた。それ以前は千六百円前後だった株価は千円を大きく割り込み、その後今日に至るまで若干のアップダウンはあったものの長らく千円前後で推移してきた。最近の出光との統合の話が出て以降、業界の体制強化に伴うガソリン価格の安定への市場の期待と国際原油価格の上昇を背景に、やっと四半期前の株価水準を超えるに至っている。私は今でも時々、あのときシェル本社から会長を送り込んで再建を図ったら、昭和シェル石油はもっと早く立派な会社になっていたのだろうか、その場合、現在決まった出光との統合はどのように推移していたのだろうかと考えることがある。当時の対応はメジャーの日本企業支配を極端に警戒していた通産省の石油行政としては普通のやり方なのだが、自由化が進んだ現在だったら違う対応になっていたかもしれない。ただ、一部には「メジャー各社は日本及び日本企業に対して相当なことをしているので、どんなきつい要求をしても全く問題ない」という人もいたが……（出光の「日章丸事件」の時にシェルを含むメジャー各社が自国政府を巻き込んでイランの石油を日本に持ってくる出光を激しく妨害したケースのことなどを念頭に置いてのことかもしれない）。

ちなみに昭和シェル石油では現在に至るまで日本人の社長が続いている。また、この件が尾を引いているのだろうか、昭和石油以来継続して通産省からの人材を受け入れてきた同社は、その後通産省からの人材を受け入れることはなかった。

第二編　通商産業省後

その一　海外経済協力基金と国際協力銀行
（国際的な金融機関での仕事）

第一章　海外経済協力基金（ＯＥＣＦ）理事への就任

第一節　基金の業務範囲と担当業務

一九九八年、中小企業庁長官を最後に通商産業省を退官、経済協力の実施機関である海外経済協力基金（ＯＥＣＦ）の理事に就任した。

海外経済協力基金は、円借款を中心に海外諸国に対する経済協力を担っているいわゆる特殊法人（現在は独立行政法人で国際協力機構＝ＪＩＣＡと統合）である。政策ツールとしては円借款の前段階であるコンサルティング事業への補助金も持っている。日本の円借款ができる限り質の高いインフラ整備につながるよう、また極力日本の企業に受注されるようプロジェクトの企画、設計等の準備段階から日本企業を参画させようとの思いもある補助金だ。また、海外投融資と称する「海外ＬＤＣの事業に対する出資＝経営参加」を行う機能もある。特にこの出資機能は、ブラジルのウジミナス製鉄所やアマゾンアルミ、パルプのセニブラ、インドネシアのアサハンアルミ、パキスタンのハブリバー発電所、サウジアラビアのサウジ石油化学、サウジメタノールなどの大型のプロジェクトに活用されており、中には日本企業が撤退してしまったイランの石油化学事業（ＩＪＰＣ）への出資もあった。これらの中にはさまざまな事情から経営面で問題を抱えているプロジェクトもある。しかし、全体としてはかなりの成果を収めているといえる。パキスタンのハブリバー発電所は会社が上場し、パキスタン第二の企業に育ったと聞いた。私は海外経済協力基金で、地域はアフリカ、ヨーロッパ（経済協力対象国は東ヨーロッパ諸国が多い）、ＣＩＳ諸国、コーカサス、中南米を含む米州を担当、加えて海外投融資事業（出資による経済協力）も担当することになった。

私は基金理事就任当初は、前理事から引き継いだ「ウナギ事件」と称する基金の融資（十億円強）を台湾の業者にだまし取られた事件（業者のウナギの稚魚の手当てが間に合わなくなるとの切羽詰まった依頼に騙されて保証を後回しにして融資してしまったところ、融資をだまし取られたという事件）の後始末に奔走していたが、担当地域における案件の推進も放っておくわけにもいかず、ウナギ事件への対応と並行して海外での仕事に着手し始めた。

第二節　管轄地域訪問

1　北アフリカ

一九九九年五月、基金の理事就任後はじめて担当地域のアフリカを訪問した。まず、北アフリカの大事なODA対象国のチュニジア、モロッコである。

北アフリカのこの両国は、かなりパフォーマンスがよく、私が基金の理事になる直前に円借款の「年次供与国」になった。先方の政府の要請のプロジェクトがあれば毎年円借款を供与できる国になったということだ。ただ、せっかく円借款を供与しても、日本企業が受注してインフラ建設をしないのでは「日本の顔が見える援助」にならない。多くの国への円借款は、道路にしても橋にしても資金は円借款でも工事は中国や韓国の企業が受注して建設することが多い。これは応札価格が日本の企業に比べて安いため入札では日本企業が勝てないからである。その国の国民は実際に建設している国の援助と思うので、金は出しても日本が協力したとは思われないことになり、われわれ援助機関の者にとっては、あまりうれしいことではない。しかし、国際的なルールの上ではひも付き援助（自国の企業に発注することを条件として供与する援助）は被援助国にとってのコスト削減、効率的な事業実施を阻害するとして禁止されている。そこで、基金としては、プロジェクトの設計段階から日本の企業に参加してもらい、できるだけ日本仕様の品質のいい道路や橋を作る工事の仕様や計画を作成してもらって、日本企業の受注をしやすくしたいとの思惑がある。しかし援助を受け入れる国としては、その設計段階を誰にやらせるかも入札で決めることが多く、この段階で日本企業が弾き飛ばされてしまう。私はモロッコの大蔵大臣と食事をしながらこの問題を持ち出した。「日本の円借款なのだからせめて設計段階は日本のコンサル企業――日本工営とかパシフィックコンサルタントなど――にやらせて欲しい」との話をしたのだが、大臣の言うには、「日本企業は言葉の問題があって、たとえばモロッコの場合だとフランス語の通訳を必要とする。プロジェクトの設計段階を通じて通訳を貼り付けると相当な経費になり、たとえばフランスのコンサルにやらせたほうがずっと安上がりなのだ」とのこと。大きなプロジェクトになるとコンサル費用も馬鹿にならないのでこの大臣の話には少々参ってしまった。

日本企業の場合は英語なら何とか対応可能でも、フランス語となるとフランス語を駆使する技術者もおらずややこしいプロジェクトについては、その設計段階でもかなり難しいのだろう。チュニジアでは直前に年次供与国になったせいか、日本企業への発注についてモロッコに比してよりポジティブだったものの、その後の状況を見ると必ずしも日本の企業がコンサル段階でも受注に成功している状況ではない。日本の資金なのだから日本企業が企画と設計、工事を行い、その国の国土建設に携わるというのが当然のようでかなり難しい課題なのである。

２　南アフリカ（アパルトヘイト政策廃止後の南ア）

この国はアフリカの大国である。アパルトヘイト政策により黒人が差別されていた時代から、長年の国連や国際社会の南アフリカへの改革圧力により、一九九一年「人種登録法」が廃止され、一九九四年ネルソン・マンデラが大統領に選出されて新たな道を歩み始めた。私が南アフリカをはじめて訪問したのは、一九九三年（エネ庁次長時代）のことで、アパルトヘイトを収束させ、新たな発展を目指して力強く前進していた時期なのだが、白人支配から黒人支配に移行した直後だったこともあって、何かと社会秩序、経済秩序の混乱が目に付いた。

南アに進出している日本企業経営者の話によると、①治安が悪い（アパルトヘイト時代は極めて治安もよかったのだそうで、この点は大きな変化だという人もいる）。ここ数年でギリシャ人の商店に強盗が入り、店主など二百五十人が殺されたという。②労働組合の力が著しく強化され、労働コストも高くなって事業がやりにくくなった。さらに、③多くのアフリカの植民地経験のある国に共通の問題だが、「宗主国（ＥＵ）との関係が依然として強く、他の地域に対しては必ずしも開かれた経済関係を構築しようとしない」。たとえばＥＵとの自由貿易協定が他の地域との取引に影響しているが、他の地域とのＦＴＡには必ずしも積極的でないといった話。これらの点はこの国の通産省のンクル（MfundoNkhlu）局長との会談の際率直に指摘した。局長はこれらの指摘に真正面から答え、特にセキュリティーの問題については積極的な取り組みを紹介しつつ、日本企業による投資への期待を表明した。

その後、基金の理事としての南ア訪問をした際、大蔵省のクルーガー（Kruger）局長と会談する機会があった。局長の円借款に対する指摘はまさにポイントを突いたもので、明確にコストを念頭に置いたしっかりしたものだった。要するに円借款を二％の金利で借りても為替のヘッジをすると十数％になってしまい、南アの現在の市中で調達可能な金利より高いくらいで、このような高利のローンは借りられないというのである。円借款は十年据え置き三十年の期間合計四十年のローンなのだが、長期の為替ヘッジはできないので、数年から十年ごとにヘッジを転がしていくことになるが、為替の見通しが困難な中、ヘッジのコストが跳ね上がってしまうという。南ア政府は厳密に計算をしたらしい。ローンを受けるにあたり為替ヘッジをするというのもしっかりした政府だ。もちろん円借款は無理して借りてもらうものではないのだが、日本のＬＤＣ支援のシンボルのようなローンなので、より短期の、借り手にとって借りやすいメニューをそろえないと、こういうしっかりした途上国の発展を支える借款はジリ貧になってしまう。その結果、日本企業の活躍の舞台も縮んでしまうことになる

ある国では、某大統領就任後日本の円借款を導入、積極的な国づくりを進めたのだが、返済が始まる十年後には借金をした大統領はいない。後任となる大統領の政府は借金の返済に四苦八苦することになる。これは基金の担当者に聞いた話なのだが、十年たってローンの返済のための請求書を送付したところ、当該国の政府の担当者から連絡があって「なにやら請求書のようなもの

が届いたのだが、これは何でしょうか」との照会があったという。政府の交代で担当者も交代し、前政権の借金は的確に引き継がれていないのだろう。これもローンの期間があまりに長いことから来る問題点のひとつでもある。

外国の大使館が多くあるプレトリアでは畑中大使訪問後、南部アフリカ開発銀行（ＤＢＳＡ）のゴールディン（Goldin）総裁と昼食をとりながら会談した。陪席したのがマンデラ氏の最初の奥さんとのお嬢さんで、マンデラ氏に似ている。私はＤＢＳＡに対して、近隣の諸国マラウィやジンバブエ、ザンビア、モザンビークなどへのわが国からの融資に対してＤＢＳＡが保証する（あるいは保証を補完する）ことはできないかと検討を依頼した。これらの国の経済発展が南ア経済の発展に直結する可能性があるからである。総裁とは結構話が弾んだ。他国の、あるいは国境をまたぐ案件の融資や債務保証はこの地域のために極めて効果的と思うのだが、各国のエゴイズムが強く、この構想は進展しなかった。

なお、ご馳走になった食事はアフリカ有数の銀行の昼食だけあって結構レベルが高いものだった。

ソエトの視察

ヨハネスブルグ近郊の「ソエト」は興味深いところだった。まずネルソン・マンデラ記念館があるというのでそこを見た。マンデラ氏が以前奥さんと住んでいた家だそうだが、別途マンデラ夫人のウィニーさんにはリビアのカダフィ大佐からプレゼントされた立派な家があった。アフリカの国々の関係は日本人には理解できないところがある。ドイツ系アフリカンの中年の婦人に案内してもらったのだが、当時のソエトは、ひどく貧しいところだった。家々もスラムを想像させるような状況であり、街中を走る送電線から何本もの針金がその家々にぶら下がっている。「あれは電気を盗んで利用しているのです」と基金の駐在員が解説してくれた。それにしても物凄い数の針金がぶら下がっている。案内してもらったガイドの話によると、「このスラムのような町の中にもビジネスが成り立っており、中にはスーパーのような店を設立して億万長者になった人がいる」とのこと。自由な経済の中では気の利いた知恵のある人とそうでない人の間に格差が出つつあるのだ。

南アでは、外国の外交官が居を構えているプレトリアは、ヨハネスブルグに比べて治安がいいとのこと。

夕刻、民間企業の人たちを交えて畑中大使のプレトリアの公邸で会食があった。通産省から出向している寺村君が参加した。彼は髪をひどく長くしている。

畑中大使は、南アへの「パッケージ」（経済協力のメニューを揃えてまとめて提案する政策提案）を強く主張された。経済協力局長をやっておられたので効果的な協力のやり方をよくご存知だ。この時期の南ア経済の成長を支える提案として一理あるのだが、南ア側もさしたる情熱は無く、東京サイドも総じて南アとの協力にはそんなに熱は無いのが実情だ。

私は翌日ケープタウンに行った。ヨハネスブルグから空路一時間十五分程度である。この街は、極めてセキュリティーのしっかりした感じの街だった。また、ケープタウン近傍の道路もあまり安全を気にする必要が無いところで、ワインのケラー（貯蔵所）がいくつか並んでいる。ケープタウンは別荘、高級住宅の集合で、カンヌやニースを思わせる。ヨーロッパ人は好きな街なのだろう。突端まで行って、喜望峰（The Cape of Hope）を見た。何ということの無い岬ではあったが、バスコダガマの航海に思いをはせた。この航路の発見、開拓が、ベネチア等ヨーロッパの都市国家の力関係を大きく揺さぶったのだ。

ソエト再訪（様変わりとなった「ソエト」）

私は二〇〇五年、欧州三井物産の社長時代に再びソエトを訪れた。基金時代に訪問したソエトとは様変わりで、ここが本当に以前訪問したところなのか見分けがつかなかった。たくさんの店が並び、結構立派なオーディオなどが売られている。とりわけスピーカーに大きく立派なものが多い。南アフリカ三井物産のU社長は、「アフリカ人は音楽、とりわけいい音のスピーカーには惜しげもなくお金をつぎ込むのです」と言っていたが、それだけ消費ができる段階まできたということで、盗電のための電線が無数にぶら下がっていた昔（と言ってもたかだか七、八年前なのだが）との差に驚くとともに、あっという間に変化してしまう国の進歩のスピードに目を見張る思いであった。ただ、ヨハネスブルグの治安の悪さは相変わらずで、その当時も昼間でも一人で道路を歩くことはやめた方がいいといわれた。外国人が居住するコンドミニアムの中でも盗難、強盗が多くあるのだという。私の訪問した直前に、南アフリカ三井物産社長宅の隣の裁判官の家に強盗が入ったという。二階の風呂場の小窓を開けておいたところから侵入されたのだそうだ。コンドミニアムなので、入り口には二十四時間守衛が守っているはずなのだが……。加えてどこの家の塀にも頑丈な鉄製の柵とばら線が張り巡らしてある。家々の窓には頑丈な鉄格子がはめられている。

3　エジプト（カイロ）

私の次の訪問先はカイロで、アフリカ開発銀行総会に出席するためである。最後の訪問地ケニアに向かう途上、アフリカ開銀の総会がカイロであるというので総会に出席することにしていた。ヨハネスブルグからカイロに行く便の隣席はジンバブエのムルロワ大蔵大臣だった。大臣はIMFとの合意が最終段階なのだが条件がきついのと選挙が近いので弱っていると言っていた。基金が融資している通信プロジェクトについて、「どこの金だったかなあ」と言ったので驚いた。せっかく協力しても受益国の大蔵大臣に対してこのような印象しか与えられないのは問題だ。

エジプト航空は機内でお酒が出ない。ノンアルコールビールとワインを注文したら、スチュワードが「ワインについては、赤は無いが白はある」というので白ワインを注文した。ムルロワ大臣は「もし本当にワインなら自分も注文する」と言ったので妙なことを言うと思っていたら、来た白ワインはアルコール抜きのサイダーだった。

カイロでは到着が朝の五時半だったこともあり、一日余裕があったので経済研究所（ＥＣＥ）の研究者とエジプト経済について意見交換をした。エジプトは①スエズ運河の収入、②出稼ぎ収入、③エネルギー輸出、④観光、による収入で経常収支を稼いでいるのだが、それでも収支の赤字は続いていた。十数年前パリのＩＥＡに勤務していた時、一時帰国で日本に帰る途中エジプトに観光のため寄ったことがある。当時のエジプトポンドの闇レートが公定レートの三分の一の価値で外貨と交換されていたのを思い出した。今回の訪問時には闇レートは消滅していた。二重レートの解消は政府の強引な介入によって可能となっているようで、女性研究者のトハミー（Sohar Tohamy）さんは、為替や貿易に人為的に介入することにかなり批判的であった。

次いでスエズ運河のあるイズマイールを訪問し、運河庁のサデク長官と会談した。元軍人という堂々たる人で、われわれの借款が円高で返済金額が膨らんでいることに対して議論があることを予想していたが、その話は一切なかった。両国の協力の重要性を強調していた。イズマイールの街は緑も多く、インフラも整っており、エジプトの他の地域とは隔絶されたいわば「スエズ運河帝国」の感がある。

スエズ運河は船で見学した。至る所で工事をしており、常時メンテナンスのための修理を欠かさないようだ。この国にとって外貨収入を生む最も重要な資産の一つだからだろう。

4　アフリカ開銀総会

カイロで開かれたこの年（一九九九年）のアフリカ開銀総会の最大のテーマは、アフリカ諸国の先進国からの融資債務の減免である。

会議当日の昼食時に大蔵省の代表団、日銀のフランクフルト事務所長とわがＯＥＣＦの面々が会議を前に意見交換をした。席上発言した大蔵省代表のＹ審議官のアフリカ不信、債務削減を押し付けられることへの恐怖感は若干常軌を逸しているのではないかと感じたが、債務削減の尻は常に財政当局に持ち込まれるのだから、責任ある大蔵官僚としてはそんな気持ちになるのもやむを得ないのかもしれない。

総会では私どもにとっても「債務削減」の話がどのように展開するのかが最大の関心事であった。各国の発言はアフリカへの債権の多寡によって微妙に違っているのが興味深い。

○カナダ――極めて大らか。自国の融資額は少なく、どうせ人の金と思っているからか。

○ドイツ――少々慎重になっている。財政規律のしっかりした国だから不満があるのだろう。

○フランス――衡平（Equity）、寛容（Generosity）と叫ぶ。債務削減についてどうするつもりなのかな。フランス開発庁（AgenceFrancaisedeDevelopment）長官と会った時、削減には慎重な姿勢だったが、諸外国の前の会議での姿勢は微妙に違う。

○日本――負担の公平な分担（BurdenSharing）を強調。日本の債権はかなり大きい。

会議後、アフリカ開銀総裁のカクテルパーティーで、モロッコの大蔵大臣、エジプトの大蔵次官などと懇談。この種の会議は様々な人と交流があり結構有意義なものだ。ジンバブエのムルロワ大蔵大臣とは改めて挨拶を交わした。

カクテルパーティー終了後、輸銀の人たちと基金の人たちで近くのオープンレストランで懇親会を開いた。両機関は数か月後に統合を控えていたので懇親を深めるいい機会と思ったのだ。輸銀五人、基金は私を含めて六人。この席で、実にまずい（少々腐っているような感じがしたが）エジプトワインを何の外連味もなくぐいぐい飲んでいた輸銀のＦロンドン事務所長の豪快さには感心した。

翌日はエジプトの大臣二〜三人と会談、翌々日は若干の観光をして基金の野村首席宅にお邪魔し夕食後、真夜中の便でナイロビに飛んだ。

5　ケニア

ナクルの上下水道事業の視察

ケニアは北アフリカ諸国、南アフリカをのぞくと、サブサハラの国々の中ではかなりポテンシャルの大きな国である。日本政府もこの国にはかなり力を入れており、大使館にも各省からの出向者がいる。基金もこの国に大きな期待を寄せて従前からナイロビに事務所を開いており、各種の円借款プロジェクトも展開している。到着直後に、青木大使を表敬、アフリカ政策を議論、アフリカ開銀の総会での大蔵省の姿勢をご説明した。

翌日は、基金が援助しているナクルの上下水道事業のサイトを訪問した。

ギルギル上水道事業は、構造は極めてシンプルだがダムからの水を浄化して十分な水を供給、二十人の要員で立派にやっている。もっとも水道料金を払わぬ人がいるせいか、あるいはメンテナンスの必要からか稼働率は半分ぐらいだという。

次いで下水処理場を訪問。広大な池が緩やかな傾斜地に何段階にも造成されていて、水は重力でゆっくりと流れていく。最初の池は汚水がもろに流れ込んでいてひどくくさい。二番目の浄水池はほとんど匂い無し。三番目の池もほとんど匂いはなく、驚いたことにこの池でたくさんのフラミンゴ（Lesser Flamingo）が遊んでいる。

最後は浄化した水を石の間を通し、更に草（キクイグラス）に窒素分・リン酸分を吸収させたのちナクル湖に放流するのだそうだ。この草は牛が好んで食べるというので住民が草を刈っていた。環境にやさしい実によくできた下水処理場だ。

昼は海外青年協力隊の四宮浩一君（自動車整備）と釣田真由美さん（システムエンジニア）にこの上下水道の事業を指導していた日本工営の技術者二人を交えてミッドランドホテルで会食し、いろいろ現地の事情を聞かせてもらった。ホテルが下水処理場の近くで、テーブルが外だったこともあり、ハエが多くて参った。

食後、デラメアキャンプにチェックイン。

自然の中の遊歩など（Nature Walk, Night Game Drive など）ケニアの自然を楽しむ。夜のドライブでは、マングース、バッファロー、トムソンガゼル、ウォーターバックなどをみる。

デラメアキャンプの食事（肉、野菜、パスタ）は可もなく不可もなし。ただトイレは入れぬくらい羽蟻の大群。

ナイロビで閣僚との会談

翌日ナイロビまで二時間で帰る。道路は穴だらけで車が大きく跳ねる。

夕刻は岩元首席宅へ。岩元宅は、岩元夫妻に、守衛一、お手伝い一、犬五頭の構成。犬は見るからに獰猛そうな大きな犬。頑丈な檻に入っているので噛まれる危険は無いのだが、その吠え声と人に襲い掛かろうとする勢いに驚いてしまった。岩元首席の話では、「セキュリティー上必要なのです」とのこと。

翌日、マサカリア大蔵大臣との会談前の午前中の二時間ほどをかけてナイロビ自然動物園視察。周りにビルが見えるが動物たちにとっては園内での自給自足の自然動物園とのこと。草食動物は草を食み、肉食動物は草食動物を餌にする。キリン、トムソンガゼル、ハゲワシ、バッファローといったところが中心。ライオン、ヒョウ、チータなどは見られなかった。

大蔵大臣との会談は、①ガバナンス、②債務の返済、③債務削減問題、ということなのだが、肝心の債務返済の問題については、先方は「New Moneyがいる」、「Not away to go」（そんなにひどい状況ではないのでもうしばらく待って欲しい程度の意味か）といったあいまいな言質しか得られず。大使は「言いにくいことをはっきり言ってもらってよかった」と言ってはくれたが、どうにも暖簾に腕押しという感じだった。貸す時はともかく、途上国からのきちんとした返済を確保するのは大変に苦労する。しかし、返済がきちんとしていないと新しい援助資金の供与は難しい。

その夜は青木大使の公邸で、日本の民間企業の人たちと会食懇談をした。タンザニアに強い鴻池組がケニアでも日本人会の会長会社で、この国のインフラ整備を円借款の資金を元に展開しているとのこと。さまざまな苦労があるようで、よく日本企業も頑張っていると思った。

ポテンシャルは大きな国といってもケニアへの経済協力はあまり簡単ではない。債務返済の問題を別にしても、この国も国内の政治勢力の対立があるのと、治安も良くないのだ。

二〇一二年、日本が主催してTICADⅣが開催されたとき、私はジェトロの理事長としてこの国の閣僚の皆さんと会談した。直前に新聞で伝えられたところだと、閣内対立がのっぴきならない状況になっているような報道だったので、首相以下十人近い対立しているといわれる閣僚が横浜の会議場に並んで会談に立ち会ったので、少々意外感があった。日本の大臣の皆さんと順次会談をしていた何番目かにジェトロの理事長も時間が与えられ、三十分ほど話し合いをしたのである。私は冒頭に「マスコミでは閣僚の皆さんが激しく対立しているとの報道だったので心配していたが、この場で、仲良く並んでいるのを拝見できて大変うれしい。これならケニアの将来も希望が持てる」と言ったところ、みなニコニコして「大丈夫ですよ。われわれはケニアの発展のために全員一致している」と応じた。なかなか和気藹々とした会談だった。ただ、その政治対立の内実のところはよくわからない。

ＴＩＣＡＤⅣの時、総裁の都合がつかないというので、代理でザンビアの大蔵大臣（女性）と会談した。ザンビアは銅の産出国であるが、市況低迷で経済は疲弊しており、しかも前年私が中小企業庁長官時代に出席したカナダでのＡＰＥＣの会合の際、ザンビアに関して議論があり、「精錬企業は外国の民間企業に売り渡すべきだ」との米国バシェフスキー代表の乱暴な発言（実際の発言は巧みにオブラートに包んでいたが、内容はその趣旨であった）を聞いていたので大蔵大臣との会談に興味があった。経済状況、財政状況の話になると、大蔵大臣は、「実際どうしたらいいのかわからないのです。どうしたらいいのか教えて欲しい」というのだ。大臣の率直な言い方に感心したり呆れたりしたが、単品に依存するモノカルチャーの経済にどれほどの苦労があるかを思い知った会談であった。

ケニアの農業の発展

ケニアはアフリカでも有数の農業国で、ナイロビ近傍は標高も千メートル以上あり、気候もよい。花の栽培も盛んで、ドバイの空港がアジアへの輸出基地として利用できるようになって以来、ヨーロッパに加えて、日本向けにもバラやカーネーションの輸出を増加させている。これらの栽培とマーケット開拓には、ケニア側の努力もあったが、生産段階、植物検疫への対応などJICAとJETROの強力な支援が行われた。私は後にジェトロの理事長としてケニアを訪問してバラを栽培している広大な農園を訪問したが、見渡すばかりの広大な土地にビニールハウスが林立しており、またその中で栽培しているバラの花の害虫駆除には天敵のてんとう虫を利用する等、先進国の栽培方式、害虫駆除方式に学んで立派なバラの花を作り出していた。ちなみに日本のケニアからのバラの花の輸入量は、私のジェトロ理事長時代、年間一千万本を超えていた。

第三節　中東協力現地会議とイスラエル訪問

わが国がエネルギーの供給をもっとも依存している中東諸国を理解するのと中東諸国と日本の関係強化のために通産省主導で、「中東協力現地会議」が第一次石油危機の直後から開催されている。すでに三十数回を数えるに至っており、当初はOPEC事務局があり、毎年OPEC総会が開かれるウィーンで開催されていた。この会議は厳しい環境の中東諸国に勤務する日本企業の駐在員にとって本国の情報に直接触れられるのと、条件の厳しい中東からヨーロッパに出張する大義名分にもなっていたようだ。現在は中東の国での開催とヨーロッパ開催が隔年になっている。

私も、エネルギーの担当が長かったこともあり、この会議にはスピーカーとして何度となく参加していた。

1　イスラエル訪問（ホロコーストミュージアム、嘆きの壁）

一九九九年九月二日からウィーンで開催された中東協力現地会議に私は基金の理事として参加した。しかしウィーンに行く途上、イスラエルに立ち寄ることとした。同国のベン・ヤコブ駐日大使から是非イスラエルに行って欲しいと要請されていたからである。イスラエルにおける日程はすべて大使が本国の外務省と相談の上作ってくれた。これまでサウジやカタールなどエネルギーの供給国は何度も訪問していたが、イスラエルに行くのは初めてである。基金の野村カイロ事務所長が一緒にイスラエルを回ってくれた。案内はベン・ヤコブ大使の差配で、外務省のリヴヌ(Edna Livne) さんが対応してくれる。最初に行った所がYad Vashem のホロコーストミュージアムであった。展示品は当時の写真、そして犠牲になった百二十万人の子供たちの星型のランプ、そして誰ともわからぬ墓である。案内役を務めてくれたイスラエル外務省調達の日本語の上手なガイドのエバさんに説明してもらう。私はホロコーストの犠牲者は二百～三百万人と思っていたが、彼女の説明によると全部で六百万人もの人が犠牲になったという。頭の良さと鋭さ、そして執念深さを持ったイスラエルの人たちにとっても「語るも辛い思い出」のようだ。杉原千畝リトアニア領事の記念樹を見た。欧州各国からバルト三国に数十万人のユダヤ人が押し出され、リトアニアにも十数万人のユダヤ人が逃げていたようだが、ナチスドイツと提携していた日本政府の方針に反して、人道的な思いから何千枚ものビザを手書きで発給し多くのユダヤ人を救った外交官の心意気に思いを馳せた。戦後、日本の外務省からは厳しい扱いを受け、外務省を退官せざるを得なかったそうだが、イスラエルの杉原氏に対する感謝の気持ちは依然として強い。

次にエルサレムの旧市街に行く。やはりイスラエル外務省のつけてくれたガイドのアブラハムさんが実に効率よく案内してくれる。「ダヴィデの塔」、「聖墳墓教会」、「キリストが磔《はりつけ》にされたという丘」など旧約聖書などを思い起こして感激。キリスト教徒にとってはもっと感動的なのだろう。そして博物館、エルサレムの様々な遺跡をみてイスラエル人にとって最も神聖な場所「嘆きの壁」（Wailing Wall）に向かう。何人かの人が壁に額をつけて祈っている。壁の向こうにイスラム教のドーム（Temple Mount）が見える。これには時間により入れず。「ダビデの墓」（Tomb of David）（ここにはキリストが最後の晩餐を行った部屋があるというのだが）など、その他の史跡は時間がなくて見ることはできなかった。観光が目的ではないのでやむを得ない。

2　イスラエル当局との会談及びテクニオン大学訪問、工場見学

昼はイスラエル外務省の人たちとの食事を挟んでの会談だった。話は中東和平、周辺国への経

済支援、水等のインフラプロジェクトへの支援の話が中心だった。カイロ事務所の野村主席は、「この国は（彼の赴任しているエジプトと比べての意味だと思うが）議論の水準が高い」としきりに感心していた。

次に訪問した「産業貿易省」では相手が十人も出てきたので驚いてしまった。話は「周辺国への援助」、「インフラ整備」、「基金の業務」、「通産省の貿易保険との協力」などであったが、何せ相手が多い。日本との協力を模索中ということであまり話がかみ合わなかった感じだ。同省は約一時間で辞し、クネセット等予定していたところはすべてカットしてテルアビブに向かう。道路が混雑、二時間くらいかかった

翌八月三十一日はイスラエルの北の方のレバノン国境に行くことになっていた。やはりイスラエル外務省のサビール（Uri Savir）参事官（渉外室長という感じ）が同乗、案内役を務める。

午前中に、有名な「テクニオン大学」に到着、同大学の学生とおぼしき可愛い女の子が案内役を務める。コボ（Ran Kobo）氏より同大学のコンセプトの説明を受ける。日本の大学でも設立されているＴＬＯ（Technology Licensing Organization）のコンセプトを早くから採用しているようで、大学が開発した特許で商売をしているとのこと。また、技術を醸成するための「インキュベーター」の説明を受ける。対象技術は、現在は中国との協力で様変わりしているとの話も聞くが、当時は、ＩＴ分野は変化が急激すぎるのと、バイオは時間がかかりすぎるので扱わないとのこと。現場を見せてもらったが、例えば「車のエンジンの摩擦を半減させるための加工技

術」など、比較的に現実的な技術開発を手掛けているようだ。次に訪問したテフェンの工業団地では、この団地の中心的企業とおぼしき切削工具のメーカーを視察。相当に好調らしく、パレスチナにも工場があるとのこと。超小型ディスクの開発で東芝EMIと契約交渉中とのこと。この工業団地の中に変わったインキュベーター施設がある。コマーシャルベースで運用しているとのことだが、素晴らしくきれいな場所で、絵や彫刻をふんだんに飾ってある。技術者たちにインスピレーションを起こさせるためだと説明していた。

翌九月一日は、最初に案内役を務めてくれたリブヌさんから頼まれていたベルマッド（Bermad）社のベンジャミン氏とホテルで朝食を共にした。節水バルブの販売を手掛けているとのことでかなり手広く商売をしているようだ。イスラエル企業の優れているところは、どんな小さな企業でも最初から世界市場を相手にビジネスを展開していることだ。国内のマーケットが小さいから当然と言えば当然なのだが、国内市場が縮小している中で、日本企業にもこの発想が必要だ。

ホテルを出て、引き続きサビール氏の案内でSinadeo訪問。この組織は日本で言えば農水省と外務省の共同管轄の組織のようないわばJICAの研修所という感じで、キブツ（農業共同体）である。キブツはホテルを経営し、その収入の七十%はホテルからの収入とのこと。日本のNGOオスカーの中尾さんと会う。基金から何か補助金が出ないかと期待していたようだが、当方は融資の機関であると説明しておいた。

Sinadeo を出発して次の Tikva には迷いに迷って一時間半もかかった。そこで、マルチメディア企業の“Most Consortium”の幹部と会った。更にＶＳＡＴで世界のマーケットの四十％を占めているというＧＩＬＡＴ社では副社長のアンテビ（Erez Antebi）氏が工場現場を案内しつつ、ＶＳＡＴの通信技術を丁寧に説明してくれた。セイロンの通信施設に基金の金が出ないかをかなりしつこく聞いていた。この種の話は融資を受ける（そして返済義務を負うことになる）政府の意向次第である旨を説明した。同社は世界をまたにかけた大変なハイテク企業だ。食事を誘われたが時間がないので空港に向かう。

ベングリオン空港では出国の際、大変な質問を受け時間もかかると聞いていたが、サビール氏が検査している若い男を捉まえて別のところで手続きをした。出国の際は、イスラエルに滞在中「誰に会ったか」、「どこに行ったか」、「何の用事か」など十くらいの質問をされると聞いた。質問に対してはオタオタせずに答えることが重要とのことだ。十分以上かかると思ったが三～四分で終わった。イスラエルの土産についてはほとんど見つけることが出来なかったが、ウィーンに一緒に飛んだ林参事官の話だと、「死海の石鹸」に人気があるとのことだった。買い損なってしまい残念なことをした。

3　パレスチナ訪問

後に私がジェトロの理事長のころ、親しい関係を結んでいた中東アラブ諸国の大使やパレスチナの大使（パレスチナは独立国ではないものの、日本にはパレスチナの大使館と称する組織もあり、また、大使もいる）から、一度是非パレスチナに行って欲しいとの要請を受けていた。さらにパレスチナのアッバス大統領（議長）が訪日した際、ジェトロの理事長として面会、大統領からも熱心にパレスチナ訪問を要請された。もちろん日本企業のパレスチナ進出を期待してのことだ。私はできれば日本企業の何社かとミッションを組んでパレスチナを訪問したいと思った。また、ジェトロにはパレスチナの復興や中東和平に情熱を持っている職員もいたので、二〇一〇年の春、本部のS女性職員に加え数社の日本企業の皆さんと、パレスチナ問題に関心を持っているカイロ事務所のY女性職員、それに中東の仕事が長く、パレスチナとイスラエルの子供たちを日本に招待して毎年サッカーの試合を企画、実行して、イスラエル・アラブの友好を志向していた、当時のジェトロテルアビブ事務所の所長をしていたM君にも参加してもらい、小さなミッションを組んでパレスチナを訪問することにした。

ミッション一行でパレスチナに行くに際して驚いたのは、まずイスラエルの当局者と面談をしてパレスチナで何をする予定かについて意見交換をする必要があったことだ。産業貿易省の数人とイスラエル政府の会議室で約一時間ほど会談をした。彼らの真意はどうなのかわからないが、我々がパレスチナの経済の発展のために民間企業ともども協力の可能性を探ることについて表面的には極めて協力的であった。

パレスチナではアッバス大統領と会談した。日本企業の投資について強い期待を表明していた。そのあと大理石の掘削、加工工場、菓子の製造工場を見学した。そして死海に面したデーツの農園を見学させてもらった。いずれもかなり設備的には改善を要するところがあるものの、ともかく必死に生産活動を続けている姿勢には感動した。死海のほとりの農園で生産されるデーツはその大きさといい味といい素晴らしいものだった。ただ出荷についてはイスラエル当局の取り締まりが厳しく、目の前にあるヨルダン国境を通過することができないため、輸送コストや流通経路の難しさがあるらしい。ちなみにパレスチナの内部の道路も多くのイスラエルの検問所が設置され、われわれの車でも検問所を通過するのに三〇分〜一時間は待たされる。何回も検問所に引っかかるのだ。いくらなんでもイスラエルはやり過ぎではないかとの印象を受ける。入植地には新しいイスラエル人の家が続々と建てられている。パレスチナ人が絶望的になるのも理解できる。

驚いたのはラマラである。エルサレムがあのような状況なので、現在はここがパレスチナの事実上の首都機能を果たしているのだが、街には続々と新しいビル、住宅の建設が進んでいるのだ。ここまで弾圧されていながら、力強い経済活動が行われているパレスチナの人々の活力には心底感心するところがあった。中東和平は一筋縄ではいかないようだが、和平の早期の実現とパレスチナの独立が現実のものとなることを心から願う気持ちだ。

パレスチナ訪問からの帰国後、私は戦争、内乱で荒廃しているイラクにもささやかながら繊維や雑貨の生産が見いだされていることもあり、隣国ヨルダン王国の助力を受けつつ、「パレスチナ——ヨルダン——イラクの産物の見本市」を日本で計画したらどうかと思った。ヨルダンを除き、イラク、パレスチナ両国からの展示品の収集は大変だったが、ジェトロの職員はセキュリティーの問題の残る現地を訪問し、全力で有望な産品の発掘に努力してくれた。

この結果、この三か国の展示会のジェトロ本部での開催に漕ぎつけることができたのである。これらの国々の産品は素朴な品物であるもののそれなりの魅力があり、日本の企業も関心を示してくれたことは有難かった。何よりも私のパレスチナ訪問、そしてこの展示会に対してアラブ諸国の駐日大使の皆さんが高く評価してくれたのである。パレスチナをめぐるアラブ諸国の熱い思いを感じたものだ。

4　中東協力現地会議（ウィーン到着）

ウィーンにはほぼ時間通り到着、以前ボスニアでお会いした高島大使が駐オーストリア日本大使でおられ、中東協力現地会議に出席する人たちのためにレセプションを開いてくれた。

九時半過ぎに辞し、ウィーンのインターコンチネンタルホテルに入る。このホテルはかつて毎年ＯＰＥＣ総会が開かれた場所で、総会取材のために国際資源課長時代に泊まったことがある。

（注）ＯＰＥＣ総会を思い出すと、申し訳ないが日本の一般紙の記者の皆さんの取材能力には少々がっかりした。特定の国の大臣と親しく、大臣にアクセスのある業界紙の記者を取り囲んで、彼からいろいろと話を聞きだし、日本に配信する情報を記者の皆さんで調整しているのだ。したがって業界紙の記者の情報が正しければ日本にも正しい情報が配信されるし、間違っていれば間違った情報が送られる。しかもすべての一般紙の記事が同じ内容になる。スリットの入ったショートスカートをはいてアラブの大臣の部屋に飛び込んで新しい情報を得るや否や、直ちに電信室に駆け込んで本国に配信するロイターの女性記者の独自のたくましい取材能力とは比較にならない。ロイターなどの記事は当然日本の新聞社も入手するのだが、タイミングの遅れは避けられない。こんなところまで記者クラブ類似の協調体質があるのかと驚いたものである。

この年の中東協力現地会議には、興銀の黒沢洋元頭取、根本二郎元日本郵船社長、河合三郎元コマツ社長等そうそうたる財界人が参加していた。船橋洋一氏の講演や中東に勤務する人たちの現地の第一線の生々しい報告など、大変興味深い報告が聞ける会議である。

この夜午前三時、当時の通産省の古田経済協力部長（現岐阜県知事）の電話でたたき起こされた。輸銀と基金の統合に当たって新組織での理事の業務分担を、今週中にも決めるらしいので、直ちに東京に戻って対応して欲しいとの趣旨である。私は、旅費節約の観点から一度出張に出たらいろいろな用事をまとめて片づけなければならず、この後チュニジアとモロッコに円借款の交渉に行かねばならない。しかしながら、私の業務分担の話だから戻らざるを得ないかなと感じた。

翌朝、秘書役の藤沼君に帰国の手配を頼むと同時に、彼のアドバイスに従ってチュニジアの野口大使、モロッコの佐藤大使に訪問できなくなった旨の謝罪の電話をした。

ご両者とも、「それは残念です。これはキャンセルということでなく延期と理解していますので、できるだけ早く来ていただきたい」とのこと。嫌みの一つでも言われると思っていたが、さすがに外交官は立派な対応をするものだと感心した。特にモロッコでは大蔵大臣との共同記者会見まで準備してもらっていたので申し訳なかった。

第四節　基金の海外投融資業務

私の基金におけるもうひとつの担当が「海外投融資業務」である。途上国の経済発展のために円借款、それに関連する各種コンサルティング事業への助成とは別に、有望なプロジェクトへの出資、経営参加を通じてプロジェクトを育て、途上国の経済発展を実現しようとするものである。この事業の対象プロジェクトとしては、前述のように途上国における巨大プロジェクトがある。出資プロジェクトは融資と異なり返済の義務のない資金供与であり、そのプロジェクトの成功による途上国の発展と、成功した場合はその配当金（さらにはあまり例はないのだが、理想的なケースではＩＰＯ――株式上場――とその後のエグジットによるキャピタルゲイン）を期待しているわけである。様々な事情で配当が難しいプロジェクトが多い中で、サウジアラビアの二つのプロジェクト（「サウジメタノール」と「サウジ石油化学」）は目覚ましい成功を収めているプロジェクトであった。

サウジメタノール社の記念式典

私の基金在任中に、「サウジメタノールプロジェクト」の設立三〇周年記念式典に国王が出席するので、式典に出席して欲しいとの話があった。私は出資者の基金の代表としてこの会社の取締役に就任していたので、出席は必要と思った。しかしながら、基金は出張旅費についてかなり困窮していたらしい。私も出張の際は極力複数国の仕事をまとめてする等節約してきたつもりだが、私のところに総務の人が来て、理事の海外出張は一年に二度以内にとどめて欲しいという。その後間もなく理事の出張もビジネスクラスということになるのだが、この当時は理事の出張もファーストクラスだったので確かに高くつく。出張は仕事があるから行くわけなのだが、担当部局の職員にしてみると、自分たちの場合は行かねばならない出張であり、理事の出張は行かなくても済むのではないかというわけだ。式典で挨拶をするぐらい現地の所長がやってもできる話ではないかということだろう。しかし相手方への表敬もあるし、また相手のレベルに合わせざるを得ないこともある。また、訪問により相手方との関係強化が実現、その後の業務に役立つことも多い。

私は、サウジアラビアの式典は、サウジメタノール社の取締役としていくのだから、同社が私の出張旅費を負担してもいいのではないかと思い、同社と話し合った結果、快諾を得た。国王が出席する同社の式典に取締役として出ないわけにはいかないこともあり、その線でサウジを訪問することにした。

サウジでは、サウジメタノールプロジェクトの共同経営者であるサウジアラビア基礎産業公社（SABIC）の幹部との会談を行った。好調な経営を反映して先方も鼻息が荒かった。実際この会社は、当時メタノール生産、販売のシェアは世界第二位の大生産者であり、日本側のサウジメタノール社の業績も好調である。しかし、経営が好調だとサウジ側の要求もきつく、販売量をサウジ側にもっと譲るようにとの要求に日本側経営陣（三菱ガス化学が日本側のパートナー）も四苦八苦している状況だった。

ところでサウジの式典というのは実に奇妙な式典だ。我々が国王をお待ちしているサウジメタノールの工場敷地に、国王が何人かのお付きとやってきて、我々が整列してお待ちしていると、あれよあれよという間に疾風のような速度でサイトを見学する。その近くの空き地にテントを張った大きな会場が用意されている。その中に相当の数のテーブルが用意されており、そのテーブルの上に料理が積んである。我々は適当なところに座って式の開始を待った。しかしいつになっても式が始まらない。そのうち国王が入ってきて、一段高いところにあるテーブルに着席し、いきなり食事を始めた。そうすると会場の全員が食事を始めた。三十分ぐらいたったところで、食事が済んだのか、突然国王が立ち上がりどこかへ行ってしまった。会場の多くの人たちは当然のような顔をして食事を済ませ、それぞれ立ち上がって三々五々散って行った。式典で挨拶するとか、国歌を演奏するとかの行事は無いようだ。後ほど確認したところ、どの式典も大体こんな感じだそうだ。

サウジ石油化学

この時の出張では、同時にサウジ石油化学の視察もした。この会社も三菱化学が主導し、日本の技術と設備（三菱重工が手掛けている）で操業開始以来順調な業績を続けており、更に新たな設備投資を計画しているとのこと。両社の好調な業績の背景には、原料ガスの安価な供給が貢献しており、石油価格の高騰、乱高下にかかわらず、原料ガスは当時、七十五セント／バレル（現在は若干上がっているらしい）で入手可能であった。石油以外の産業を興したいとするサウジ側の強い願望に基づく値決めで、この価格での原料供給が持続する限り他国でのナフサを原料とする石油化学は、ナフサの価格が当然のことながら原料である原油価格に連動するため、多くの場合競争力を持つことはできない。このようなガス価格の値決めは、他の産ガス国も採用しており、石油以外の産業を育てたいとするこれらの国々の政策の一環である。

サウジに関しては、二十一世紀冒頭に実現したラビークの石油化学工場（住友化学とアラムコの合弁）を最後にガスの供給が困難になってしまったという。原油はあってもガスはないということらしい。後に第一次安倍内閣の下で、サウジとの産業協力の日本側責任者として、新しい石油化学関連のプロジェクトをいくつかサウジ側に持ち込んだが、ガスの供給ができないという理由でプロジェクトは進展しなかった。新たなガス田開発は進めているようではあるのだが。今後のサウジアラビアの化学産業は上流（エチレン生産等）から誘導品の分野に向かっていくことになるのだろう。

第二章　海外経済協力基金と日本輸出入銀行の統合―国際協力銀行の誕生

第一節　行政改革による両機関の統合

１　望ましい統合後の業務運営のやり方

　橋本龍太郎総理の時代、金融庁の大蔵省からの分離、独立などさまざまな行政改革が進められた。そのひとつに基金と輸銀の統合があり国際協力銀行（ＪＢＩＣ）が誕生した。私はこの両機関の統合は両機関の職員の認識はともかく、それなりに理屈の通ったものだと思っていた。これは後にＪＢＩＣが国内の政策金融機関の統合の際に数を減らすだけのためにそこに吸収され、あまり意味のない、というより金融機関としての機動性を喪失させる行政改革とは比較にならない。ＪＢＩＣの政策金融公庫との統合は、国内金融と輸銀融資や円借款などの国際金融を同じ組織の下で実施することになったため、機動性も失われ、機能的にもやりにくい組織になってしまったのだが、それに比べれば基金と輸銀の統合は十分に意味のある改革と理解できるものである。両機関はいずれも主としてＬＤＣを対象に国際的な金融（ないし投資）を担うものだからである。ただ統合の最大の問題は両機関の幹部、職員とも、協力して仕事をする意思も意欲も全く無かったことである。統合後の内部組織の構成について、私は、両機関の融資と投資機能を地域別に統合することが望ましいと思っていた。すなわち、組織を地域担当に分け、旧輸銀が担当していた融資（ＯＯＦ：Official Overseas Finance）も旧基金が担当していた円借款等（ＯＤＡ：Official Development Assistance）もすべてその地域担当が見ることにするのである。対象国のプロジェクトによって、ＯＯＦのローンが適当なのか、あるいはＯＤＡの円借款が適しているのか、ケースによっては究極の無利子融資と言ってもよい「経営参加を含んだ出資」（海外投融資）がいいのかを同一の部局が判断するのである。

この案は若い職員たちの中には賛同してくれる人々もいたのだが、二つの面から採用されることはなかった。一つは、旧輸銀、旧基金の幹部諸兄がいずれも反対であったことだ。開発援助（ＯＤＡ）と輸銀のやっていた金融業務（ＯＯＦ）は明確に区別すべきだというのである。ＯＤＡの方は政府間の合意が必要だし、様々な事前の調査、コンサル業務を伴うもので、それらの手続きの無い商業ローンに近い輸銀融資とは明確に区分する必要があるという。旧輸銀側も機動性を要するローンは行政手続きの面倒な政府開発援助とは一緒にできないとの主張である。私はこれらの理由は全く根拠がないと思っていたが、もう一つの理由は、当時の国際協力銀行初代のＹ

総裁（旧輸銀の総裁）が、円借款のようなローンは金融としてあまり健全ではないとの哲学の持ち主で、ゆくゆくは縮小→廃止の方向に持っていくべきではないかとの意見を持っておられたようなのだ。様々な思惑から「開発金融」と「輸銀融資」は別々のものとして、その組織的な対応も従来の基金と輸銀の機能をホッチキスで止めただけの併存スタイルになってしまった。旧基金の職員は主として開発部門に、旧輸銀の職員は金融部門に配属され、若干の人事交流はあったものの、二つの組織が一つの傘の下で、従来と異なることのない仕事を続けることになった。その後ＪＢＩＣが国内金融機関と統合する話が持ち上がり、その際に旧基金部門は国際協力機構（ＪＩＣＡ）と統合する道を選び今日に至っている。

ＪＢＩＣもその後国内金融機関から独立して旧輸銀のスタイルに戻った。もともと基金と輸銀の統合を好ましく思っていなかった人々にとっては、統合後に開発部門と金融部門を別々にしていつでも切り離せるようにしたことが功を奏したと思っているだろう。しかし、円借款も輸銀融資も同じ金融の世界の話で（厳密に言うとグラントエレメント、すなわちローンの中の贈与相当分が一定――二十五％――以上のものをＯＤＡすなわち円借款としている。実際、各国のＯＤＡローンのグラントエレメントは九十％前後になっている）、私は今でも当初のＪＢＩＣで両機関の融資業務を一緒にやることが正しかったのではないかと思っている。ただ、合併後に主導権を握った旧輸銀の幹部が旧基金の幹部職員に対して「開発のやつら」といった、ときに侮蔑するような言辞を吐いていたのが気になったが、このあたりも旧基金サイドからすると耐えられない状況だったのかもしれない。その後ＪＢＩＣを国内金融機関と合体させる改革の話の中で、開発のグループは欣喜雀躍としてJBICに別れを告げてＪＩＣＡになだれ込んだものと推測される。

旧基金とＪＩＣＡの統合はスムーズに行われた、ＪＩＣＡのやっていた技術協力と旧基金の円借款等のローンは、ＯＤＡ（経済協力）色の強いものとして一見経済協力の傘の下に統一できるように見えるため、これを一緒にすることに政治を含めて関係者の理解を得ることは容易だったからである。

その後ＪＩＣＡと一緒になった旧基金の諸兄と話す機会があった。ＪＩＣＡのようにＬＤＣ、ＬＬＤＣの国々に対して現場で体を張って協力事業を実施している人たちから見ると、譲許色の強いローンである円借款にしても所詮「金貸し」に過ぎず、机に座って客の来るのを待っているだけではないか（かなり誤解もあると思うが）として、旧基金の人たちを見る目は冷たいとのことのようだ。また、旧基金のグループから見ると、経済観念、採算の観念、帳簿の観念さえ乏しく、金をつぎ込む旧ＪＩＣＡのやり方（これにも誤解があると思うが）についてはかなり違和感があるらしい。私の考えていた通り、円借款もローンはローンなのであり、輸銀融資との親和性の方が高いと思うのである。

ただ、およそ統合から十年を経て旧基金とＪＩＣＡの職員の親和性は向上している感じがする。旧基金の職員には旧輸銀との統合による愉快でない思い出もあり、さらには途上国への経済協力の役割を担う組織同志として職員の意識は共通の方向を向いていることもあって、皆が充実した気持ちで仕事をしているようだ。論理的な親和性より、人の気持ちの親和性の方が組織運営には重要ということかもしれない。

（注）エジプトのベニセーエフセメント社のケース

一般に円借款などのＯＤＡローンはかなり譲許色の強い発展途上国に対する恩恵と考える向きが多いのだが、実は物事はさほど簡単ではない。エジプトのセメント会社に対する円借款のケースを例にとってみよう。一九八〇年代に円借款を供与したのだが、その後円高が急激に進行し、当初の円借款の額がドルベースでも大きく膨らんだ上に、当時のエジプトポンドはドルに対しても大きく切り下がってしまったのである。セメント会社は基本的には国内産業であり、収入はエジプトの現地通貨なので、外貨建ての返済金額、とりわけ円ベースの返済額は大きく膨らんでしまい、返済に困難が生じた。円借款は十年据え置き三十年返済という譲許性は高いが、長期のローンなので、どうしても為替のリスクは避けられない。正確な切り下げ率は記憶していないが、プラザ合意もはさんでいたので、円のドルに対する切り上げ率は半端ではない。一億ドルの債務はドルベースでも二億ドルに倍増してしまう。しかもエジプトポンドのドルに対する切り下げにより、ポンドベースでの借金はさらにこれより二十〜三十％増加してしまう結果、ＯＤＡベースの極めて低い金利であっても、十年後に返済が始まる時に返済しなければならない元本が現地通貨ベースで名目上は二百二十％にも膨らんでしまうのである。もちろんその間の日米間のインフレ格差、エジプトにおけるインフレにより通貨価値が低下していることを斟酌する必要はあり、名目の数字通りではないのだが。同社はこの間政府の支援も受けて円借款債務を必死に返済した。さらにエジプト政府の政策もあり、同社は民営化された。ここで問題が起こった。日本政府は円借款の対象となったプロジェクトについては、そのプロジェクトが順調に行っているかどうかを借款返済後も報告させているのである。これは日本国内で国民の税金たる円借款が適正に、かつしっかりしたプロジェクトに融資され、当該国の経済発展に貢献したかどうかをプロジェクト完成後もフォローする必要があるとの日本国民や国会の判断に基づく。エジプト政府及びベニセーエフセメント社にしてみれば、高利貸しのように高い金利をとられた上に、民営化した会社に円借款が適正に使用されたかどうか毎月報告しろと言われても「冗談ではない」との感情になる。ＯＤＡのローンは相手国に喜ばれるものでなければ供与する意味がない。この意味で当時の円借款は一種の欠陥商品とさえいえるものであった。

中国などは経済発展に伴い自国の通貨が長期的にはドルや円に対して切り上がり傾向にあり、この場合は円ベースで借りた借款の元本は現地通貨ベースではドンドン目減りしていくので円借款のメリットは大きい。しかし多くの発展途上国は自国通貨が先進国通貨に対して切り下がり傾向にある場合が多く、長期の借金をする場合は為替リスクが大きなものになる可能性がある。こうした理由からいくつかの国（たとえばマレーシア、南アフリカ）では円借款が敬遠されたのである。

２　ＯＤＡローンのあり方

私は、そもそもローンの期間が長すぎて借り手である途上国を長期にわたり為替リスクにさらす結果になるのは問題が大きいと思った。同じ供与条件で期間を短縮すれば為替のリスクも軽減できるし、貸し手にとっても早期返済が行われるので、資金の回転も円滑になりメリットも大きい。そこで円借款を同じ条件（グラントエレメントを同じにする）にして十年、十五年、二十年、二十五年とローンの期間を借り手側が選択できるようにしたらどうかと考えた。

これに対しては旧輸銀が難色を示した。輸銀融資と区別がつかなくなるという。しかしながら、ＯＤＡローンは前述のようにグラントエレメントが一定以上のものを言うので、本来輸銀融資とは異なるものである。供与にあたって政府間の合意も必要とされ、行政手続きも必要になる。確かに、十年据え置き三十年のローンを、短い、たとえば十五年のローンにすると金利はゼロに近くなる。Ｙ元総裁の「円借款は融資らしくない資金供与」だというのもわからないではない。当時の大蔵省も輸銀と同様円借款の貸付期間の短縮には反対であった。彼らの理由は、「○・○○Ｘ％の金利の融資は融資とはいえない」という。しかし、四十年のローンが存在している以上、期間を短くしてもこれと同価値なのであり、同じグラントエレメントの内容の十五年のローンが融資ではないというなら通常の円借款に適用している四十年のローンも融資ではないはずだ。ローンがあまり長すぎると為替リスクのほかにも、融資を受けたインフラの償却（寿命）後も支払いを続けなければならず、ローンの負担は著しく重く感ずるものだ。また、期間を短くすることについては貸し手の側も早期回収等メリットが大きい。長期の低金利の融資を短期にするとゼロ金利に近くなってしまう問題を回避するため、世銀等の長期融資では金利を徴収するのではなく、手数料という名目でしかるべき金利相当分の金額を徴収しているという。この点はあまり良く理解できない話だが、一回限りの手数料をとって金利とみなすのも一案だ。ただ、金融機関としては形だけでも「ゼロ金利」の姿はどうしても避けたいとの気持ちが強いようだ。

旧基金がＪＩＣＡと統合したとき、私はＪＥＴＲＯの理事長として、ＪＩＣＡの理事長に就任した緒方貞子さんにご挨拶に伺った。輸銀と一緒のときは実現できなかったが新しいＪＩＣＡの中でなら、新理事長の下でこの件の実現は可能ではないかと思い、ご挨拶かたがた円借款の問題点を緒方さんに申し上げ、改善をお願いした。後で聞いたところ、少なくとも融資の期間についての若干の選択肢はできたという。

第二節　統合後のＪＢＩＣの業務

一九九九年一〇月一日に予定通り基金と輸銀が統合し、国際協力銀行（ＪＢＩＣ）が誕生することになり、私はそのままＪＢＩＣの理事になった。輸銀にいた通産省からのＳ理事は退任し、私一人が通産省出身の理事となった。仕事の管轄は、両機関が話し合いをした結果、基本的には私が基金時代に管轄していた業務にＳ輸銀理事の所管していた業務（主として地域担当）がほぼそのまま上乗せされた。理事の数が減らされたため、旧基金の業務と旧輸銀の業務を両方とも見ることになったのである。この意味では私が従来から主張していた地域ごとに基金と輸銀の業務を同じ人間が所管するという構想は、一部の理事のレベルでは実現したことになる。したがって私は融資と海外投融資について基金と輸銀の両業務を所管することになった。

1　中南米訪問

ウナギの案件もこの問題を追及していた上田清司議員（現埼玉県知事）の理解を得て一応幕引

きができたこともあり、私はＪＢＩＣ理事としての担当地域の中南米と米国を訪問することにした。この地域には輸銀の案件も基金の円借款もかなり懸案があった。米国を訪問するのは、アジア危機に際してのＩＭＦや世銀の対応についてアジアではさまざまな批判があったこともあり、直接彼らの真意を確認したかったためである。輸銀と統合した後は基金時代のように「出張は年に二回にしてください」などとは言われなくなった。旧輸銀の方は「用事があればどこでもいつでも行ってください。旅費は気にする必要はありません」と言ってくれた。商業銀行の発想に近いのだ。

コロンビア

私は通商政策局長時代、橋本総理のお供でペルーを訪問したのだが、基金と輸銀が統合して設立された国際協力銀行の理事として最初に訪問した担当地域はコロンビアとペルーだった。円借款を含む融資の円滑な実施、それに債権の確実な確保、さらには日本企業の受注を後押しする意味もある。

コロンビアは、往時は日本の銀行から高い評価を受けていた国である。コロンビアの大統領訪日時に大統領と日本の銀行をはじめとする企業の会談に立ち会ったことがある。当時の日本興業銀行の黒澤頭取が挨拶をしたが、「これまでコロンビアに融資した資金の返済が滞ったことは一度もない」として同国を持ち上げていた。もともと信用力のきわめて高い国らしいのだが、当時は麻薬の販売が広がっており、麻薬を扱うグループの連中と政府の対立が先鋭化し、きわめて治安の悪い国になってしまっていた。私の大学時代の友人の狩野氏が駐コロンビア日本大使をしており、コロンビア訪問時に大使公邸での新年会に招待してくれた。日本のビジネスマンも大勢招かれていたが、彼らの話だとコロンビア中で安全なところはゴルフ場しかないとのことだった。ゴルフ場の周りは軍が立錐の余地もないほどの警備をしていて安全なのだそうだ。もちろんゴルフ場への往復は気をつけねばならないとのこと。週末がかかっていたのでゴルフ場へ行った。確かに各国の大使や公使がかなり大勢いたのには驚いた。あまり楽しみも無いのだろう。

私は翌日パストラーナ大統領と面会する機会があった。治安問題やその原因となっている麻薬の問題について大統領は、ペルーから麻薬の原料（コカの葉）が流れてくる、それを麻薬グループがコロンビアで加工して、主として米国に流していると言っていた。米国政府はこの流れを断ち切るべく、両国に麻薬撲滅のための多額の経済援助をしている。大統領は「ペルーからの原料の流入が止まれば事態はかなり改善するのではないか」、と言う。大統領とは日本の経済協力、とりわけ円借款についてかなり突っ込んだ議論をした。大統領は、債務返済が滞る可能性があることを気にしている様子だったので、以前黒沢頭取から聞いた「日本の銀行家はコロンビアは決して裏切ることはないと、貴国に高い信頼を抱いている」と言って債権確保の確認をし、経済運営への努力をエンカレッジしたところ、「あなたの話を聞いて元気が出た」との反応であった。私の後、カナダの外務大臣と、アメリカのオルブライト長官との会談が控えているとのことで、ＪＢＩＣの理事がこのような忙しい大統領と会談し、直接債務履行のコミットメントを取り付けられるというのは、やはり金を貸す立場は強いものだとの感を深くした。この日の午後、レストレポ大蔵大臣が葬儀で対応できないとのことだったので代理で大蔵次官と会談、実務的な議論をしたが、改めて「債務のリスケ（リスケジューリング、すなわち返済を先延ばしする等返済の調整をする債務の再編成のこと）の要請はするつもりはない」との言質をとることができた。

具体的な融資（円借款）の問題ではカルデナス企画庁長官と話し合いをした。コロンビアでは道路やトンネル（Tube Tunnel）のプロジェクトに円借款を検討していたのだが、治安の問題も絡んでＦＳ（フィージビリティースタディー）の結果が芳しくなく、明快なコミットができないのがちょっと残念だった。長官は、「どうすればできるのか、二月末までに結論を出してほしい。他国との話（他国からの融資のオファーということだろう）もある」と言っていた。円借款をつける場合、何とか日本の企業に受注してもらいたいと思う、また、そのためにもせめて現地企業への調査の委託の可能性などはないかと探ったが、当時の治安の状況ではどうにもならない状況であった。

コロンビアに一緒に行ったのは旧輸銀の主席と駐在員であった。したがって、彼らは円借款の話は知らない。私が一番詳しいことになってしまった。改めて一国の閣僚等の幹部と話をするときは、ＪＢＩＣの代表は輸銀融資から円借款まですべて対応できなければまずいとの感を深くした。理事である私は両方とも所管しているので対応可能なのだが、当地に駐在している代表が半分しか対応できないのではやはりまずいだろう。この二つの融資は従来から私が主張している通り、統合の上、地域別に分けて対応することが素直なのである。

ペルー

コロンビアの後はペルーに行った。アンデス山中の水力発電所の建設に円借款を供与したので、発電所の完成祝いの開所式に出席するためである。反政府テロ集団「トゥパク・アマル」の勢力は下火になってはいたが、それでもリマの治安はよくない。空港を出ると旧基金のリマ所長が迎えに来てくれていた。市内のホテルに行く事務所の車の前後にパトカーが二台と警察のジープが護衛し、白バイも二台つく。私の乗っている車にはＳＰが乗ってくる。以前、インドネシアへの大臣出張のお供の時に経験したことがあり、この種の対応は大臣クラスの出張に対しての警護だと思っていたので、所長に「君、僕に対してこんな大げさに対応してくれるのは困るよ」と言ったら、「理事の言うこともわかりますが、この警護はペルー政府の判断で、しかもレベルによって護衛の台数も決められていて、こちらで判断する余地はないのです。いずれにしろ大した値段ではありません」とのこと。ホテルに着いたら、同乗していた屈強のＳＰが、ホテルのドアを開けるところまでピタッとついてきてくれるのだ。「彼らは非番の警察官のアルバイトです。費用は払っていますので、チップをやる必要はありません」とのこと。やれやれ、いろいろなビジネスのチャンスがあるものだ。特に給料の低い警察官が悪いことをしないように彼らのアルバイトの道をつくってあげているのは一つのアイデアだ。パトカーも、白バイも、ガソリン代も個人負担はないとのこと。給与の補てんということのようだ。

リマ市内では、円借款で建設した魚の加工場を視察した。ペルーの街はまだ貧しく、道路際には倒れそうなトタン屋根の小屋（住宅）が連続している。魚の加工場はかなり立派なものであったが、街全体の発展はまだまだの感がした。

ペルーの仕事が一段落したところで週末、ナスカの地上絵を見に行った。見に行くといっても小型の飛行機で上空から砂の上に描かれた地上絵を見るだけなのだが、セスナ機にはすっかり酔ってしまった。機を降りたのちも二度ほどトイレに行って吐いた。

ナスカの地上絵は確かにそのスケールといいその造形といい、またあの砂漠の荒地の中に今日まで見事な地上絵が残っていること自体不思議な神秘を感じる。誰が何のために、いつどのようにして描いたのか諸説があるらしいが、正確にはいまだに解明されていないという。しかし最近のエルニーニョ現象による降雨、車や観光客の心無い侵入などにより、前二世紀から六世紀にかけて描かれたというこの地上絵も次第に消え行く運命にあるという。トルコのカッパドキアの奇岩の不思議な風景とともに地球の神秘、人類の創造の遺産が次々に失われていくのは残念なことだ。

【コラム】フジモリ大統領

大統領の訪日

ペルーに関しては、海外経済協力基金の理事に就任する以前の通産省時代、フジモリ大統領に関する鮮明な印象がある。

日系人が大統領になることは、南太平洋の一部の島嶼国を例外とすれば、なかなか世界には例がない。ペルーの大統領に就任したフジモリさんは、麻薬の製造・販売を資金源として国内に跋扈するテロ集団に手を焼いていた。

日本はペルーの経済発展に協力した。私が貿易局の審議官として貿易保険を担当していた一九九一年、就任直後のフジモリ大統領が訪日した。日本とペルーの経済関係を強化するためと前政権の時に積み重なった債務の返済に関して、赤坂の迎賓館で日本の通産大臣とフジモリ大統領の会談が行われた。

私はフジモリ大統領が書類を何一つ見ることなく、債務の状況（輸銀や基金に対する債務、貿易保険関係の民間金融機関に対する債務など）を正確に説明し、ペルー政府の要請を的確に述べたことに驚いた。当然直前に勉強してきたのだろうが、ペルーの経済立て直しのために、しっかりとペルーの外国に対する債務の状況を把握してきたに違いない。最初から最後まで書類に目を落とすことはなかった。発言内容も実にしっかりしており、有能な大統領だというのが私の大統領に対する第一印象であった。

日本大使公邸人質事件

その後一九九六年夏、通商政策局長として、橋本通産大臣のお供で中南米諸国を回った際も橋本・フジモリ会談に立ち会う機会を得た。両巨頭とも長く親密な関係を築いていたこともあって、極めてリラックスした会談だった。

その年一九九六年末に驚愕する事件が起こった。橋本通産大臣の中南米出張でペルーに立ち寄った時、当時の青木大使の歓待を受けたあの大使公邸での天皇誕生日の祝いのレセプションの時に、「トゥパク・アマル」の戦闘員が公邸に乱入、囚われている仲間の解放を狙って、七十二人の人質を盾に大使公邸に立てこもったのである。この事件は語り切れないところが多いが、外務相サイドは設立直後の総合政策局が担当しており、局長の川島さんが大変に苦労した。通産省にも人的な協力要請があり、通商政策局長の私としてはともかく若干でもスペイン語が話せる人材を探した。最終的には英語さえ話せればということで、事情が事情だけに十人以上の優秀な職員をペルーに派遣した。ただ派遣された彼らの能力が発揮されたとは思えない。雑用係であり、何かあったら対応するとの前提で、いわば準備要員として控えていたわけだ。

その年末、私はＷＴＯの閣僚会議で、ＩＴＡ協定（情報技術協定）などの交渉を済ませて帰国していたのだが、閣僚会議の場でインドの代表からひどい風邪をもらってしまい、慈恵会病院に行ったら、「鼻の奥に膿がたまっており、下手をすると脳に来て命にかかわるような大変なことになる」と脅され、暮れの二十七日に急遽入院することになった。もともと蓄膿の気があるので大事をとったわけだ。ところが、人質事件は全く解決のめどが立っておらず、外務省の川島局長から頻繁に電話が入る。当時は携帯電話など持っていなかったから、自宅からポケットベルでの呼び出しが家内から入るので折り返し自宅に電話をかけ、だれからの電話かを確認の上、返信するわけだ。なぜ川島局長が通産省の通政局長に状況報告の電話を頻繁に入れるかというと、いざ身代金の話になった際は、両省協力して対応したいということではないかと推測した。

橋本総理は、対策室に大量のアンパンを差し入れしたりしていたが、マスコミからは、何もしないでパンを配る「アンパン総理」などと揶揄されることもあった。こういう時のマスコミは全くひどいものだ。このような状況で一体何をしろというのだろう。

後に橋本総理ご自身から伺ったのだが、十二月末にフジモリ大統領から総理のところに、「突入したいので了解をもらいたい」との連絡があったとのこと。総理は突入して人命に犠牲が出たら責任をとれないということで、「突入したら日本とペルーは絶交だ」と返したとのこと。まだテロリストたちは突入される危険を感じている頃だろうから、かなりの犠牲は避けられなかったかもしれない。その後三か月ほどして今度は日本の総理に了解を要請することなく、大使公邸の地下まで掘り進んだ通路からフジモリ大統領の独自の判断で、ペルー軍の特殊部隊を公邸に突入させた（この突入の情報は、ワシントンの日本大使館の藤崎公使があらかじめ把握していたとの話を、二〇一七年八月に日経新聞に掲載された高村自民党副総裁の「私の履歴書」で知った）。テロリスト全員が殺害され、ペルー人人質一人とペルー軍の二人の兵士の犠牲のもとに、奇跡的に日本人全員の無事救出がなった。

私は橋本総理が主催したフジモリ大統領への感謝の宴席（迎賓館）に出席する機会があったが、十二月に突入していたらどうなっていただろう、また三月の突入時に橋本総理が大統領から了解を求められたらどう答えただろうかなど、祝宴のさなかにいろいろと考えたものだった。

後日、海外経済協力基金の理事として担当地域のアフリカのケニアを訪問した折、ペルーの人質事件の際、ペルー大使をやられておられた青木大使がケニア大使として赴任しておられた。大使の公邸で民間企業の人たちと懇談する機会があったのだが、その席に出てこられた青木大使の奥様の変わりようには驚いてしまった。橋本総理とペルーを訪問した際のお元気な様子はなく、相当に憔悴されていた感じであった。人質事件での青木大使夫人の気丈な活躍は耳にしていたが、精神的にもすっかり疲れ果ててしまわれたのだろう。このような危機への対応が外交官の使命の重要な部分とは言うものの、外交官夫人にとってめったに遭遇することのないようなこの種の事件は、その人生を消耗させるものなのだと感じた。そんな状況の中でも、私のような国内からの出張者を接遇しなければならない外交官のご夫人というのは大変な役割だと同情した。

サンガバン発電所開所式

発電所の開所式にフジモリ大統領に同行することになった。リマの空港から大統領専用の中型ジェット機に乗っておよそ一時間飛んで、そこからヘリに乗り替え、さらに一時間ほど飛ぶ。途中南米最大かつ最高位の湖チチカカ湖が見える。リマからの飛行機ではフジモリ大統領の隣の席に座った。機がアンデス山中に入ると、大統領はひたすら窓から下を見ている。「何かあるのですか」と聞いたら、大統領は「見ろ、あの山肌は石ばかりだろう。あの石を取り除くと豊かな黒土が現れる。農業ができるのだ。自分は日本の援助でブルドーザーを大量に購入し、あの石を取り除いて豊かな農地にしたい」と言うのである。私が、「水は大丈夫なのですか」と尋ねると、「水について自分は考えを持っている。今アンデスの雪水はほとんどがアマゾン川に注ぎ込み、大西洋に流れて行ってしまう。この流れを変えて一部太平洋に流れるようにすれば、その沿線の砂漠化している膨大な土地を農地とすることができる」。この発言をした後、大統領は再び窓の下をじっと眺め続けていた。私は、あの広大な山岳地帯から石を取り除くという発想も大変なものだと思ったが、アンデスの水を太平洋に流すとの発想には本当に驚いてしまった。自分の国のことをいかに真剣に考えているか、そして実にスケールの大きい発想をする大統領であることかと感心した。後に輸銀融資で相当数のブルドーザーが日本から購入された。また、アンデス山脈の水の流れも一部逆の方向に誘導する工事が行われたと聞いた。

高度四千メートルの空港にジェット機が着陸した。そこでヘリに乗り替えてアンデス越えをする予定であった。しかし、上空が曇っていてヘリが発電所のある村に着陸できないかもしれないというのである。そんな感じの天気でもなかったが、フジモリ大統領は式典に参加できないとまずいと思ったのか、安全を期して車で山越えをすると言い出した。五千メートルを超える山越えである。私たちは先頭の車に分乗した。二人の兵士が車の前に立ったまま乗り、銃を構えてあたりを警戒しながら山をのぼっていくのである。車はセダンのような閉じられた車ではなく、空きすきのジープのような車なので風が容赦なく吹き付けてくる。まさか、そんな車に乗ることになるとは思ってもいなかったので、服装も比較的軽装の夏服である。天気は悪くないのだが、車が高いところに行くにしたがって寒さと風が耐えられないほどになる。外の景色はよく見える。五千メートルのあたりの山肌の随所に、狭いが、周りの山肌と違う緑が茂っている。「あれは何か作物でも作っているのだろうか」と同乗していたペルー政府のスタッフに尋ねると、「ジャガイモの畑です」との答え。岩に覆われた山肌の処々に黒い土があり、そのわずかな耕地にジャガイモを植えているのだ。「こんな高いところでも作物は育つのだろうか」との疑問と、飛行機の中で大統領が言った「石を取り払えば、豊かな耕地が現れる」との発言を思い出した。

山を越えたところに小さな村がある。車に乗りこんだ村からそこに連絡が行っていたのだろう。われわれの車が近づくと、色とりどりのインカ風の衣装を着けた男女が飛び出してきて車を取り囲む。「フジモリ、フジモリ」という言葉が聞こえる。私が日本人でかつ先頭の車だったので、何人かの山岳民族の男女が私たちの車を取り囲んだ。「フジモリは後ろの車だ」とでも誰かが言ったのだろう。みんなフジモリ大統領が乗っている車の方へかけていく。大統領の車は山岳民族の人々に取り囲まれ、彼らの投げる花の嵐を浴びている。五千メートル前後の高地に人が住んでいるだけでも驚くが、貧しい山岳民族へのフジモリ大統領の人気の高さには感動した。ヘリをやめて車にしたのも、めったに来ることのない山岳民族の村を訪問したいという大統領の意向だったのだろう。ちなみに私は父へのペルーからのお土産に、山岳民族の編んだアルパカのセーターを買ってきた。父が亡くなった後、遺品の整理をしていたらこの懐かしいセーターがあったので、貰い受けてきてしばらく使っていた。十数年も前のことである。

五千メートルの山越えを無事済ませ、発電所を建設しているサンガバンに到着、発電所の近傍の事務所で大統領と一休みしたのち現地に向かった。大統領は休んでいる間もあいさつ文に手を入れ続けている。車に乗って発電所の式典会場に向かう間もペンを片手に挨拶の原稿を直している。到着しても推敲が終わらない。車を下りる間際に私に向かって、「君、先にやってくれ」と言う。かくして開所式では主催者（サンガバン発電所の社長）の挨拶の後の来賓の冒頭のあいさつはＪＢＩＣの理事の私が行うことになった。次いでフジモリ大統領が長い挨拶をしたのだが、通訳に言わせると「大統領は演説が随分上手になった」とのこと。時間をかけて推敲した成果なのかもしれない。「この発電所の建設によりこの地域にも産業が興り地域が発展する」との趣旨だったようだ。円借款によって建設されたこの発電所は六百数十メートルの高さの流水式の水力発電所で、十一万キロワットの発電能力を持つ。アンデス山脈の雪解け水がコンスタントに流れ込むのでダムは不要、小さな貯水池を用意するだけで済む効率的な発電所だ。式典にはプーノ県の村人たち（インディオの顔が多い）が五百人ほど集まった。帰りは到着していたヘリで、大統領専用機が駐機しているところに飛び、専用機に乗り替えてリマに戻った。やはりヘリは飛べたのだ。

リマで

リマではペルー開発銀行（ＣＯＦＩＤＥという）の総裁、経済財政省のジャリリー次官等と会談した。のっけから借り入れ資金枠の絞り込みの話で、ペルーにとってプロジェクトものの借り入れ金額を（六・五億ドルに）絞り込まざるを得ない旨を強調していた。大統領の要請で日本側が借款供与を決断して両国間で合意している案件について絞り込みを考えているので、難しい調整を行わざるを得ないだろう。先方と若干の言い合いになったこともあり、その場に立ち会っていた大使館の長崎公使が相当心配していた。どこの国でも財政担当の部局は慎重である。別に悪いことではないのだが、その国の発展に協力をしていこうと思っている国にとっては不本意な話である。とりわけ現地大使にとっては長年計画し、やっと合意したプロジェクトが実現できないことはつらいものだ。言い争ってもしょうがないので、双方が十分に話し合う必要があるとの落着の仕方で会談を終えた。帰任直前の大使にとってはいたく心配らしく「フジモリ大統領に言わねばならないのではないか」との話。私からは「そこまでの必要は無いのではないか。借り手がそういう気持ちになるのはむしろ健全だと思う」旨話しておいた。ペルー側にとってはローンの可能性を確保しつつ全体としては絞り込み、自らが優先度が高いと考えるプロジェクトから順次実行したいとの気持ちだろう。ただ、新規のローンは停滞することは必至である。いったん合意した話なので、大使館のみならずわれわれＪＢＩＣ、とりわけ担当部は頭にくるのだが、この国が財政健全化の方向に向かうことは、長い目で見れば決して悪いことではない。

フジモリ大統領がその後不幸な運命をたどったのは本当に残念だ。ペルーを愛し、麻薬の生産・取引を厳しく取り締まるとともに、テロリストを撲滅に近い状態まで追い詰め、決断と実行力で今日のペルーの礎を築いたと言ってもいいのではないか。現在ペルーは着実な経済発展の道を歩み続けている。お嬢さんのケイコさんが二〇一六年の大統領選挙に出馬したが、僅差で敗れてしまった。しかしその引き際の潔さはペルーへの思いとフジモリ大統領自身の決断力を思い起こさせるものだった。まだ若いので是非次の大統領選挙でペルーの指導者の地位を目指してほしい。そしてペルーのさらなる発展のために力を発揮して欲しいと思うのは私ばかりではないだろう。二〇一七年十二月の新聞報道で、現在のペルーのクチンスキー大統領がフジモリ氏の恩赦を検討しているとの報道が流れた。フジモリ氏の健康状態を考慮したとの動機のようだが、大統領の政党が議会の過半数を割り込んでおり、政権の安定と政策の実施をより強力に行うために野党勢力を取り込みたいとの思惑もあるらしい。いまだ内外に恩赦には反対の議論もあるとのことだが、一刻も早く実現してもらいたいものだ。

2　ワシントン（ＩＭＦと世界銀行）訪問

ペルーに別れを告げ、次の目的地は米国ワシントンである。

基金でも輸銀でも米州は私の所管となったのだが、基金の時代に、先進国である北米が仕事になることはなかった。しかし旧輸銀は、ＩＭＦに対しておよそ三千億円もの資金を貸し付けていたのである。当時アジア危機直後で、アジアの国々に対するＩＭＦの仕事のやり方について様々な批判的な議論があった。私はアジア危機に対するＩＭＦのやり方についてＩＭＦの真の狙いを確かめ、議論をしたいと思った。これからのＪＢＩＣの仕事にも大きく関係するからである。先方はＪＢＩＣ（輸銀）がＩＭＦに対する大口の融資者ということもあるせいか、極めて丁寧な対応であった。局長のボアマン（John Boorman）氏とは相当にいろいろな議論をし、ＩＭＦの真意を知ることができた。私がとりわけ問いただしかったのはＩＭＦのマレーシアやインドネシアに対する厳しいコンディショナリティーの正当性であった。

通産省時代はＩＭＦや世銀に通産省の役人が訪問することは厳しく制限されていた。今でこそネットの情報でこれら機関の仕事内容や各種の報告書については誰でもいつでも入手できるので大した問題はないのだが、一昔前は直接接触しないと世界的に重要な金融機関の情報がなかなか手に入りにくい。これら機関との接点は大蔵省が一元的に所管しており、彼らは各省が直接これら機関の幹部と接触するのを極端に嫌っていたのである。それだけ金融はデリケートなものなのかもしれない。したがって私がＪＢＩＣの通産省出身の理事として、ＩＭＦ・世銀の幹部とのアポをたくさん入れることができたのには驚いた。時代が変わったのか、それとも輸銀＝ＪＢＩＣは大蔵省にとって特別の存在なのかよくわからないが、結果としてはＩＭＦ・世銀の中枢部分で采配を振るっている幹部の人たちから、後述するような有益な見解を直接聞くことができたのは実にありがたかった。

リマの空港から午前九時頃発の便でアトランタ→ワシントンに向かった。飛行時間は六時間なのだが時差もあってワシントンに到着したのは十九時過ぎだった。その晩は旧輸銀のワシントンに駐在している諸兄との夕食会を予定していた。ワシントンには旧輸銀の駐在員は、当日出席した人で十人（うち外国人が一人）いる。話が弾んで十時半ごろになった。どの組織でもそうなのだが、ワシントン駐在は数が多く、駐在員の質も高いような気がする。仕事が多岐にわたり、しかも細分化され、自分の分野をよく知っているということかもしれない。なんとＩＭＦに出向している輸銀の職員が二人（来れなかった人を含めると三人）もいる。大蔵省にとって他省と違い、輸銀は仲間なのだと感じた。この日は眠く、疲れた。

翌一月二〇日ワシントンは雪だった。現地の職員が、アポをとった人が全員大丈夫か心配していたが、結果的には全員と予定通り会見ができた。

ＩＭＦ及び世界銀行幹部との会談――アジア危機への対応の評価

ＩＭＦの幹部との議論は実に有益だったのだが、詳細をここに述べる必要はあるまい。主要なテーマは、ＣＤＦ（Comprehennsive Development Framework――一九九九年当時のウォルフェンソン総裁が打ち出した開発援助の新しい枠組み）、ＰＲＳＰ（Poverty Reduction Strategy Paper→当時緊急の課題であった貧困削減に関する戦略方針）、アジア危機におけるＩＭＦ批判に対するＩＭＦ自身の見解、そもそもＩＭＦに対する批判とＩＭＦ改革（とりわけ米国の外交評議会の直前の報告書にあるＩＭＦ改革の方向→ＩＭＦは原点に戻ってマクロ金融政策に特化すべしとの意見）についての見解等々多岐にわたる。もちろんＪＢＩＣ職員を受け入れてもらっていることについてのお礼も忘れずに言っておいた。最初に会談したサンドストローム（Sandstrom）局長も、二番目に会ったボアマン（Boorman）局長、レディ（Leddy）次長もとても参考になる見解（批判されているが、例えばＩＭＦとマレーシアやインドネシアの金融財政当局とは実はしっかりと意思疎通ができていた等）を述べてくれた。ボアマン局長との会見時間は予定の三十分を大きく超えて一時間十分にも及んだ。

私は、当時、埼玉大学大学院（後の政策研究大学院大学）で客員教授を務めていた。私の授業のテーマは「国際金融機関論」であり、まさにＩＭＦ、世銀などの業務について、とりわけアジア危機へのＩＭＦの対応について議論があり、授業の重要テーマでもあった。彼らとの議論はＪＢＩＣの仕事の上のみならず、大学での授業の上でも極めて貴重なものだったのである。

ＩＭＦの後に面会した世銀も有益だった。ウォルトン（Walton）経済運営ネットワーク局長は世銀の中で相当の権力者らしい。彼のところを通らないと各国のＰＲＳＦは承認されないとのこと。具体的に色々と教えてくれたが、人に頼ることなく責任を果たす（Ownership）を強調していたのが印象的だった。たぶんＩＭＦのＥＳＡＦ（Enlarged Structural Adjustment Facility――低所得国の累積債務問題の深刻化に伴い、一九八七年ＳＡＦを拡大した低所得国向けの譲許的融資制度で「拡大構造調整制度」と呼ばれる）のコンディショナリティーとの比較なのだろう。

日本人出向者等との会談

昼食はＩＭＦのアジア局長に内定している堀口さんにＩＭＦの役員食堂で懇談方々ご馳走になった。事前にＪＢＩＣ（旧輸銀出身）の前田氏（二〇一八年現在ＪＢＩＣ取締役社長）から話を聞いていた通り、極めて腰の低い、しかし頭脳明晰な人であった。大蔵省や輸銀のバックアップなしに、プロパーの職員としてここまでのし上がるというのは生易しいものではない。堀口さんはＩＭＦの中での世銀批判を紹介してくれた。「大人数で何をやっているかわからない」、「過去五十年成果が全くない」等激しい言葉ではないが、厳しい批判があるようだ。

世銀サイドでは、大蔵省から出向している宮村理事と懇談した際、「毎日のように世銀のあり方についてBrain Stormingがある」、「ウォルフェンソン（Wolfenson）も、もう一期やるなら何か新しいことをしなければという強い気持ちがあるようだ」とのこと。堀口さんから聞いたＩＭＦにおける世銀批判を思い出して苦笑してしまった。もっとも世銀は世銀でＩＭＦに対する厳しい批判があるとのことだ。

世銀ではアフリカ局のカルデリス（Calderis）局長からアフリカの個別の国でのプロジェクトの話が紹介され、これは旧基金の仕事の上で参考になった。

最後に杉崎ＩＭＦ専務理事（大蔵省からＩＭＦに出向している方で、私にとっては東大ＥＳＳ＝English Speaking Society の先輩でもある）から夕食を囲みながらお話を伺った。杉崎さんは日本政府のガーナなどの貧困国に対する債務削減に対する消極的な姿勢と、国際会議では債務削減に賛成するという矛盾した姿勢や、ベトナムに対してＩＭＦの課している厳しい規律の向こうを張った二国間での緩やかな対応をする姿勢に苦言を呈し、東南アジアの国々の構造改革を日本政府がＩＭＦと違ったスタンダードでやろうとしているのか、それならそのつけが日本にまわってくることを覚悟しているのか、と心配していた。またウズベキスタンに対してＩＭＦが必死に為替問題で対応しているときに、時の大統領の選挙対策の思い付き的要請に応じて金を出し、規律を外すというのは本当に正しいのか、等々日本政府の対応について厳しい意見を述べておられた。これらの諸点について確かに日本政府の姿勢はよく理解できないところがある。厳しく、かつ深みのある杉崎さんの意見であった。杉崎さんからは最後に、総裁、副総裁によろしくお伝えくださいとのメッセージであった。大蔵省の先輩のＪＢＩＣ幹部に、日本政府に対しもう少ししっかりした対応をするように言ってほしいとのメッセージと受け取った。

私自身まだ輸銀の関係する国際金融の実際は十分に把握していなかったのだが、これほどの大きな問題が各国ごとにあることに驚くと同時に、これからは色々と大変だとの感を深くした。

ＩＭＦや世銀との議論は私だけでなく、現地の駐在員、本国の担当部局にとっても参考になったらしい。私には大変勉強になった。

3　トルクメニスタン訪問

巨大な繊維工場の開所式（口絵15）

二〇〇〇年春に、トルクメニスタンへの出張があった。おそらくこれが私のＪＢＩＣにおける最後の海外出張となると思った。

三菱商事が同国の繊維工場の建設を主導し、輸銀が融資を行った開所式への参列がその目的である。当時の三菱商事の会長、諸橋さん（故人）と一緒に繊維工場の見学などを行ったが、繊維工場の見学の際、独裁政権との評判のあるニヤーゾフ（トルクメンバシィ）大統領と一緒だった。大統領はその独裁的な権力や権威とは全く対照的に、田舎のおやじさんのように親しみのもてる人だった。完成した繊維工場はスケールも大きく、紡績から織布、染色、そして縫製まで包含した総合的な近代工場である。私は繊維製品課長もやった経験もあるが、日本でもあれだけの立派な総合工場は見たことがない。大統領はよほど嬉しいらしく、見学場所のあちこちで私の肩を抱いては、自慢げに話しかけてきた。言葉はわからないし、工場見学で通訳もいないのだが、要は「日本のおかげでこんなに立派な工場ができた。輸銀のおかげだ」という趣旨のようだ。

その日は工場見学の後、盛大な前夜祭のパーティーがあった。巨大なアリーナで二千〜三千人は入ったと思われる大レセプションだった。招待客の中にはロシアのガスプロムの幹部もいた。

トルクメニスタンは豊富なガス田を有するガス生産国なのである。ただ、そのガスは、悲しいことにロシアの領土を通過せずには西側（欧州）には運び出せない。そこでガスの代金が相当程度叩かれている上に、ルーブルによる支払いが行われており、同国は相当不満を募らせている。ガスプロムの幹部は、レセプションの挨拶で、西側に輸出する同国のガスの何割か（確か三十％）は外貨払いにすると発表、トルクメニスタン側の出席者の拍手を呼んでいた。その後中国がトルクメニスタンから中国まで数千キロのパイプラインを敷設してトルクメニスタンのガスの導入を図ったようで、これによりトルクメニスタンのガス輸出の隘路はかなり解消されたと聞く。実は日本の三菱商事（横瀬さんというエネルギー担当の当時常務）も、中国の構想以前に中国経由で日本までのパイプラインの構想を検討したが、建設コスト面で中国にかなわなかったと聞いた。

翌日お祝いの式典があった。とてもいい天気だった。大統領の挨拶のあと、近くにひな壇のようなものが設けられており、数十人の女の子たちが並んでいる。下の方の二段ほどは小学生程度の年齢の女の子、その上の二段ほどは中学生と思しき女子生徒、更にその上の二〜三段は高校生ぐらいの女学生が並んでいる。大統領がその前に立つと、女の子たちはいっせいに合唱を始めた。小学生、中学生、高校生のそれぞれ順番に何か一斉に歌う。大統領はうなずきながら聞いている。彼女たちが叫んでいる内容は全く理解できないのだが、推測するに大統領を礼賛する内容らしい。随所にトルクメンバシィという言葉が出てくる。十分ぐらいの合唱が終わって大統領がうなずいてその場を立ち去ると、女の子たちは段を降りて来る。彼女たちに先生のような人がチョコレートみたいな包みを配っている。「よくできました」ということなのかな。

私はそのあと昼食を含めて大統領とはしばしば一緒に行動することになるのだが、牧場のようなところに立派な馬がいた。これが古代中国の漢の皇帝が渇望したというさの「汗血馬」なのか、と見上げていると、大統領は、通訳に「そうだＪＢＩＣに馬をプレゼントするのを忘れていた」と言ったそうだ。実は三菱商事の諸橋さんは、大統領から馬のプレゼントをもらったとのことである。しかしその後三菱商事は随分苦労したらしい。日本の牧場ではトルクメニスタンの馬を飼育してくれるところは見つからず、ましてサラブレッド中心の日本の競馬でその馬が活躍することは期待できなかった。

ここからは人づてに聞いた話なので真偽のほどはわからないが、三菱商事は大統領にトルクメニスタンでそのまま飼育を続けて欲しいと申し入れたとのこと。大統領の返事は、「それは構わないがお前の馬だから飼馬料は払ってくれ」とのことだったとか。私は、帰国後、ＪＢＩＣの当時の篠沢副総裁に、「トルクメニスタンには行かれない方がいい。馬をプレゼントすると言われて、大統領に断ることもできないし、三菱商事と違って飼馬料を請求されてもＪＢＩＣは出してくれないですから」とお話ししておいた。

トルクメニスタンの閣僚との懇談

トルクメニスタンではグルバンムラードフ副首相はじめ二〜三の閣僚と懇談の機会を持った。

その中で驚いたのは、女性の繊維大臣と会談した時である。繊維省の次官も会談に立ち会ったのだが、その次官は前日繊維工場を見学した際に繊維工場の経営者として我々を案内してくれ、かつ会談したトルコ人のチャルク氏ではないか。彼は様々なビジネスを手懸けるかなり知恵のあるビジネスマンで、私が前日の工場見学時の会談の際、繊維製品の輸送コストが問題になるのではないか、と指摘して輸送手段を尋ねた際、「ヨーロッパからトルコを経由してＣＩＳ諸国に来るトラック便が相当数ある。しかしそのトラック便は帰りに空のまま戻るのでそこに製造した繊維製品を積んでいけば輸送コストは安い。現にリーバイス（LEVI'S）など欧米のアパレルメーカーはそういう方法でトルコないし近隣諸国に持っていき、そこから欧米向けに空輸している」、とのことであった。確かに彼は相当に賢いビジネスマンだ。日本の政府（経済産業省）や産業界に知人も多い。しかし、トルコ人のビジネスマンがトルクメニスタンの政府の高官を兼務しているのには驚いた。ＣＩＳ諸国のインフラ整備に活躍するゼネコンもトルコ企業が多い。そもそも、この国の名前もトルコと因縁浅からぬことを思い起こさせる。日本もＣＩＳ諸国とのビジネスを深めていく際、トルコ人やトルコ企業との関係は相当重要になるとの感を深くした。

第三章　国際協力銀行退任

二〇〇〇年六月末、私は二年間の海外経済協力基金、国際協力銀行の任期を終了し、七月一日に三井物産の常務に就任した。

第一節　篠沢総裁の歓送の挨拶（大蔵省の消費税への思い）

ＪＢＩＣ退任の際の歓送の席で、当時の篠沢総裁が歓送の辞を述べてくれた。総裁は、私の仕事を形どおり評価してくれた後、「実はこの人は、消費税創設の際、繊維業界を説得してくれた恩人である」と言われたのである。私は飛び上がるほど驚いた。大蔵省の幹部が消費税導入から十数年たった時点で、消費税導入に協力したこと（事実は第一編第七章の繊維産業のところで述べた通りだが）を記憶していてそれをメンションするという事実、すなわち大事な政策の実現について敵か味方かを長く組織の情報として持ち続けていることに驚いたのである。このようなことは、大事なことでも組織の記憶に残すことができない通産省（経産省）ではまずありえないことである。私は、返す挨拶で、篠沢さんのこの話に触れ、十数年もこのような話を記憶にとどめるのを聞いて、「今日は大蔵省がいかに恐ろしい役所であるかを再認識した」と挨拶した。

第二節　三井物産清水社長のメッセージ（電機・プラントプロジェクト本部長に任命）

私が三井物産に就職した当時の社長は上島さんから「清水愼次郎」さん（故人）に引き継がれていた。

最終的に何の担当になるかわからず、ひたすらプラント・エネルギー関係部局を中心にレクを受けた。会社の投融資について判断をする「投融資委員会」の委員にも任命された。この社内のレクは私が物産の役員に就任した二〇〇〇年七月から翌二〇〇一年三月末まで持続する。私は商社のビジネスとは貿易保険や円借款、ＪＢＩＣ融資を通じ、金融面ではかなりの深い知識もあったのだが、苦労したのは、商社がどうやって利益を上げるのかが当初はなかなか理解できなかったことである。

二〇〇一年三月に清水社長に呼ばれ、「電機本部」と「プラント本部」が統合され、「電機・プラントプロジェクト本部」ができるので、その本部長に任命する旨の内示があった。この両本部は物産にとってはいずれも伝統ある本部で、おそらく合併することについては両本部の先輩を含めて不本意の人も多かったろう。ただアジア危機後の厳しい環境下で両本部ともひどい決算状況だったため、統合には反対できなかったようだ。また、新たに誕生する本部にいずれの本部からも本部長を出しにくいとの事情もあったのだろう、どちらの色もついていない私に白羽の矢が立ったらしい。その代わり、両本部の本部長だった人が私の補佐としてがっちりとそれぞれの部局を担当することになった。秘書にはプラント本部の永田本部長の秘書で、極めて有能かつ存在感のある「関根嘉江子さん」がつけられた。

清水社長からは、「パイトンというインドネシアの石炭火力発電所のプロジェクトがあり、アジア危機後経営危機に陥り、毎年数十億の損を出している。このままいくと会社の経営に大きな問題が生じる。このプロジェクトの問題を何とか解決して欲しい」と言われた。この問題の解決には、当時通産省が直接所管していた貿易保険、それにＪＢＩＣ、更には外交面の強力なサポートがいる。私の経験に期待したのかもしれない。

ＪＢＩＣは商社にとって極めて重要な金融機関である。ほとんどの商社にとってのいわばメインバンクなのである。後にブラジルの通産大臣と社長が会談した際、私も同席をしたのだが、社長の大臣に対する私の紹介が、「彼は元ＪＢＩＣの理事です」というのである。外国の大臣や商社の幹部にとっては通産省にいたというよりＪＢＩＣにいたという方がより重要なことらしい。私の商社の本部長としての忙しい仕事がスタートした。

その二　三井物産

第一章　電機・プラントプロジェクト本部

第一節　決算、事業計画の説明と電機本部・プラント本部の統合

1　ウジミナス製鉄所への出張

前述のように、三井物産の常務に就任した二〇〇〇年七月以降、「投融資委員会」の委員としての仕事のほか、物産の経営企画部門や各営業本部からの詳細な業務の説明を受けていた。経済産業省から来たということで、プラント部門かエネルギー部門に配属されるのではないかと思われていたせいか、この両部門には、私が物産の常務に就任した直後から営業本部の会議にも同席して議論に参加することができた。

プラント部門では、まず、ブラジルのウジミナス製鉄所の亜鉛鋼板の設備増設の式典に立ち会った。新日鉄の主導の下に増設された設備で、製鉄所の収益改善に寄与するものと期待されていた。ウジミナス製鉄所は、海外経済協力基金が海外投融資事業で出資した企業である。しかしそ

の後は関係企業の様々な思惑が入り組んでこの企業は翻弄されることになる。私が式典に参加した時は結構しっかりやっている企業との印象だった。私に興味があったのは、この設備増強のプロジェクトに物産がどのような役割を果たして、どのようにしてどの程度の利益を上げることができたのかとの点である。この点を一緒に行ったGM（ゼネラルマネジャーといってプロジェクトの責任者）のT氏に尋ねた。彼は何となくはっきりと言わないのだが、推測も交えて要約すると、「製鉄所や新日鉄、あるいはプラントメーカーなどの関係者が頼んでくることを何でもやる。その見返りに『口銭』をもらう。あらかじめX％と決めているわけではないので、口銭の額はもっぱら相手方の商社の仕事に対する評価による」とのことであった。本件の口銭は、私を含めて関係者の出張旅費を賄うのが精いっぱいであるとのことで、私は商社のビジネスというのは不思議な商売だとの感を抱いた。現在は、どこの商社でも「投資ビジネス」への展開が行われている。後に学ぶことになるのだが、口銭ビジネスによる当該産業や顧客との関係の維持、強化は商社のビジネス拡大の上で欠かせぬ要素があるようだ。

2　決算と事業計画

年度末が近付いてきたころ、決算と事業計画の社長ヒアリングがあった。私は電機本部とプラント本部の社長ヒアリングに立ち会った。その時にはすでに両本部の合併の方向が決まっていたらしく、両本部の合同のヒアリングであった。清水社長は両本部に対して相当の不満の表情を浮かべていたが、今後合併してしっかりやるようにとの話であった。もともとは両本部ともかなり収益力の高い本部なのだが、アジア危機が直撃し、ほとんど新たなビジネスは無く、しかも既存の案件においても大幅な減損が避けられない状況にあった。現存していたいくつかのプロジェクトは損切りせずに持ち越したのだが、これも早晩減損せざるを得ないことになる。

その年度末、電機本部とプラント本部の統合により、電機・プラントプロジェクト本部が誕生し、その初代の本部長に私が任命された。その経緯は前述のとおりである。

第二節　いきなり襲った中国贈賄事件

1　事件の発覚

私が電機・プラントプロジェクト本部の本部長に就任したのが二〇〇一年四月一日である。関係方面への挨拶とか本部内の業務のヒアリングなどで忙しくしていた。その忙しさは通商政策局長時代に勝るとも劣らぬものであった。しかも外回りも多く、訪問してくるお客さんもたくさんいて、正直トイレに立つ暇もないくらいの忙しさであった。そんな中、とんでもない話が飛び込んできた。

三井物産及びその社員が中国で贈賄容疑で逮捕・起訴されたというのである。しかもその社員は統合後の私の本部（旧電機本部）の嘱託社員とのこと。

私は正確な事実の把握から始めた。しかしマスコミは厳しく取材を要求してくる。事実は確かに当社の社員が中国当局の職員に対し贈賄をしたらしい。中には釣竿とか相手の趣味に合わせたものもある。

マスコミの報道はエスカレートして手の付けられない状況になりつつあった。

私は通商政策局長の時、ＯＥＣＤの閣僚会議で企業の贈賄問題が取り上げられた際、贈賄についてはこれを禁止する合意を求めた米国の提案に、日本としても賛成するしか選択肢はないと思ってＳ大臣にも「この件は反対できるものではありません」と申し上げた記憶がある。ただ、その合意の内容は、贈賄した社員だけでなく、その社員が属する会社に対しても制裁を科す（すなわち両罰規定を設ける）というものであった。ＯＥＣＤの会議後日本に帰って来て法整備の段になったのだが、この案件の構成要件のあいまいさもあって、法務省のようなしっかりした組織ではなかなか取り上げてくれない。やむを得ず産業政策局の江崎局長に頼みに行った。局長はその背景は十分に承知をしていながらも、「あまり産業界も賛成ではないんだよね」と困惑の表情だった。しかし、局長は本件を「不正競争防止法」の改正により手当てする案を考えてくれ、法案には両罰規定も盛り込まれて国会に提出され、成立、施行は二〇〇一年一月と決まった。

三井物産の嘱託社員の贈賄の実行のタイミングはぎりぎりそれ以前である。両罰規定で会社が有罪になると様々な影響がある。現に本部長の私のところに世界中のいくつかの取引先の会社から、「あの新聞記事は本当か、正確なところを教えて欲しい。もし事実とすれば、贈賄をして商売をするような会社と取引を続けることは株主との関係でできない」といった内容である。

このような状況下で、会社としては島田副社長及び人事部、業務部の全面主導の下、次のような対応をすることにした。

○広報体制（マスコミ対応）の充実。

○中国での裁判への対応のための弁護体制の確立と可能であれば中国当局からの情報収集。

○日本政府に対する正確な情報提供。

広報体制は外部から来るマスコミ等からの電話への対応が中心になるが、この点では広報室の女性社員（白木薫さん）の落ち着いた、かつしっかりした対応が極めて印象深い。電話を経営幹部に回さずに広報室で食い止めることが要諦なのである。

物産の中国当局との接触は果たしてできたのか、またできたとしても誰がどのようにやったのかはわからない。

日本政府への対応は私が担当した。当時田中真紀子外務大臣、川島次官で、田中大臣の下で混乱する外務省を訪問、外務次官の時間をもらって面会をした。次官は「本件は中国の事情に詳しいＹ中国課長に報告、相談するといい」と言ってくれた。Ｙ課長は私が海外経済協力基金の理事時代に経済協力課長をされており、親しく面識があったので直ちに事情説明に伺った。

2　事件の決着

本件は約一年後、嘱託社員は有罪、三井物産は無罪との結論になった。中国当局が起訴した案件で無罪になるというのはかなり珍しいとのことだ。どんな力が作用したのかはわからない。起訴された刑事事件だから原則論を言えば、当該国の主権の問題なので外国から余計なことを言っても通ずるはずがないのである

ただ、この過程でほっとしたのは両罰規定を盛り込んだ不正競争防止法が実行行為の段階で施行されていなかったことだ。ともかく危うく会社が被害を被ることは免れた感がある。

本件には後日談がある。およそ一年後に釈放されて日本に戻ってきた嘱託社員に対する処分の件だ。会社には事件直後「懲罰委員会」が設けられ、嘱託社員の解雇は当然のことながら、社員に対する一切の金銭的な補償も禁止された。当然と言えば当然の結論なのだが、社員が中国に出張している間の出張旅費まで支給できないという。私は、少し甘いところがあるかもしれないとは思ったが、本人の気持ちもあるだろうし、解雇と無補償は当然としても、出張していた間の旅費まで取り上げるのはどんなものかとの気持ちで、懲罰委員会の委員でもあった当時の人事担当の横手常務に頼みに行った。本人の会社に対する恨みを少しでも和らげたいとの気持ちもあった。

出張と言っても大半は収監されていた期間になるので、ことの難しさはよくわかる。私の気持ちを忖度し、また会社に対する本人の反発を考慮して、横手常務は懲罰委員会の結論と若干違ったものの私の言い分を聞いてくれたのである。嘱託社員の方はそれでも会社に対する恨みは消えなかったらしい。色々脅しのようなこともあったと聞いた。おそらくそれまでは中国のビジネスはこの種の慣行が一般的で、会社のためにやったのだとの気持ちだったのだろう。

3　イワン・ブレマー氏との会話

ユーラシアグループのイワン・ブレマー氏とはＪＥＴＲＯのニューヨーク事務所が関係を持っており、彼の日本訪問時にはＪＥＴＲＯ本部で意見交換をした。このような有識者との関係維持も歴代ＪＥＴＲＯ理事長から引き継いだ資産である。

私がジェトロ理事長に就任直後、イワン・ブレマー氏が訪問してきて意見交換の機会があった。中国の汚職問題の話になって、私が「昔と違って贈賄工作をして商売をするというのは最近の中国では極めて危険になっている。私のいた三井物産は、様々な痛い経験をし、一切この種のビジネスには手を出さないことにした。とりわけ最近の中国の行政や司法の世界では、すべての人がそうとは言えないが、正義感を持った若い人たちが着実に増えており、この種の行為は極めて危険になっている」と話しつつ、彼の専門分野のロシアについて「ロシアではどうか」と聞くと、彼一流の言い方で「ロシアは全く心配ない。正義感をもっている役人は一人もいないからだ」というのである。思わず苦笑してしまった。私は部下からロシアでのビジネスを巡ってあるメーカーの受注について相談を受けたことがある。贈賄工作による情報収集はできないと言ったとたん「それならお宅の手助けはいらない」と言われたという。中国贈賄事件をも一つの契機に槍田社長の下で、物産はこの種のビジネスには一切手を染めないことになったが、そのせいもあるのか、プラントや機械関係のロシアのビジネスはほとんど失ってしまった。

第三節　パイトン発電所

海外の電力事業は商社にとって重要なビジネスである。物産も各地で展開しているが、その代表的なプロジェクトがインドネシアのパイトン電力である。当初順調に滑り出したこのプロジェクトもアジア危機の影響をまともに受け、工事が立往生してしまった。契約を抜本的に見直さない限り工事が続けられないというのである。発電所のプロジェクトは単に電力設備を建設するだけでなく、燃料（パイトンの場合は石炭）の手当て、港の建設、送電線の整備など実に様々な要素が絡む。プロジェクトの再開のためにはまず、金融面での確実な手当てが必須である。しかし当時のインドネシアはＩＭＦからも厳しく監視されていて、そのコンディショナリティーの下では借金は簡単ではない。とりわけ資金供与国の金融機関にとっては「政府保証」が鍵なのだが、インドネシア政府はこの政府保証（保証により事実上国の借金と同義となる）についてＩＭＦから厳しく制約されている。インドネシア政府として限られた資金をどのプロジェクトに優先的に回すかが最大の課題であり、日本企業が関係する三つのプロジェクト（物産のパイトン、丸紅・日揮のチャンドラアスリ、住商の送電線）のプロジェクトが問題になっていた。

インドネシア政府と直接交渉しようにも、商社の常務程度では調整大臣でも会うのは大変だ。その点大蔵大臣をはじめどんな閣僚にも容易にアポが取れるＪＢＩＣの理事とはかなり違う。一度調整大臣の訪日時に会見を申し込んで時間をもらったのだが、会見場所の帝国ホテルに行くと日本の商社、メーカーが列をなして廊下に並んでいるのだ。しかも会見時間は十五分と制限されている。商売というのは容易ならざるものだ。

私は通産省の同期の当時通商産業審議官をしていた荒井審議官の訪インドネシアの際にお願いして、日本企業の進めている三プロジェクトについてインドネシア側の善処を要求してくれるように頼んだ。特にこれらのプロジェクトの問題を解決しないと日本としてインドネシアへの新たな借款や貿易保険を付けることはできない点を強調してほしいと頼んだのである。この方針は日本政府の方針でもあったので荒井審議官はその線で対応してくれたようだ。その後アジア危機の影響も次第に収まり、また景気の回復もあって、大幅な契約の改訂は伴ったものの、パイトンプロジェクトは正常な軌道に乗ることになった。丸紅や住商のプロジェクトも息を吹き返した。私が営業本部長に就任した時はパイトンのプロジェクトについて最後のつめをしているときで、まだ予断を許さぬ状況だったが、通産省当局に加えてＪＢＩＣや貿易保険（経産省）の協力、現地大使館の努力もあり、その後二～三年して日本の三プロジェクトは正常な状態に復したのである。

二〇〇一年にインドネシアを訪問、パイトンのサイトの訪問もした。ジャカルタからはひどく遠い。道路も悪いし、車で数時間かけて行くのだ。このようなところでプロジェクトを展開する商社の社員も大変だ。パイトンの敷地の広さから考えるとまだまだ第二期、三期のプロジェクト建設が可能である。今後のインドネシアの成長に伴い電力需要は確実に増加する。これからが楽しみなプロジェクトだ。（口絵14）

電機プラントプロジェクト本部で編成したパイトンチームはかなり優秀な人材を集めていた。彼らの交渉力と的確な判断力には感心した。この交渉の成果もあって、数年後にはパイトンプロジェクトはこの本部の重要な収益源になったという。年間数十億の赤字がそれに匹敵する黒字をもたらすプロジェクトに蘇生したのである。

第四節　イランのサウスパースのガス田開発（ザンガネ大臣との交渉）

三井物産はＩＪＰＣの痛い経験以来、イランとのビジネスは一種タブーであった。しかしながらアジア危機もあり、私の本部のプラントビジネスのチャンスは限られており、ブラジルとイランがビジネスの可能性のある地域であった。ブラジルとは鉄鉱石分野で物産は深い関係を築いていたし、後に世界的なメジャーである「リオドセ」（バレパール↓バーレ）への資本参加をはじめ、さらに関係の強化を進めることになる。また、エネルギー分野での世界的な企業であるペトロブラスともプラント部隊を中心に関係強化の方向にあった。ブラジルの事業について会社は好意的である。

しかしイランは全く違った。「イランとは絶対に駄目だ」という元社長もいたし、いずれにしろイランとビジネスをやるなら「禊《みそぎ》」がいるというのである。それだけ三井物産にとってイラン石油化学（ＩＪＰＣ）のプロジェクトは心理的にも大きな負の遺産であったと言えるだろう。「禊」とは何をするのだろうと思いつつあまり理解をしないまま、営業部隊に引きずられ、テヘランに乗り込んだ。イランではサウスパース六、七、八のガス田開発のプロジェクトが進行していた。サウスパースは日本が最初に手を付けたカタールのノースフィールドの対岸であり、当然地下（海面下）ではガス田がつながっているはずなので、相当に膨大なガスの存在の可能性がある。我々はプラント部隊なので、ガス田開発そのものに興味があるわけではない。ガス田開発を巡って生ずる膨大なプラントやパイプラインのビジネスを何とかものにしたいという発想なのである。当時プラント本部のGM（ゼネラル・マネジャー）の藤谷氏（現欧州・中東・アフリカ本部長＝旧欧州三井物産社長）はかなり前からテヘランに張り付いてサウスパースのプロジェクトを追いかけていた。このプロジェクトはノルウェーのスタットオイルが先行しており、藤谷氏は物産の提案がいかに優れているかをNOC（国営石油会社）の事務方に説得を続けていたらしい。そしていよいよ話を大臣に上げる段になって、私に出てきてくれという話になったのである。私は藤谷氏の詳細なレクを受け、その内容に感心してしまった。詳細にいろいろな案を並べ立て、その中で（推測にはなるが）スタットオイルが提案している可能性のある案、物産案を提示の上その功罪を比較している。すごい推測能力と分析能力だ。

ザンガネ大臣との会談は一時間以上にも及んだ。感心したのは、いかに自国のプロジェクトとはいえ、大臣が細かい話にも精通していることだ。大臣の議論のレベルは商社の営業本部長のレベルに匹敵する。後にザンガネ大臣が日本を訪問した時も時間をいただいて継続の話をする機会があった。

一連の会談で我々が知ったのは、イランはガス開発をガスの輸出のためにするわけではないということだ。その主たる目的は、頭打ちになっている石油生産を増大させるためで、油田にガスを注入して増加回収をしようという話である。イランの石油生産が構造的な困難に直面しているとは知らなかった。あるいは将来に備えてガスを、石油を採掘した油田に押し込んで貯蔵しておくつもりなのかもしれない。確かに、カタールと違い、イランのガスはＬＮＧにして輸出できる国は無い。核開発がらみで米国を中心に制裁措置を講じているからである。原油の増加回収のためであれ、ガスの開発は不可欠である。この分野はスタットオイルがやる。ガス田から油田までのパイプラインや関連設備（将来は石油化学プラント）などが我々にとって関心のあるプロジェクトである。かなりの時間をかけ、アメリカのイランに対する追加制裁を睨みつつ、当初の期待ほど大きくはなかったが、イランとの契約は成立した。

イランでは政府のいろいろな人に会った。ＩＪＰＣのプロジェクトでは敵前逃亡のような形で撤退してしまったので、嫌みのようなものをいわれるのでないかと懸念していたが、そのような話は一切なかった。一様に三井に対して、「よく帰ってきてくれた」（Welcome Back）と歓迎の言葉のみである。

イランの役人は優秀である。発言も的確、内容もかなりしっかりしている。また様々なプロジェクトが目白押しで、この国に対する西側の制裁が解除されたら商社にとって相当に大きなビジネスができる国だとの感を深くした。

本店でイランのプロジェクトを説明した際には誰も異論をはさむ人はいなかった。イランは絶対に駄目だと言っていた元社長は亡くなっていた。商社のビジネスも単なる原理原則で行われるものではない。この時の瞬時の小康状態の中で、われわれの本部はイランのプラントビジネスを成立させたのである。しかしながらその後、イスラエルの空爆の懸念、イラン自身の核開発疑惑などが続々と続き、本格的に大規模に再開するには至らなかった。ＩＭＰＥＸ（国際石油開発帝石）が手を付けたアザデガン油田の開発もこういった政治情勢の中で断念せざるを得なかったのである。

　ただ、米国のオバマ大統領の時にイランと西側五か国の間で核開発を巡る合意が成立し、新たなイランとの関係がスタートする方向になった。この交渉で私がジェトロの理事長時代に親しく付き合っていたアラグチ元駐日イラン大使（当時は外務次官）の活躍をＴＶで目にすることがあった。しかしながら、反イラン、親イスラエルの方向が顕著なトランプ新大統領は二〇一八年五月、米国がイランとの核合意から離脱する旨の決定を行ってしまった。現在何とか（米国抜きでも）核合意を維持したいとする欧州主要国とローハニ大統領との話し合いが継続しているが、米国が抜けたのはいかにも致命的だ。米国はさらに他国のイランとの取引も牽制している。中東の大国イランとの健全な外交、経済関係は、西側諸国にとっても極めて重要だと思うのだが……。

第五節　ＧＥとジャック・ウェルチ氏

三井物産はＧＥ（ゼネラルエレクトリック社）とはビジネス上の付き合いがある。一つは日本の原子力発電所（ＢＷＲ及びＡＢＷＲ型の原子炉）に収める機器のビジネスであり、もう一つは途上国などで展開する発電所建設（ガスタービンを用いたもの）にＧＥとパートナーを組んで応札するのである。米国の企業でＧＥのようにモノづくりをしっかりと維持している企業は珍しい。ＧＥは様々な事業を手掛けているが、ウェルチ時代に彼の有名な「選択と集中」の言葉通り、収益分野とりわけ世界でトップクラスの競争力のある分野に経営資源を集中して高収益を享受していた。中でもガスタービンはその性能や効率において世界有数の競争力を持つゆえに、日本の商社もＧＥとのパートナーを志向して途上国の発電所建設の入札に参加することが多いのである。ちなみに世界の当時の大型のガスタービンメーカーは、ＧＥのほかドイツの「シーメンス」、フランスの「アルストム」、日本の「三菱重工」が主な生産者であった。供給先の状況やタービンの供給のタイミング、メーカーの供給能力等によりパートナーを選ぶので、三井物産が三菱重工と共同で入札に参加することもある。ただ、商社や日本メーカーのビジネスは当該発電所の建設で終了してしまう。ＧＥはじめ外国の企業はその後のＯ＆Ｍ（操業と維持管理）により建設、納入後、長期にわたってその設備からの収益を享受するのである。この点日本のビジネスと大きく違う。

私の電機・プラントプロジェクト本部の本部長時代、ＧＥと組んでＵＡＥ（アブダビ）やマレーシアの発電所の入札に参加している。

アブダビの入札が佳境に入ったころ、ウェルチ会長が打ち合わせのために物産を訪問した。清水社長を交えて様々な問題について会談していたのだが、会談の終了間際にウェルチ氏は私に向かって「アブダビの入札の相手方の価格はどうなっているのか。当方とはどれだけの開きがあるのか」との質問を発した。私はこの質問には正直驚いた。入札に際して相手方の価格がわかることはない。よほど裏工作をして価格を探るなら別だが、それは物産の当時の状況からは不可能に近い。ただ大事なパートナーに対してあまりはっきりと筋論を言うわけにはいかない。私は「私どもも、そこそこ、いい勝負をしていると思う」とだけ答えておいた。彼のこの質問は私にウェルチ氏に対する不信感を醸成させた。自分の庭先は掃き清めてパートナーに泥をかぶせようとする姿勢が不愉快だったのである。

ウェルチ氏は人を「たぶらかす」と言ったら言い過ぎだが、抱き込むのが実にうまい。ＪＢＩＣ時代、ＧＥと日本のパートナーが組んだプロジェクトの打ち合わせのため、ＧＥの本社にＪＢＩＣの職員何人かが出かけて長時間打ち合わせをしていた。突然ウェルチ会長がその部屋に入ってきて責任者のＸ君に近寄り、その肩を抱くようにして「Ｘさん。お世話になります。よろしくお願いします」と言ったのだそうだ。世界の経営の神様と言われる人物からこのような接遇を受けてその職員はいたく感激したらしい。帰国後もその話をいろいろな人にして、ウェルチ氏がいかに配慮の行き届いた立派な経営者かを語っていた。

また、これも私のＪＢＩＣ時代の話だが、あるときＧＥが日本で関係者を招いてレセプションをするという。私もＧＥとの関係で参加したかったのだが、所用があって三十分ほどのカクテル部分だけ出席した。後日ウェルチ会長から私あてに直筆の手紙が届いた。内容は「忙しい中、カクテルパーティーに出席していただいてありがとう」との内容なのである。その時私もＸ君と同様、忙しい経営の神様から、私の礼を失したカクテルパーティーのみへの出席に対して丁寧な直筆の手紙をもらったことにとても感激したものだ。アブダビの件がなければ私のウェルチ像はそのまま立派な経営の神様のままだっただろう。ただ一連のウェルチ氏の態度は相手やタイミングによって裏と表を使い分けている立派な経営者としての資質のようなものかもしれず、一概にその姿勢を批判するわけにもいかないとは思うが……。

その後、私が物産の欧州勤務をしていた最中にフィナンシャルタイムスが、ウェルチ氏の離婚騒動を記事にしていた。ウェルチ氏が物産に来た時、「奥さんは元気か」と聞くと「毎日ゴルフばかりやっている」と言っていたそのゴルフが好きな元弁護士の彼の二番目の奥さんとの離婚を巡る報道である。ヘラルドトリビューン紙の女性記者がウェルチ氏の取材に来た時から関係が始まり、その記者と三回目の結婚をすることになったらしい。二番目の奥さんが怒って（あるいは慰謝料を上乗せするためかもしれないが）、ウェルチ氏のＧＥからの退職金から各種フリンジベネフィットに至るまで、知る限りのあらいざらいをマスコミにぶちまけたらしい。その内容は興味深いのだが、退職金の額にしろ、社用機の個人利用にしろ、スポーツ観戦の特権にしろ、なんと米国の経営者というのはすさまじい特権を会社から獲得するものかと驚いた記憶がある。日本の経営者にはここまでできないだろう。後に彼が書いた経営関係の本を私のところに送ってきた。おそらく立派な経営哲学が盛り込まれていたのだろうが、私はとても読む元気が出なかった。そっとゴミ箱にいれた。

ウェルチ氏の後任のインメルト氏（二〇一七年会長を退任）とも長く付き合った。東電への原子力関係の機器の納入を巡る付き合いもあり、またエアバスのA380（世界最大の旅客機でGEはそのエンジンを供給する予定）のモックアップ（実物大の模型）の見学でツールーズの工場も一緒に訪問した。ウェルチ氏に比べてオーソドックスな米国の経営者である。しかし、GEは彼の時代の後半から苦難の道を歩み始める。

第六節　決算を巡る攻防（避けられなかった減損）

私の本部長就任後二〇〇二年三月に最初の決算を迎えた。いくつかの持ち越しの減損案件がある。どうしても落とさねばならないものもある。ぎりぎり処理した上でもう一つ、「PTペニー」

と言われたアンモニアのプロジェクトで十数億円の減損をしなければならない。これを落とすと本部の決算は赤字になる。当時は今のように減損会計が厳しくなく持ち越しは不可能ではなかったが、損を持ち越すのはあまり好ましいことではない。私は清水社長と経理担当の近藤常務に会って減損させてもらいたいとお願いした。

しかし、近藤常務は厳しかった。「財源は？」との質問である。落とすためにはその分の利益を本部の持っている株でもなんでも売り払って穴埋めして持ってこいとの趣旨である。減損するのに財源を持って来いというのは私には理解不能のところもあったが、これが独立の本部としてのあり方であり、商社の決算の掟《おきて》らしい。この意味では減損ができるというのはその本部に体力がある証左でもあるのだ。

本部の持っている株を調べたところ、Ｏ社の株がかなりあり、値上がりもあって利益が出るとの部下からの話があった。しかもこの会社の株は別の本部がある会社を合併した際その会社がＯ社株をかなり持っていたため、三井物産としては我が本部が株を売ってもＯ社持ち株数は減らないとの情報を得た。ただその部下の人の話だと、株を売るについてはＯ社の了解を得る必要があるとのことだ。自分の持っている株を売るのも大変なんだとの思いを抱きつつ私はＯ社を訪問、お願いに上がった。Ｏ社の経理担当の役員は少し驚いたようであったが、その場は私の言い分を受け止めてくれた。しかし社に戻ったら物産の経理担当の役員から私に電話である。Ｏ社が私の本部に対して怒っている、しかも私の本部が北海道でＯ社に納入する予定のボイラーの契約は破棄するとの話である。

なかなか持ち株を売るのも容易ではない。確かに二月に入って持ち込んだので、先方も年度末の株価を心配していたのかもしれない。O社の株は売ることが出来なかった。その年度は私の最初の本部長としての決算だったが、経理担当の近藤常務の冷ややかな目を気にしつつも、赤字決算を余儀なくされたのである。

ただ一連の思い切った減損処理は、本部にとっては天恵のようなものだったらしい。もともと稼ぐ力のある本部だから、過去からの減損案件さえなければ十分な利益を出せるのである。私の本部長時代は赤字決算で本部の業績評価も悪く、社員のボーナスも惨めなものだったが、減損をした後のこの本部の回復力は目をみはるようなものだったようだ。私が後に本部長を退任、機械グループ全体の所管をすることになった際、グループ全体としては依然として巨大な減損案件を抱えていたため水面下すれすれの決算だったが、電機・プラントプロジェクト本部は立派な決算を実現している。

〈コラム〉バングラデシュでの真珠の買い物

私が三井物産に入社し、「電機・プラントプロジェクト本部長」に就任する直前、加藤輝岳部長の要請でバングラデシュに出張する機会があった。この国に何とか肥料プラントを東洋エンジニアリングと共同して売り込みたいとの発想からである。仕事そのものは順調に進み大きな前進を見たのだが、この案件は後に政権交代により白紙に戻され、発展途上国のビジネスの難しさを実感させられた。後に私がＪＥＴＲＯの理事長のころ、バングラデシュのハシナ首相が訪日されたことがあり、会談の機会があったのでこの話を持ち出してみた。「私が三井物産の役員をしている頃、せっかくお国のためになるプロジェクトを日本の円借款で実施する話が進んでいたのに、政権交代で吹っ飛んでしまったのはきわめて遺憾だった」と言ったのである。首相は「そんなことがありましたか」と言いつつ、「今後ともぜひバングラデシュの発展のために協力してもらいたい、中国や韓国に比べて日本のバングラ進出は出遅れている」とも付言して返事にならない返事をしていた。

バングラデシュのお土産にはピンク色のきれいな真珠がある。ホテルの売店で売っているのだが、実は天然のものなのだ。もちろん日本の御木本などで売られている完璧な形をした真珠とは比べ物にはならないが、ネックレスとしても十分に使用可能であるし、何よりピンクの色が美しい。私と一緒に行ってくれたＭ室長は私がいくつか土産に買うことにしたので、私のために一生懸命値引き交渉をしている。そんなに高いものではないので「もういいよ」と言ったのだが、商社員の交渉は結構厳しいものだ。値段をセットしてお金を払う段になったとき、その真珠を売っているホテルの従業員が「あなた方にとって百円、二百円の値引きは大して大きな意味はないでしょう。でも真珠を採っているバングラの漁民にとっては実に大きなことなのです」というのだ。私は妙に納得してしまって、値引き交渉をしたことにある種の罪悪感を持ったものだ。アラブの国々などでは「もともと値段を吹っかけているからきちっと値引き交渉をしなければだめだ」とか、中国などでは定価で買う人は馬鹿にされるとも聞いていたので、値引き交渉は当たり前のものと思っていたが、それ以来、発展途上国での値引き交渉には気をつけることにしている。

実はこれに先立つ時期、同じような話を経験した。私がパリのＩＥＡに勤務していた一九八二年の夏休みにスペイン旅行に行った時のことである。カタルニアの海岸に陶器の店が並んでおり、なかなか味のあるものがある。結構な数を選んで値引き交渉をした。さほどしつこくやった記憶はないのだが、その店の親父が急に怒り出し、「あんた方に買ってもらう必要はない。売らない」と言い出したのである。結局その店ではみやげ物を買うことができなかった。一緒に行ったパリジェトロで産業調査員をしていたＯさんの奥さんはセンスのいい人で、すばらしい陶器をたくさん選んでいたのだが、売ってやらないといわれ泣く泣くその店を出ざるを得なかった。なんとも後味の悪い出来事だった。

陶器などを作る工芸に携わる人は、それなりの自負があるのだろう。自分が一生懸命作った陶器についてその価値もわからない観光客が意に反する値段の交渉をすることに不愉快な気持ちを抑えられなかったのだと思われる。値引き交渉で注意しなければならないのは発展途上国に限らない。また、交渉の技術も重要なのかもしれない。商品の客観的、主観的価値を理解することも必要だし、売り手に感じが悪く思われないで上手に値引きをさせる技術を身につけなければなるまい。売り手と買い手の双方が満足するというビジネスの実に難しいバランスだ。近江商人の商法で「売り手よし、買い手よし、世間よし」が商売の本質だとの言い伝えがあるらしい。なるほどと思う。

第二章　機械・情報グループ

第一節　プラント・車・情報産業等機械・情報部門の統合（カンパニー制導入の布石）

二〇〇一年一〇月、機械（自動車、船、航空機など）や電機。プラント、情報産業などの本部はまとめて機械情報グループに再編された。このグループは後にカンパニー制を導入するための準備的な組織編成といってよい。引き続き私はこのグループを率いる田代副社長の下で電機・プラントプロジェクト本部長としての仕事を続けた。

（注）田代さんは商社員のモデルのような人で、仕事や部下には厳しい。他方、お客さんにはこの上なく丁寧な人だ。私は田代さんとお客さんのゴルフ接待をするのが苦手だった。自分の至らぬところを痛いほど感じさせられるのだ。たとえば、私はお客さんへのお土産は男性秘書の八木君に、適当に用意しておいて欲しいというだけなのだが、田代さんは違う。八木君を呼びつけてどうしてこんなものにするのかと怒鳴る。厳しく詮索して適当なものを決める。また、ゴルフ場には当然のことだがお客さんの前に到着（このくらいの常識は私にもある）、支度をしてお客さんが車から降りるところを玄関のところでお待ちする。ゴルフ終了後お客さんが帰る際にはお見送りをするのだが、その際お客さ

んの車がつくとサッとかけて行って車のドアを開けてお送りする。これが実に迅速で要領がいい。私は部下でありながら田代さんの動きを見守るのが精いっぱいだ。私が役所から来た人間だから我慢されているのだろうな、物産プロパーの部下だったらどやしつけられるだろうなと何度思ったことかしれない。田代さんは海外出張の時のホテルの選択にも厳しい。レベルも高い。後に私は田代さんの後任として機械、情報グループ全体を見ることになるのだが、海外出張の際、現地の支店長の諸兄が私にホテルについて選択肢を提示しつつ、いちいち伺いを立てて来るのに驚いた。ホテルの選択で田代さんに怒られたのだろうなと思った。後に会長の大橋さん（故人）に「田代さんに随分迷惑をかけたと反省している」旨話した際、大橋さんから、「あの人は物産の中でも特別ですよ」と言われ、何となくほっとした記憶がある。

第二節　三井物産を揺るがした国後事件

1　事件の勃発

年の明けた二〇〇二年は三井物産にとってつらい年であった。いわゆる国後事件の勃発である。四島返還の期待をこめたロシアとの経済協力の一環として、鈴木宗男代議士が北方四島のひとつ国後島に電気を供給する目的でディーゼル発電機の設置を企画したのである。ムネオハウスといわれた施設のディーゼル発電機の納入を巡って入札が行われた。三井物産は当初から有力視されていたようであるが、そこは入札のことでどういう結果になるかはわからない。そこで物産の社員は競争相手の企業（丸紅等）の入札への参加をディスカレッジ、または入札辞退をさせるべく金を払ったというのである。思惑通り物産が落札し、国後島へのディーゼル発電機の納入が行われた。しかしこの入札の不正問題は検察の知るところとなり、三井物産に検察の捜査が入るとの噂が流れた。このような不正入札問題は国の事業を巡って行われた場合には、刑法のいわゆる「談合罪」の対象になるが、私人である「ムネオハウス」の事業なので「偽計業務妨害罪」という罪状で起訴されたのである。刑罰その他は談合罪に準じて適用される。発電機の納入なので私の本部かと思ったのだが、隣の本部である「交通プロジェクト本部」が主導したらしい。

検察の立ち入りの当日、関係本部だけと思ったところ、私の部屋にも検察官が立ち入っておよそ五時間にわたって手帳、名詞、書類などを調べている。最終的には相当量の書類、日誌などを押収された。おそらく交通プロジェクト本部はもっと大変な調査と書類の押収があったに違いない。

そのとき私の秘書の関根さんが検察官に対して、「ちょっと待ってください。明日から仕事ができなくなりますから、予定が書き込んである日誌はコピーさせてください」と言って私の予定を検察官から取り返して、記載してある日程をすべてコピーした。なかなか秘書の何たるかをわきまえた堂々たるものだと感心した。おかげで書類は大量に押収されたが、私のその後の仕事に支障は全く無かった。三か月後に書類がすべて戻されたときには、当局が書類に目を通した形跡は一切無かった。もっとも私の方も三か月も大量の書類を押収されても仕事に何の支障も無かったことから見ると、普段いかに無駄な書類を抱えているものかと改めて感ずるところがあった。

2　事件の後遺症

この事件は物産のマスコミ対応が思い通りにいかず、マスコミの集中砲火を浴び会社に大きな後遺症を残した。関係した社員は逮捕され、有罪判決を受けた。二人の若い社員は会社を解雇された。さらに会長、社長、副社長、それに担当本部長は辞任、退職に追い込まれる等、会社は大きなダメージを受けた。その後、業務部門を担当していた槍田副社長が社長に就任した。

第三節　機械・情報グループ全体の責任者に就任

その年（二〇〇二年）の一〇月、槍田新社長の主導の下、カンパニー制が採用され、私は機械情報グループ全体の「プレジデント」となった。本来田代さんが就くべきポストなのだが、国後事件で引責辞任したあと、適当な人材がいなかったのだろう。この部門は自動車、船、航空機、情報産業をも抱える巨大なグループである。実にさまざまな仕事があるのだが、各部門での仕事（そのすべてを挙げることは難しいが）の主なものはおおよそ次のようなものである。

１　自動車

トヨタ自動車との関係が最重要である。物産はカナダのトヨタの販社をトヨタと五十×五十で株式保有している。また、チリの販社も物産が中心になって販売している。私が後に欧州三井物産に赴任するとき、奥田会長にご挨拶に伺ったら、「物産には大変なところをやらして悪いなあ」と言っておられた。カナダはそんなことはない。もともとトヨタ車の販売のために先駆けて物産がカナダに販社を設立したこともあり、たまたま対等の合弁会社による販売が可能になっている。物産の自動車事業にとって重要地域である。三井物産では重要な取引先との関係強化のために「クライアントオフィサー」（役員レベル）を置くことになり、私はトヨタのクライアントオフィサーになった。要は重要な会社に出入りして御用聞きをするのである。毎月のようにトヨタに通った。新年の挨拶などは、社長や調達部門の担当役員の前には長蛇の列ができており、挨拶をするだけでも大変だ。トヨタ以外にも「東京電力」と「新日鉄」にクライアントオフィサーが配置された。

このほか、自動車部門はヤマハのオートバイ、富士重工の自動車（主としてヨーロッパの一部の国で、富士重工業と合弁の販売会社を設立して車の販売を手掛ける）、更に建機（建設機械）のリース事業などを手がけている。着実に業績を上げている部門だ。

ところで、人間というのは置かれている環境でずいぶんと感じ方が変化をするものだと思った。重要な会社と言われるトヨタ、東電、新日鉄などの会社が実に大きな存在に思えるのである。通産省や国際協力銀行時代にはおよそ抱いたことの無い感情だ。これらメーカーの力こそ商社がビジネスを展開できる根底なのだと思うところがあった。

２　船（印象深い船舶のビジネス）

船舶の商売は、海運会社と造船会社をつなぐビジネスである。きわめて景気に敏感な分野で、海運会社が船を欲しいときにはほとんどのメーカーの船台が空いていない。注文が殺到するからだ。景気が悪くなると全く船が売れなくなる。買い手を捜すのが大変だ。注文してから納入するまでに最低二〜三年はかかる。しかも船価はドル建てときているので為替のリスクが著しく大きい。景気と為替に翻弄される市場である。物産の船舶部門は世界中の造船会社の船台をよく抑えていて、需要と供給を的確にマッチングさせるのである。契約が成立したときに手数料をいただく。本当に爪で拾うような商売だが、メーカーとの人的な関係、海運会社との常時のコンタクトが欠かせない。私も今治造船や三井造船などのメーカーやＭＯＬ、日本郵船、飯野海運などの海運会社とのお付き合いを深めたが、物産の船舶部門のお客さんを大切にする姿勢には感心した。瀬戸内の造船会社には、毎週のように通いつめている。人間関係も深い。立派な商売のやり方だと思うと同時に、これまでしなければビジネスが成り立たないのも大変なことだと思ったものだ。

船のビジネスは国際的だ。後に私が欧州三井物産に赴任して間もなく、ドイツの船会社（オルデンドルフ社）に船を納入することができ、そのお祝いの式典に出向いたことがあった。同社はオーナーであるオルデンドルフ氏が亡くなってしまい、ご夫人が社長を務めていた。この会社は本社がキプロスにあるというので、社長と懇談した際に（もちろん想像はできたが）なぜキプロスに本社を置いているのかを尋ねた。彼女は率直に「税金対策です」という。私が「そうは言っても活動の多くの部分や家族の生活の本拠などがドイツにあれば、税務当局はそうそう簡単には追及を逃れさせてくれないのではないか」とコメントすると、「その通りである。当局の追及は厳しいので、実は会社の本社だけでなく、自分の家も家族もすべてキプロスに移している。息子たちはキプロスから学校に通っているのです」とのことであった。金持ちは様々な対策を考え、まともに税金を払う人は少ないようだ。

ギリシャの船主と船舶の商談をしているときの話だ。彼の言うには、ギリシャでは船会社に対する法人税は免税になっているとのこと。「ギリシャの主要産業である海運業に税金をかけられないというのは政府にとってはつらいのではないか」との私の質問に対してその船主曰く、「もし当局が船会社に税金をかけたら、すべての船主は直ちにギリシャを離れて他の税金の無い国に移ってしまうだろう。ギリシャにとっては大きなロスになる」との返事だった。こういうところからオナシスのような金持ちの船主が出てくるのだろうなと思ったことである。

３　航空機（日本の航空会社に受け入れられなかったエアバス）

物産の航空機ビジネスはあまりうまくいっていない。かつてはマクダネルダグラス社の名機といわれた「ＭＤイレブン機」を専属的に扱っており、かなり大きなビジネスを展開していたようだ。また航空機のリース事業も手がけている。しかし、ダグラス社がボーイングに吸収され、ボーイング社の使っている代理店（日本では日商岩井）に一元化されてしまい、物産はこの代理店ビジネスを失った。さらに二〇〇三年のニューヨークの貿易センタービルへのテロ攻撃以来、航空機の需要が落ち込み、航空会社もリース料を払えなくなった。部門の責任者の私のところに来た手紙には「既存のリース料を三十％に値下げしてくれ（値下げ幅は七十％である）、さもなければ契約は破棄せざるを得ない」といったことが書いてある。いくつもの航空会社から同様の手紙が舞い込んでくる。契約はどうなっていようと払えないものは払えないということらしい。契約は遵守するはずの欧米の企業の強引さとご都合主義には戸惑うばかりだ。

航空機部門の収益は急速に悪化していった。抱えているＭＤイレブンの減損は巨額なものになる。

そういった中で活路を見出すために手がけたのがエアバス社の航空機の販売である。とりわけ完成間際の巨大旅客機「Ａ３８０」の日本の航空会社への販売はエアバス社が強く期待しているところだったので、これを物産としてチャレンジすることにした。しかし、日本の航空会社はなかなかエアバスを採用する気になってくれない。特に大型機は今後の需要の見通し難もあり決断ができないようだ。シンガポールエアーやエミレイツエアー等はドンドン採用している。エアバス社の航空機の採用が難しいのは、航空会社に言わせると、パイロットの訓練設備がボーイング機とダブルになって効率が悪いとか、パイロットはボーイングになれているのでエアバス社の機体は嫌がる等々である。さらに悪いことに、エアバス社の副社長をしていた米国人のリーヒー氏が、日本航空、全日空に行って話した内容が相手を著しく怒らせてしまった。彼は航空会社がすべて同じ社の航空機を使うことはリスクがあり、複数の系列を保有することが安全上も、経済的にも合理的だというのである。この点は調達先を複数持ち、競争させるとともに航空機のいざというときの可能性に備えておくという点で、ある程度正しいと言える。そこまではいいのだが、続いて「そういったリスクを抱え込んだまま経営を続けるのは経営者として失格だ」というようなことを言ったらしい。このせりふには両社の幹部ともカチンときて、「余計なお世話だ」とばかりの剣幕だったという。私もツールーズまで行ってＡ３８０のモックアップ（実物大の模型）を見学した際、何とかこのリーヒー氏の態度を改めさせるべく努力をしたが、結局彼は物産に放り投げるだけで自ら努力をしようとはしなかった。一方ボーイング社は重要顧客たる日本の航空会社を絶対に手放さないとの信念の下に、さまざまなサービスを展開したようだ。中には最初の納入機は安い値段でオファーして後のＯ＆Ｍ（機体の維持、管理など）を通じて徐々に取り戻すといった商法もあったらしい。とにもかくにもこの商売は物産の力不足で、最終的に航空会社かられわれのところにあった連絡は、ボーイング社の納入価格のほうが有利であるとの話だった。かくして私の在任中はエアバスの機体は一機も日本の航空会社に納入することはできなかった。

４　情報産業

この分野は実に多種多様なビジネスにチャレンジしている最中であった。日本ユニシスの社長を務めた島田精一さんは、私が物産に入社した時の直属の上司だったが、この分野で先駆けて様々なチャレンジをしたようだ。ただ、当時この先端分野への挑戦は会社の十分な理解が得られず、かなり可能性のあるプロジェクトが埋没してしまったらしい。中国の携帯電話事業の立ち上げ（これは早い段階で中国側の要請で先方に全面的に持ち分を売却せざるを得なくなったとのこと）、米ユニシスと合弁での日本ユニシスの立ち上げ、通販会社ＱＶＣの合弁、ＴＢＳ，松竹などマスコミ、映画会社との協力事業、スカパーへの出資、セキュリティー会社との合弁、ＮＴＴコミュニケーションズへの出資、その他数えきれないくらいのプロジェクトへの挑戦を行っていた。中でも期待していたのは電力会社の計画していた通信事業への参画である。ＮＴＴに対抗する通信事業者を創設するという大きな目標の下に設立された通信会社（東京電力系は「ＴＴネット」と称していた）には三井、三菱他の商社が巨額の出資をしていた。前述（第一編第六章第四節）したように、これが後に物産の大きな減損になる。

この分野では、外資、あるいはソフトバンクなどスピード感のある企業が続々と参入、改廃、合併、連携を繰り返しながら日本の通信やブロードバンドの世界を急速に前進させることになる。この結果、前述のように電力系の通信事業はほぼ全滅に近い状態に追い込まれるのである。

第四節　再び行わざるを得なかった大減損処理

私の機械情報グループのプレジデント時代は遺憾ながら、航空機、情報産業を中心に大きな減損案件を抱え込むことになった。しかしながら従前の電機・プラントプロジェクト本部長時代と決定的に違った条件があった。それはひとつには国後事件という大事件を経て、会社が世の中に対してオープンにならざるを得ないとの認識が深まっていたことである。一見、決算処理と関係が無さそうなのだが、実はすべての面で会社が正直な対応をする方向になった感じで、これはかなり決算にも関係があることとなのである。この大きな方向を新社長になった槍田さんが牽引した。槍田さんは、就任のあいさつで「いい仕事をすることを心がけること、更に決算も正直に出していこう」との見解を表明していた。第二に銀行の不良債権問題の対応から、一九九〇年代頃から徐々に国全体が損失隠しに厳しくなっており、これまで比較的緩やかだった減損処理に厳しい目が向けられはじめたのである。損を子会社や関係会社に飛ばして本体の決算だけは良く見せるとの方法が、連結決算の徹底により大きく制約され始めた。

新社長の下では、無理な決算をする必要がなくなったというよりすることが難しくなったのである。それよりしばらく前に日産自動車が経営危機に陥り、ルノーの出資を受けた。カルロス・ゴーン氏が社長に就任、日産自動車の大手術を実行して同社がＶ字回復の軌道をたどり始めた。ゴーン氏の手術の内容のひとつは、日産が赤字決算に陥るのを覚悟の上で隠れていた減損要因を思い切って出し尽くしたことにある。こういった大きな減損を可能ならしめるのは、日産に力（ポテンシャル）があるからなのである。稼ぐ力があればこそ、累積の損失を先送りせずに損切りしてしまえば、後は十分な利益を出せるとの会社の実力に対する信頼があるがゆえに減損処理に踏み切れるのだ。大きな出資案件などは直ちに減損をしなくてもいいものもある。しかしできるときに思い切って減損してしまえば、後は稼いだ分だけ利益になる。

機械・情報グループの減損要因は半端ではない規模であった。しかしこのとき前年に大きな減損を計上した電機プラントプロジェクト本部は、赤字決算から大きな黒字決算に転換していた。自動車、船舶部門も大きくはないが着実に黒字を稼いでいる。これらの部門のおかげでグループ全体では赤字に陥るのは避けられたのである。私のグループの大きな減損処理を含んだ決算に対して、コーポレート（会社の本部経営部門）は一言も文句を言わなかった。会社も時代の要請を受け、また新社長の誕生により大きく変わったのである。

機械・情報グループ全体がさえない決算を計上せざるを得ない中で、電機・プラント部隊の仲間が私に対して、「林さん、あなたがいたときに電機・プラント本部の減損を思い切ってやってもらったおかげで、われわれの本部は会社の業績評価がビリから一挙にトップクラス（実際は五段階のうち二番目と記憶している）に上昇し、われわれも久々にかなりのボーナスをいただくことができました」と言って喜んでいた。「君たちの実力があるからだよ」と答えたが、他方、機械情報グループ全体が芳しくない決算だったのと、国後事件によって役員へのボーナスは支払われないか、大きく減額された。もっともこの時期はどこの会社でも役員にまともにボーナスを払える会社は少なかったと思う。アジア危機の後、世界の景気の回復は遅れており、景気回復は二十一世紀に入って数年してから本格的になるのである。

私は後に、自分が電機・プラントプロジェクト本部長になって以降、責任者を務めた間のトータルの減損処理金額を計算してもらった。二〇〇二年三月の決算から、欧州に赴任する前の二〇〇四年三月に至る三年間分である。佐野氏という後に日本ユニシスの経理を担当することになった経理の専門家である好人物であるが、彼によると合計、千三百五十億円とのことである。普通の会社であれば倒産している規模の数字だ。ただ、佐野氏は、「林さん、心配しなくてもいいです。この間のあなたが責任者を勤めた部門のトータルの税引き後の利益は、千五百億円で、わずかながら黒字でしたから」と言ってくれたが、何とも複雑な気持ちであった。

第五節　カンパニー制の導入とその問題点

二〇〇二年の十月に発足したプレジデント制（カンパニー制）は多くの企業が採用したシステムで、各営業部隊に独自の経営責任と自由度を与え、会社として収益を最大にする期待の下に企図された仕組みである。会社の社長のみに集中している責任を分散し、機動的かつ効率的な経営としっかりした内部統制を目指したものともいえる。しかしながら、この制度は思わぬ副次的な問題を起こすことになる。というのは各営業部隊を率いるカンパニープレジデントは、社長への責任を果たすために、自らのところの案件は責任を持って完璧に処理しようとするのである。したがって傘下の営業本部長が社長に直接話を持っていくこと、とりわけ大きな減損案件など好ましくない話を持っていくことを極端に嫌う。この結果、社長は暇になるかもしれないが、重要な情報からはシャットアウトされてしまう結果となるのである。グループの長が毎日のように社長と意見交換をしていればいいのだが、大きなグループになるので処理しなければならない案件は山のようにあり、社長とゆっくり話す時間を見つけるのは簡単ではない。

私はあるとき槍田社長と関西のほうへ出張したことがあった。隣席に座った槍田社長が新幹線の中にある「ウェッジ」という車内誌に目を通されていた。その雑誌には日立の当時の庄山社長のインタビュー記事が載っていた。日立はカンパニー制を採用していたのである。庄山社長は、その前年の電機関係の会社決算が軒並み千億円を超える赤字を出しているのを知り、「同業者は大変だなあ」との感想を抱いたとのこと。しかししばらくたって自社の状況をヒアリングし、衝撃を受けたというのである。各部門のカンパニープレジデントは、悪い話は一切社長に上げずに、懸命に自分で処理している最中とのことで、決算を予想すると、なんと他の電機メーカーと比較しても日立が最悪だったとのことである。なぜこんな状況になるまで自分のところに話が上がってこないのか、もっと早く状況がわかっていれば適切な手が打てたのではないかとの気持ちをぬぐえなかったらしい。この記事は私も興味を持って読んだのだが、隣の槍田社長も相当に感ずるところがあったようだ。もちろんこの記事だけが理由ではないだろうが、三井物産のカンパニー制は翌年四月に廃止された。各営業本部長が直接社長に報告する体制が復活したのである。

この体制はこの体制で複数の営業本部の所管をする役員の機能について議論がある。すべて大事な案件が社長と営業本部長の協議で決まるなら、各営業本部を所管する役員の役割はどういうものになるのかという点である。私の本部長・常務時代、カンパニー制の導入前であるが、上司の田代さんに「三井物産は営業本部の権限が強い、しかしコーポレート（会社の経営）を構成する専務、副社長クラス（すなわち複数の営業本部を所管する役員――カンパニー制のプレジデントに相当する役員）からなる経営会議がすべて大事なことは決定、指示するのでしょうね」と伺ったことがあった。その時の田代さんの返事が振るっている。「林さん、それは違う。大事なことは社長と営業本部長が相談して決めてしまうので、経営会議は「公聴会」のようなものですよ」と自嘲気味に語っていたのを思い出す。確かに私が会社の経営について自ら決定していたと思えるのは、電機・プラントプロジェクト本部長のとき、それに（赤字決算の判断がメインであったが）、グループプレジデントのとき、そして後に赴任することになった「欧州三井物産」の社長時代で、その他の役員時代はダイレクトに経営判断をしたような気はしなかった。社長に報告しようにも、すでに社長には本部長から生の情報があがっていることが多い。ただ、役員としては、各本部の戦略策定に参画すること、決算をまとめることも重要である。顧客との付き合いもあり結構忙しい。営業の問題以外にも、重要な人事、本部長の人事など経営案件もある。ただ、これも自分より社長の方が良く知っているだろうなと思うと、大して報告することはないことになってしまう。役員によっては、自分を飛ばして社長に接触することを厳しく叱責する人もいるようだ。もちろんこれが原則なのだが、緊急の案件は、そうもいかないことがある。もともと会社は「社長がすべてを決す」ということで、カンパニー制の廃止により社長と営業本部長の直接の関係を強化した結果、ますますこの傾向が強くなり、役員は、管轄している部門全体の決算のまとめ、経営会議での議論に加わることのほか、お客さんとの付き合いなどが中心になり、なかなか自らがビジネスを開拓するような仕事をするのは簡単ではなくなってしまった。

第三章　欧州三井物産への転任

第一節　赴任の決定

物産の人事の季節は一月である。一月末のある日、檜田社長が私の部屋に来て、四月から「欧州三井物産」の社長に行ってくれないかとの話をしてきた。私は少々驚いた。このポストは米国三井物産と並んで、物産にとってはかなり重要なポストで自薦他薦もあり、私も部下の有能な人物を欧州の社長に推薦していたからである。さらに私は家内が仕事をしており、公的な仕事（中央労働委員会の公益委員）に縛られていることもあるので家内帯同ができない。商社の海外責任者としては全く不向きなのである。檜田社長にはその旨申し上げた。すると少々驚いたような顔をされ、「ちょっと待って欲しい。大橋会長と相談してくる」と言われて部屋を出られた。その後しばらくして再び部屋に来られ、「大橋さんと相談した結果、奥さんを連れて行かなくとも構わない。大橋さんの話では『小泉首相も奥さんなしでやっている』と言っておられた」というのだ。大体比較の対象があまりに違いすぎると思ったが、人事と言うものはひとつサイクルが切れると全体ががたがたと崩れるものだということは私も痛いほどわかっているので、この人事を受けることにした。振り返ってみると、この欧州三井物産の二年余りはいろいろな意味で私には実に価値あるものであった。家内も大事なお客さんを接遇するために、何回か日本とロンドンを往復した。また、欧州三井物産の管轄範囲も東ヨーロッパ、トルコ、アフリカと広く、この二年間に改めて欧州とアフリカについてビジネスの観点から深く付き合うことができ、貴重な経験であった。

1　ロンドン本社と大陸の本社

私が欧州三井物産に赴任する直前、ロンドンでの生活の準備もあり欧州に出張した。社長から言われていたのは、欧州の本社は大陸にあるのがいいような気がするので、この点も検討して欲しいとの点だった。赴任準備のための欧州出張の際、デュッセルドルフにも寄ったのだが、そこにプラント本部出身の下牧氏がドイツ三井物産の社長として赴任していた。彼は私に対して欧州三井物産のさまざまな問題点や課題をレクチャーしてくれたのだが、その中に欧州本社の大陸への移転問題があった。彼は本店の人事部にもいたことがあり、社長に対して直接意見を言っていたようだ。その中に欧州物産の本店の場所は大陸に移すべきとの意見も入っていたらしい。彼が社長に意見を言ったのだなと想像した。私は彼に対して「自分が赴任して状況を把握してどこがいいか判断をしたい」と話した。この問題は引き続き本店のプレッシャーがかなり強く、私は赴任後しばらくして、当面の対応として、ブリュッセルに欧州三井物産社長の分室を設置することにした。毎月二〜三日ブリュッセルで仕事をする体制を整えたのである。社長室はベルギー物産の社長室に隣接した場所に適当な広さの場所を作ってもらい、パソコンも置かせてもらった。とはいうものの、二〜三日の勤務のために秘書が必要なわけでもなく、仕事という面では席に座ってレクを受けたり、大陸の情勢を確認したりするだけなのだが、このブリュッセルの事務所の大事なところは、欧州・アフリカのビジネスのヘッドクオーターをブリュッセルにおいている日本企業との付き合いなのである。トヨタ自動車やコマツなど物産の付き合いの深い企業が、欧州本部をブリュッセルに置いている。確かにロンドンにいるときより、容易にこれらの企業の幹部との情報交換ができる。

さらに私が感じたのは、ロンドンから見るヨーロッパの景色とブリュッセルから見る景色がかなり違うのである。確かに本店の言うようにヨーロッパ、アフリカは大陸からも見ていく必要があるかもしれないと感ずるところがあった。ただ、言語はフランス語が中心であり、またブリュッセルには拡大ＥＵ（当時二十七カ国）各国の出先があって、スタッフの雇用にはかなりの困難がある。ロンドンもブリュッセルも一長一短があるのだが、私は当分の間、分室体制で対応することにした。私の欧州三井物産の任期中を通じてこの体制で対応した。私の後任者のときは管轄範囲がさらに中東にも拡大したため、大陸への移転の話は沙汰止みになったらしい。

しかし月一度のブリュッセルでの仕事は楽しいものだった。何しろ英国に比べて食事が圧倒的においしい。しかもフランス料理もパリほどしつこくなく日本人には丁度いいのだ。特に当時のベルギー物産の社長の清水氏は大変なグルメで、お客さんを接遇する度に違ったレストランを使う。ブリュッセルには、お客さん対応とＥＵの委員と懇談できるＥＵ代表部大使主催の会合などの際のタイミングにあわせて出かけて行って執務することにしていた。ブリュッセルのビジネスは清水社長の出身元の化学品、それに非鉄、物資（スキー用具や旅行かばん、さらに米国製の自動掃除機〈ルンバ〉もあった）などである。ロンドン以外の支店のビジネスを直接見ることができるのもありがたかった。ブリュッセルでもビジネスは簡単ではなかったが、それでもベルギー物産は、そこそこ利益を出していた支社であった。

２　周辺のサポート体制（社宅、運転手、秘書）

社宅

ロンドンの三井物産社長には社宅がある。私は単身赴任だから街中のマンションのほうが便利なのだが、この社宅は歴史のある社宅でかなり立派なものであった。場所もハムステッドというロンドン市内ではあるが街の北のはずれの由緒ある地区にある。ハムステッドは英国を代表する住宅地で、瀟洒な住宅が並び、中東の王族の住宅もある。インドやロシアのお金持ちの住宅もこのあたりに数多く立地している。歴史的な景観維持を重視する英国の建築規制から、これら昔の面影を残した住宅を建て替えるときは、その外観をそのまま残すことが義務付けられており、よく立て替えている家を見ると、外観はそのままにしてその内側をそっくり建て替えているのだ。ずいぶんと効率の悪い建て方だと思って見ていた。しかしそのおかげで、ハムステッドは百～二百年前の住宅街の姿がそのまま残っている美しい街だ。

社宅は広い。二階部分が私の生活スペースで、一階は会社の社用に使用するスペースとのことだ。これは税金対策らしく、一階と二階を明確に区分して私の住宅分の所得（これは給与に上乗せされ、所得税の対象になるとのこと）を半分にする算段らしい。二階には三つの居室と洗濯室、台所があり、冷蔵庫も置いてある。区分はかなり徹底していて、二階の掃除を担当する人と一階の掃除を担当する人は別の人になっている。掃除以外に洗濯、買い物等私の世話をするのはカルメンという名前のフィリピン人の女性だった。実に働き者ですばらしいお手伝いさんだった。

庭にはきれいな芝生が張ってあり、毎週二度ほど庭師が来て芝刈りをする。この庭師は家の周りの草木も手入れをするので、わが社宅の周りは実に美しい。季節が来るときれいなばらの花が一斉に咲く。色とりどりのばらの咲くのを見て、この庭は、ハムステッドの住宅の中でもかなりレベルの高い庭だと思った。（口絵16）住宅はハムステッドゴルフクラブに隣接しており、時折二番ホールの打球が飛び込んでくる。庭が広いので危ないことはない。九ホールだがかなりの名門コースらしく、外交官や著名な学者等功なり名をとげた人がメンバーになっており、入会審査も厳しいらしい。ただ、このゴルフクラブは隣接する住宅の住人である私の入会は、迷惑をかけているると思ったのだろうか、無審査で受け入れてくれた。ゴルフバッグをトロリーに載せてゴルフ場の裏口から入ると、我が家からティーグランドまで徒歩十分ほどで行ける。私は土、日にはよく朝早くゴルフ場に出かけ一時間半程度でハーフラウンドを回って家に戻り、それから一日がスタートするといった生活を楽しむことができた。

ただ、この社宅の問題点は、オフィスまでかかる時間である。朝七時半に家を出ると約四十分でオフィスに到着できるが、八時に出ると母親たちが小学校に子供たちを送る時間とバッティングして一時間強かかる。さらにこれが八時半出発となると、ロンドン市内の混雑も加わって一時間半もかかってしまう。帰りも夜の混雑が避けられず、どうしても一時間以上かかるのである。通常は毎日さまざまな会合があるので夜は遅くなる。夜の十一時ごろ帰宅して、翌日七時半に出発するのはなかなか容易ではない。私の後任者は街の中央にアパートを借りて、ハムステッドの社宅に住むことはなかった。代わりに英国三井物産社長の河相氏が「自分は犬を買っているから」と言って喜んでこの家の住人になった。

この社宅の隣人は西側がナイジェリア大使公邸、東側がロシア人と聞いたが、植木の伐採などで話をする以外ほとんど付き合いは無かった。一度、われわれの住んでいる通りのイングラムアベニュー（Ingram Avenue）より格が高いとされるビショップスアベニュー（Bishops Avenue）の住人である中東バーレーンの王族の人から招待があり、家内のいるときだったので一緒に家を訪問した。まるで宮殿のように内装を飾った家だった。最近買ったばかりだと言っていたが、道路の交差する十字路の角の家だったので、騒音が気にならないかと聞いたところ、「こういうところのほうがセキュリティー上いいのだ」と言っていた。なるほど日本人とは感覚が違うものだと改めて思ったものだ。

この王族の奥さんは美人だが相当に太っていた。こちらはお返しの招待をしなければと思ったが、何せ単身赴任なので夫妻を呼ぶわけにも行かず失礼してしまった。その後、その王族の人から私の留守中に何回か招待の電話があったようだ。ただ、家内の滞在とタイミングが合わず、その後はお会いすることはなかった。親しく付き合うのも夫婦単位でないと難しいわけだ。その意味で、社交、交際という点では私は商社の海外店のトップとしては失格だったかもしれない。

運転手

私の通勤が大変といっても、私を送り迎えする運転手のポールはさらに大変だ。私を送ってから自宅に戻り、さらに私を七時半に迎えに来る。会社のルールは車を会社に戻して翌日会社に出勤し、車をピックアップして私を迎えに来ることになっているのだが、そのようなことはできないので、ポールには車を自宅に持っていくことを黙認していた。彼の父親も欧州三井物産社長の運転手をしていたという。運転手というよりはバトラー（Butler＝執事）のような存在で、家の管理から、電球の取り替え、その他私の身の回りについて運転の傍ら種々アドバイスをする。

勤務時間は大変だが、社長の出張が多い（およそ三分の一は出張している）ので、その間、適当に骨休めをしていたのだろう。私はあるときポールが毎日六時半ごろ我が家の前に来て待っているのを見て驚いた。「そんなに長時間待たせるのを近所の人に見られると非常識な社長と思われるから七時半に来るように」と言うと、彼は「この時間に来れば道路は空いているがこれより遅れると混雑して時間通り来れないのだ」という。後に判明して驚いたが、ポールは朝五時半ごろ家を出てから夜自分の家に到着するまでの時間を勤務時間として、残業代をつけていたらしい。彼の給料を見て物産の頼んでいる会計士が「私も物産の運転手になりたい」と言ったそうだ。この点、私は是正しようとしたが、歴代欧州物産の社長は気にも止めていなかった点らしく、「慣行になっているので是正は難しい」との法務部の意見であった。ただ、二年目に総務の八木君に頼んで正常化してもらった。ポールは不満を漏らしていた。私は少し細かすぎるのかもしれない。

秘書

秘書はジャッキー（Jacqueline Roast）という。とても有能な秘書でいろいろと助けられた。私の講演の英語の手直しとか、生活の手助けとか実に役に立つ秘書であった。郵貯銀行の社長だった井沢氏（彼は私のグループで情報産業本部長をしていた）が同銀行の社長時代、ロンドン事務所を開いたときリクルートされて、事務所が閉鎖されるまで所長秘書を勤めていた。現在は、三菱東京ＵＦＪ銀行のロンドン支店に勤めているらしい。

ジャッキーはお客さん接待のためのグラインドボーンのオペラのチケットについても、劇場のスタッフとの親しい会話を通じて必要なチケットを確保したり、なにかと気の利いた対応には助けられた。

第二節　欧州三井物産のビジネス（部店独算制→営業本部制へ）

1　準商品本部制の採用

商社の海外店の運営については、それぞれの海外店に独立採算を取らせるやり方（部店独算制）と、商品ごとの本店の営業本部の完全な出先として採算は本店営業本部と一体的に運営する——すなわち支店は独立のアカウントを持たないやり方（営業本部制）について議論があった。多くの商社は欧州支店そのものがアカウントを持たず、本店の各営業本部の出先としての仕事をするやり方を採用していた。このスタイルだと、本店の各営業本部が欧州のビジネスの内容に応じて人員、予算を配布するわけで、欧州の店は一種「下宿の管理人」といった位置づけになる。それでは欧州発のビジネスの発掘につながらない。各国にある現地法人（現法）はその国の実情に通じているはずなので、支社として独自のビジネスの発掘に努めるほうがよりすぐれたビジネスの展開ができるのではないかという発想で、欧州三井物産は「部店独算制」を採用していた。もちろん各現法で得意分野があるので、たとえばイタリア物産では繊維品（ブランドビジネス）、ドイツでは、化学品や機械（口絵18）、ベルギーでは化学品や物資、ロンドンでは為替や商品取引、エネルギーなどを重点的に扱う。しかしながら、いずれのビジネスも日本の営業本部との関係なしには展開できないものが多い。もちろん現場を良く知り尽くしているスタッフが新しいビジネスを開拓する可能性は大いにある。ただ、スタッフの数にも限りがあり、欧州の各国の現法の社員がいくら頑張ってみても、本店の営業本部との協調、協力なしには独自のビジネスを開拓し、拡大するのには限りがある。さらに、各現法の商品担当スタッフはその店としてのビジネス展開を目指さざるを得ないので、同じ商品でも各国現法間の連絡、協調は実践してはいるものの、制度としてはそれを想定していないのでなかなかやりにくい。

そこで私は、他の商社のような完全な商品本部制ではなく、欧州三井物産としての独立採算は維持しつつ、欧州全域を通じての商品ごとの本部制を採用することにした。欧州本部に商品ごとの責任者（ＤＯＯ——Divisional Operating Officer と山内業務部長が命名した）を任命し、欧州三井物産社長の直接の指揮下に置く。そして各ＤＯＯは商品ごとの事業計画、営業成績を欧州三井物産社長に直接報告する義務を負うことにしたのである。ただこのスキームは欧州のように国が分断されている地域ではあまり簡単ではない。会計処理の方式や、利益に対する課税の方式が各国ごとにバラバラだからである。この統一は相当な力仕事だった。各国からの決算の報告を眺めながら、各現地法人の決算を足し算していればよかった状況に比べて、ハーモナイズするためには大変な作業が必要なものだと気の遠くなる思いがしたものだ。山内部長の後任の田中規誉業務部長以下経理のスタッフは実に大変だったと思う。ＥＵの創設で各国の経理処理などはもう少し統一されていたと思ったが、実情はかなり各国の独自性を残したものだ。

２　ＥＵ委員との懇談

この当時、ブリュッセルのＥＵ代表部大使が時折ＥＵ委員を招いて、ＥＵ地域にいる日本人ビジネスマンとの昼食懇談会を開催してくれていた。私も招かれて何度か参加した。参加者はブリュッセル駐在の日本企業の代表者が多かったのだが、大使（当初は朝海大使、ついで河村大使）はわざわざ英国から参加しているというので、私にはかなり特別の待遇を与えてくれた。特別の待遇とは、同時に招いたＥＵ委員の隣の席に私の席を設けてくれたのである。これは実にありがたいことで、英国にいたのでは会うことさえチャンスの無いＥＵの委員と直接意見交換ができるのである。

二〇〇五年の昼食会で、私は、ＥＵ統一の責任者であるボルゲシュタイン委員（オランダ出身）の隣席で意見交換をする機会に恵まれた。

私が委員に言ったのは、ＥＵ域内での日本企業の経営上、いろいろな問題があるのだが、とり

わけ三点についてＥＵとしてハーモナイズを早急に検討してもらいたいとの点である。その三点とは、

第一に会社法の統一である。この点は欧州全体で統一決算をする場合にも必要な条件である。実はこの時には、ＥＵとして統一会社法を制定していて、企業は各国の会社法でも、統一会社法でもいずれをも選べることになっていた。したがってこの点はむしろ評価するが、各国の会社法が残っているために混乱しており、各国の会社法は廃止の方向で努力してもらいたいということだ。

第二は労働法制の統一である。各国ごとに労働法上の義務や慣行が異なり、特に解雇のルールがバラバラなので、社員の域内人事の流動化のために、この点も統一を考えて欲しいとの点である。ただ、この問題は各国の事情もあり、私もその統一は簡単ではないと認識はしていた。

第三に、税制である。この点は私の会社がＥＵ各国を通じて統一経理を行う上でもっとも苦しんでいる点で、是非税法の早期統一をお願いしたいとの三点を要望したのである。

委員はこれらの点についてかなり誠意ある返答をしてくれた。しかし事が税法の話になると急に構えて、「税金は主権の問題が絡む」と言うのである。私は「主権の問題を乗り越えてＥＵとして統一を目指すのが委員の責務ではないのですか。税法の完全統一以前にもできることはあるのではないでしょうか。たとえば鉄道の料金ではどこでチケットを買っても、あとの各国の鉄道会社間の配分は、チケットを買った人ではなく、鉄道会社間で調整するようになっていますよね。

税問題も、ＥＵどこの国でまとめて支払ってもＥＵ統一の税収として、あとは各国の税務当局間の話し合いで解決することはできないものでしょうか。現在は（とりわけ特定の国の本社に決算を統一している場合には）、各国ごとに企業が大変な負担を負って調整せざるを得ない状況なので、これを改めていただけるとありがたいのです」と言ったところ、ボルゲシュタイン委員は、「自分はあと三か月で委員を退任する。この問題は私の後任の委員に言って欲しい」と言うのである。税制の統一は困難なことは理解するが、ＥＵ統一も先の長い話だと改めて感じた次第である。

欧州三井物産の営業本部制は私の後任者の阿部氏に引き継がれた。ただ彼はＤＯＯ制をさらに深化させて、各国にいたＤＯＯ（私は、その国の特徴あるビジネスも見させるという発想で、現法社長をかねてそのまま各国においていたのだが）をすべてロンドンの社長の下に集めた。

この結果、部店独算制は完全に終焉を迎えたのである。私は部店独算制のいいところも若干は残したいと思い、先に述べたような対応をした。ＤＯＯとして主要物資の所管を任され、併せて当該国の現法社長としてビジネスを従来どおり続けられるので、制度の変更には割合に適応しやすかったと思うが、営業本部制の徹底という観点からすると、扱う商品によってはＤＯＯと現法社長の二重統治になる分野が出てくるという点で改革が少し中途半端だったかもしれない。私の時代には社員の人間的に良好な関係もあり、「準商品本部制」は完全商品本部制への過渡期の制度として比較的うまく機能したのである。

第三節　中東欧・アフリカ諸国との関係

1　トルコ

西ヨーロッパのビジネスが先細る中、われわれの欧州ビジネスの重点は次第に、トルコや東ヨーロッパにシフトして行った。トルコの経済は地元の財閥の力が強く、彼らとの連携なしにはなかなかビジネスがうまく進まない。コチとかサバンチとか有名な財閥がトルコの経済を支配しているのである。三井物産はサバンチ財閥と船の商売を手がけていた。当時、船舶需要は旺盛で、なかなか船台が空いておらず、世界の船台と船の供給可能性を的確に把握している物産の船舶部隊の価値は高かった。船舶のビジネスを巡って、あるときヤルチン・サバンチ氏の私邸に招かれた。ボスポラス海峡のアジア側の沿岸にある豪邸で、最近購入したとのことだ。まだ完全に家具や調度がそろってはいなかったが、すごい家だと思った。サバンチ氏が言うには「ボスポラス海峡沿岸の家はトルコではもっとも価値がある資産である。とりわけ東のアジア側の――西に向いている――家が価値がある」という。彼の家はアジア側で西向きである。ヨーロッパ側の海岸の家が背景の夕日に照らされて美しい。その日は沿岸のレストランまで彼のボートで行って食事をし、帰りは同じく彼のボートでボスポラスのヨーロッパ側にある私のホテル（ケンピンスキー）まで送ってもらった。

トルコは大変なポテンシャルを持った国であり、私も大きな期待を寄せていた。しかしながらビジネスは著しく難しい国である。私の欧州三井物産の社長時代、トルコ物産のキャッシュフローが回らなくなり、増資をせざるを得なかった。私の欧州時代に増資をせざるを得なかった唯一の現地法人であった。増資を頼まざるを得ないというのは企業の社員、とりわけ現法社長にとってはつらいことで、当時のA氏はいつまでも私に「申し訳ありませんでした」と謝っていた。増資をするには本店の了解が必要ではあるものの、当時の欧州三井物産は自らの懐から問題なく増資に応えることができた。

〈コラム〉トルコのエルドゥアン首相

トルコについてもう一つ思い出がある。

欧州三井物産社長時代、私はトルコのエルドゥアン首相（現大統領）の下に設置されていた「投資委員会」のメンバーに選任されていた。一年に一回ではあるが、首相や主要閣僚の陪席の下におよそ二十人の世界各地から選ばれたビジネスマンが、トルコの外資導入についてのアドバイスをするのである。私は二年間にわたって二度委員会に出席したが、二度ともおよそ六〜七時間の会合にエルドゥアン首相は終始席についたまま真剣に我々の話を聞いていた。現在、大統領に就任し、オスマントルコの復活を思い起こさせるとの印象さえ与えている指導者として、その独裁色には内外で様々な議論を呼んでいるが、当時私は随分真面目で謙虚な首相もいるものだと感心した。委員会の席で私は、日本企業の共通の問題であるビザ発給問題を取り上げた。

「この場では、どうすればトルコに投資ができるかとの議論をしている。私どもトルコ駐在の日本企業はトルコへの投資を促進すべく頑張っているのだが、多くの日本企業のトルコ駐在社員のビザが更新されていない。例えばわがトルコ三井物産社長のビザは随分前に申請しているのだが、更新手続きがいまだに行われず、現在社長は『違法駐在』の形になってしまっている。トルコへの投資促進を進めるためにはこのような基本的なところをしっかりと対応していただきたい」と発言した。在トルコ日本商工会議所の会員企業の要望を代弁したわけだ。

（注）いずこの国においても外国人の入国ビザ、とりわけ労働を伴うビザの発給は「自国民の代替できない労働について許可される」のが原則になっていることが多く、したがってビザ申請に対してもその点の審査を厳密に行うと、企業の駐在員のビザ発給については相当に時間がかかることになってしまう。

ところが、驚いたことに、委員会の当日から二〜三日の間に、一人を除いて、トルコ三井物産の日本人社員全員のビザが更新されたとのこと。エルドゥアン首相の鶴の一声があったに違いない。ビザ担当部局は山のように滞留していた申請書類の中から三井物産の社員の分を抜き出して手続きしたらしい。さぞかし大変だっただろう。一人は見落としたのだろう。それ自体はありがたいと思う半面、日本企業全体でなくて三井物産社員だけビザの更新が行われても戸惑うばかりだった。

トルコは現在極めて難しい立場に置かれている。私が投資委員会の委員を務めている間は、何とかＥＵへの加盟を果たしたいというので大会を開いたり、ＥＵ加盟担当大臣を設置したりしていた。（口絵19）しかし二〇一六年時点でＥＵ加盟は絶望的になり、国内のクーデター騒ぎもあり、複雑な中東情勢のど真ん中に位置づけられているほか、クルド民族との関係、シリア情勢、ほぼ一掃されたとされるＩＳの残党との関係も混とんとしている。さらにロシアとの関係、難民を巡るＥＵとのやりとり、更にはＮＡＴＯを巡る米国との相克も絡んで大国との関係も極めて微妙なものとなっている。この親日的な中東の大国が安定を取り戻し、着実な経済発展の道を歩んでほしいと思うのは、私ばかりではないだろう。

私は、個人にあるように、会社にも謙虚な時期と、業績が向上したことで天狗になる時期があるような気がする。どんなに業績が良くなっても謙虚さを維持している企業もある。

不思議なことに、私が謙虚さを失いつつあると思った企業の多くは、その後徐々に凋落していく感じがした。もちろん謙虚さというのは企業の問題もさることながら、個人の問題であることが多い。ただ、企業の姿勢は何とはなしに従業員にも伝わってしまうものだ。天を突くばかりの業績を上げている企業でありながら、謙虚さを維持するのは簡単なことではない。どうしても取引先や顧客との関係で自社の力を背景に発言することが多くなる。個人においてもこの点は同じことだろう。力を得たらそれなりに、自分の立場で少しでも人様や社会のために尽くすという姿勢を企業も個人も維持できるかどうか、それが企業の格であり個人の人格（人徳）でもあるともいえる。

2　スロベニア（ブレドのビジネススクール）

スロベニアにブレドというところがある。湖のほとりの小さな美しい街である。そこにビジネススクールがあり、その校長先生がダニカ・プルグ（Danica Purg）さんという女性だった。この学校には永田宏さんが欧州三井物産の社長であったころから化学品部門の若い研修生を送っていた。研修生がとても優秀だったこともあってプルグさんは、これを高く評価しており、私が欧州に赴任する前に三井物産に挨拶に来られた。私の社長時代も化学品部門が研修生を出してくれていた。

このビジネススクールは意外な効用があった。ビジネススクールの授業のほか、市場経済に移行する過程にあった東ヨーロッパ諸国の政府の役人の研修を行っていたのである。東欧各国からはかなりハイレベルの高官が学びに来る。プルグさんの目的は、欧米流の役人の心得を学ばせることにあり、主たる目的は「ガバナンスの心得」（すなわち彼らに汚職を戒めるなど）を勉強させることにあった。プルグさんからヨーロッパで操業する企業に対して、この東ヨーロッパの高官たちに対する教育のための講座創設への寄付を要請された。私は、快く寄付に応じた。その見返りとして授業への参加、寄付をした企業と東欧諸国の高官との意見交換をするレセプション、ブレドの視察などのプログラムを用意してくれた。彼女は東欧諸国には相当のプレゼンスがあり、大臣クラスの高官でも彼女の紹介で会うことができる。もちろん時間の余裕もなく、ビジネススクールの授業にはほとんど出られないのだが、私も一泊でブレドを訪問、授業の様子を見学させてもらう一方で、東ヨーロッパ各国の政府の高官や欧州の企業の皆さんとの夕食会で意義のある意見交換ができた。

ある日の夕食会の時、私の隣に座ったのがオーストリアのエンジニアリング会社ヴァンテック（VANTEC）の副社長をしているという女性であった。オーストリアの企業としては隣接する東欧諸国の健全な市場経済化には一方ならぬ関心があるに違いない。彼女もきわめて真剣であった。会話の中で私が「エンジニアリング会社で女性が副社長を勤めるのは容易なことではないのではないか」と聞いたところ、「そのとおりなのだが」と前置きして、「実は自分の主人はロシア人である。二人の子供がいるのだが、主人にはあまりいい仕事がない（ロシア人のせいかもしれないと思ったが）。主人と話し合った結果、自分が仕事をして主人が子供の面倒を見るというのが一番わが家族にとっては望ましいとの結論になった」とのこと。彼女の率直な言い振りに驚くと同時に、このような選択をするオーストリアの人たちの国際性、柔軟性にも感心した。ブレドのビジネススクールは私にとってもとても学ぶところの多かった場所だった。

3　アルジェリア

欧州三井物産の北アフリカの管轄国の中で、これまではフランス物産が扱っていたモロッコの「リン鉱石」が主要な商品だったが、このビジネスは私の赴任時にはほとんど失われていた。南太平洋の鉱石産出国に移ってしまっていたのである。ただ、モロッコの支店は維持しており、かなり優秀な現地のナショナルスタッフがいた。また、資源国であるリビアに対してはプラント部門が新しく事務所を置き、駐在員を一人張り付けていた。残るはアルジェリアである。このエネルギーの豊かな国は、かつて選挙を実施したもののイスラム原理主義政党の勝利するところとなったため、これを危惧したブーテフリカ大統領が選挙結果を無視して政権を把握し、独裁政権を築いたため欧米諸国から厳しい目を向けられていた。この点に関しては元アルジェリア大使の渡辺伸さん（故人）が「アルジェリア危機の十年」というまさに危機のアルジェリアを再現し、分析、評価した本を出版しておられ、私も大使の「欧米諸国の批判は必ずしも適切でない」との批判に同感するところがあった。しかしアルジェリアのビジネスはチャレンジしたいのだが、簡単ではない。すでに商社は「伊藤忠商事」、エンジニアリング企業としては「日揮」が同国の奥深くまで食い込んでおり、独占状態であった。そういった中で欧州三井物産の船舶部門がマレーシアの「アメリカンイーグルタンカー」と共同して、アルジェリア向けにＬＮＧ船とその長期オペレーションを受注することに成功した。また、エネルギー部門がアルジェリア産のガスをスポットで、韓国や日本の電力会社に売り込む契約を受注した。

私はこの受注を機会に欧州三井物産の総力を上げてアルジェリアのビジネスチャンスを開拓したいと思った。たまたまアルジェリアの支店長の山下氏が船舶部門の出身で、実に顧客対応の見事な人物であった。私はロンドンをはじめドイツ、フランス、ベルギー、イタリアなどの現法社長を引き連れてアルジェリアに乗り込んだ。そこで主としてアルジェリアのエネルギー公社「ソナトラック」（SONATRACH）の幹部に対して三井物産が貢献できる分野の説明をさせてもらったのである。ソナトラックの総裁はきわめて友好的であった。おそらく複数の会社が競ってアルジェリアのマーケットに関心を示すことは同国にとっても意味のあることと考えたのだろう。その後私はアルジェリアに何度か足を運んだ。たまたま当時の大使が「浦辺彬」氏で私の大学時代の友人だったこともあり、大使も歓迎してくれた。一方で、山下支店長の客対応には感心した。彼の仲介で私はいつの間にかソナトラック総裁の親しい友人ということになり、総裁がロンドンに来たときは必ずアポイントが入っているのだ。商売というのはこうやって食い込んでいくものかと改めて学ぶところがあった。

あるとき、昼時にタンカーの契約のお祝いのレセプションがあった。ところがこの時間が突然ラマダンの開始のタイミングに重なってしまった。ラマダンの開始というのはあらかじめ決まった時間ではなく、聖職者が天（月の状況）と相談の上宣言するらしい。せっかく用意されたお祝いの食事はすべて手をつけることができなくなってしまった。しかし山下支店長は全く動じることはなかった。われわれ全員を自宅に招いて、直ちにエプロンをつけ「天ぷらそば」を用意したのである。彼は単身赴任とはいえ、その手際の良さに驚いた。商社員というのはこういうものかと感じ入った。

後にアフリカ支店を大々的に整理する段階で、私はアルジェリア支店は残すことにした。スタッフの質はモロッコ支店のほうが上のような気がしたが、アルジェリアのポテンシャルを無視できなかったのだ。私が欧州を去るに当たってアルジェの店を訪れたとき、スタッフの皆さんからアルジェ湾の絵をプレゼントされたのには感動した。日の当たらなかったアルジェに欧州三井物産が総出でビジネスを追求したことに、ナショナルスタッフは喜んでくれたらしい。ただ、アルジェリアとのビジネスは当初のガスのスポット契約、それにタンカーの契約後は、化学プラントのビジネスなどいい線まで行ったのだが、成就することはできなかった。そうこうするうちにわが親しい（？）友人のソナトラックの総裁が失脚してしまい、アルジェリアでのビジネスの展開は難しくなってしまった。その後アルジェリアで展開していた日揮や伊藤忠のプロジェクトも工事の遅延に伴うコストオーバーラン、さらにはイナメナスでのテロ事件での多くの犠牲者が出るなど、この地で活動していた日本企業は多大の困難に直面してしまうのである。

4　ロシアとのエネルギー交渉

ロシア、ＣＩＳは、欧州三井物産の管轄地域ではない。本店の方はモスクワを含めロシアの西側は東京から見るのではいかにも遠いので、欧州に管轄して欲しいとの感じではあったが、私自身欧州アフリカで手いっぱいで、無理だと思った。本店は中東も欧州の管轄にしたいと思っているのである。私の後任者のときに中東もＣＩＳも管轄することになったらしい。

しかし管轄はしていなくとも、本店からモスクワに用事があって飛んでくるときは、欧州のビジネスとも関係があるとの理由で、私が動員されることがあった。資源・エネルギー担当の籾井副社長がモスクワに来てガスプロムのミレル総裁と会談するというので私も立ち会うことになったこともある。

八月のある夕刻、私のところにモスクワにいるシェルの役員から電話が入った。サハリンのガス開発の話という。電話を取って相手の話を聞いて飛び上がるほど驚いた。要はサハリンのプロジェクトにかかる経費が大幅なコストオーバーランをきたしてしまい、当初の計画（およそ一兆円）に比してその倍にもなるというのだ。彼はその理由も言わず、是非了解して欲しいという。

私はその役員に、「サハリンのプロジェクトは本店が直接扱っているのだから本店の方に連絡を取って欲しい」と返したのだが、本人曰く「本店に連絡しているのだが連絡が取れない」とのこと。東京の時間は零時に近い、オフィスに誰もいるわけはない。ただこのような重大案件を私がボールを握ったままでいるわけにはいかない。相手には是非引き続き本店の方と連絡を取るように言った上で、こちらも連絡を取る努力はする旨話した。私はたまたま秘書室にいた社長秘書と連絡を取り、槍田社長の自宅に電話をした。シェルからの話を伝えると槍田社長は特段驚いた様子はなく、ついに来たかとの感じであった。そのような話はすでに流れていたのだろう。次いでエネルギー部門の本部長の飯尾氏に連絡した。彼は夏休み中でどこかに行っていたらしい。翌日すぐに会社に戻って対応するとのことであった。本店の責任者にバトンタッチしてほっとした。それにしても一兆円が二兆円に簡単に跳ね上がるとは信じられないコストオーバーランだ。エネルギーの世界はダイナミックであると同時に実に乱暴な世界だ。

5　アフリカ支店の整理

アフリカ支店の仕事と位置づけ

欧州三井物産の社長として頭を悩ましたのが、所管しているアフリカの店である。アフリカはいかにポテンシャルがあるといっても、多くの店を維持するのは簡単ではない。そもそも商社にとってアフリカの商売というのは、最近でこそアフリカの発展によりさまざまなビジネスチャンスが生まれてきているといえるのかもしれないが、当時は、経済協力案件のインフラ事業を別とすれば、①資源、②車、③タイヤ、の三つを除くとほとんどビジネスにならない状況だった。経済協力案件はアフリカ諸国の債務返済が滞っている国が多く、あまり案件が無い。車やタイヤは、自動車メーカーやタイヤメーカーの代理店にでも指名してもらわない限り、商社独自のビジネス分野は無い。たとえば三菱自動車を扱っている三菱商事のように自動車の販売を手がけることができれば事情は大分違うのだが、メーカーが直接販売をすることが多く、私が欧州アフリカを担当していたときには、私どものような商社を販売代理店として使ってくれるメーカーはほとんど無かった。数少ない例外は、ヤマハのオートバイ、そして富士重工のスバルのイタリア、オーストリアなど限定された地域での販売代理店の仕事であった。スバルの販売は好調なのだが、スバルイタリアは本店（自動車部）と富士重工の子会社になっており、欧州三井物産は関係がほとんどない。私どもが代理店を任されていた英国でのヤマハのオートバイ販売は苦戦が続いていた。

資源のビジネスは、鉱区の利権取得に投資することにより開発、生産段階に参加する必要があるが、投資規模が大きくなるので、本店扱いになり、欧州三井物産が直接できるプロジェクトはまず無い。本店でさえ資源投資といっても自らリスクをとって開発をするプロジェクトはほとんどなく（例外はパートナーの離脱により三井・三菱で外資分の過半の出資をすることになったサハリンのガスプロジェクトである）、多くのプロジェクトではメジャーが手を付けたものにマイナーなシェアで参加するケースが多い。それでも巨額の資金を必要とするので、欧州三井物産の懐勘定では独自に資源のプロジェクトの利権を取得するのは無理である。ただ、前述のように私の在任中にエネルギーの世界で、アルジェリアの天然ガスがスポット市場に出てくることがあり、エネルギー担当の社員がバイヤー（韓国や日本の電力会社）を探してきてこれをつなぐという商売をいくつか契約することができた。このほかは、ナイジェリアでささやかにゴマの輸出、ケニアではゴマやカテキン用茶葉の輸出、また小規模に化学品のビジネスをやっていたくらいである。以前はナイジェリアの石油製品の輸入販売をロンドンで手掛けており、かなり大きなビジネスだったのだが、コンプライアンス問題が深刻になり、物産はこの商売から手を引いた。一時フランス物産の主力ビジネスであったモロッコのリン鉱石の輸入販売も、南太平洋のリン鉱石に取って代わられてしまい先細っていた。しかも欧州三井物産は、独立のアカウントを持たされており、欧州・アフリカ全体として採算を取らなければならない。要するに黒字にする必要があるのだ。

アフリカ支店整理の方針と本店の経営会議

私は欧州の経営会議（ＭＣ-Management Committee）で、田中業務部長と相談の上、次のように話した。「現在の欧州三井物産の採算状況からすると、アフリカの支店は大幅に整理せざるを得ない。今後プラントやガスのビジネスを期待できるアルジェリアと資源のビジネスの可能性が依然として大きい南アを残して、その他の支店は全部整理したい。ただ私も日本政府の一員だったこともあり、長い目で見ればポテンシャルが大きいサブサハラにひとつも支店がなくなるというのはまずいと思う。おそらくわれわれがこういう提案をすると、本社の経営会議では、『ケニアぐらいは支店を残しておいたらどうか』との意見が必ず出るだろうから、その線に乗って本社の支援を取り付けた上でサブサハラの支店をケニアあたりに残そうと思う」。ＭＣの皆さんは、私のこの意見に異存が無かったので、私は参謀役を勤めてくれていた業務部長の田中規誉氏と、この整理案を携えて本社の経営会議に臨んだ。

しかし本社の経営会議は私の予想したのとは全く異なる展開を見せた。私がこの提案をすると、二〜三人の経営会議メンバーから、「それは結構な案ではないか」との発言なのである。思わず「アフリカのポテンシャルを考えると、長い目で見ればいろいろな議論はあるとは思うのですが……」と発言すると「また必要が出たらいつでも作ればいい。赤字垂れ流しの支店を無理に維持することは無い」との意見が主流で、アフリカの支店は原案通り整理することになってしまった。会議が終わった後、後ろで傍聴していた田中業務部長が、「残せという話はひとつも出なかったですね」と言うから、思わず「がっかりしてしまったよ」と返した。私のひねったような役人の論理は、商社の経営陣の前では全く通じなかった。経営会議でこちらの提案どおり認めてもらったのだから、本来喜ばなければならないのだろうが。

その後私の補佐役の八木君がナイジェリアやケニアに行ったり、優秀な社員が何人もいたモロッコの支店を順次整理していった。ずいぶんと大変だっただろう。彼は「私は慣れていますので」と文句ひとつ言わずにきれいに整理してくれた。感謝している。

アフリカ支店の復活

我々がこのようなリストラをしてから十年近くたったころ、アフリカの成長を受けて、再び支店網などを拡充することになった。現在、当時残したアルジェ支店、ヨハネスの南アフリカ物産に加えて、ナイロビ支店が復活、そのほか駐在員事務所（支店と異なり、法人格や勘定「アカウント」は持たず連絡事務所的な機能を持つ）として、物産が権益を取得したモザンビークで天然ガスの開発、生産を推進する役割を持つマプート事務所に加え、カサブランカ（モロッコ）、アクラ（ガーナ）の各地域に事務所を設置している。商社の機動性を見る思いだ。

第四節　欧州三井物産の業績評価

企業は各営業部門の業績を評価し、その部隊へのボーナスを決める。ボーナスの多寡次第では家庭紛争のタネにもなるという。それほど大きな差があるようなのだ。私が三井物産に入社した時（二〇〇〇年）は、この会社にとっては試練の時だった。とりわけ私の所属していたプラント部隊は大きな減損案件をいくつも抱え、利益もほとんど計上できなかったため、担当役員のボーナスは言うまでもないが、社員に対するボーナスも他の営業本部に比してさびしいものだったようだ。一年後に経営会議で決まったボーナスの方式は、会社がどん底から這い上がるために、高い業績を上げた部門に対しては一段とボーナスを支給するというかなり思い切った制度変更であった。その際社員と役員は明確に差別して、社員はおよそ六割程度は変動しない部分として最低保証をする代わり、役員の方は根っこから業績連動を適用する仕組みとなった。役員の基本給が高いのでこのような仕組みでボーナスがほとんどない状況でも私自身さほど感ずるところはなかったのだが、役員間では好業績部門とそうでない部門の間には相当に大きな差があったらしい。

欧州三井物産は低収益に悩んでいたので、あまり期待はできなかったのだが、私の前任者の荘司さんがある程度不良債権の整理を進めてくれたのと、私が赴任した二〇〇四年頃には世界経済が復調の兆しを見せ始め、ヨーロッパも成長軌道に乗りつつあったため、大した数字ではなかったのだが、私の就任した年度にはある程度の利益を計上することができた。

この年は三井物産の第三番目の不祥事「東京都のディーゼル排ガス装置のデータ改ざん事件」があり（一番目は「中国贈賄事件」、二番目は「国後事件」）、本店の役員は全員ボーナス返上と聞いた。私は外国にいてそれなりのボーナスをいただいたので申し訳ない気持ちもあり、その年に発足した「三井物産環境基金」に相当額の寄付をした。基金発足のタイミングだったので担当者は喜んでくれたらしい。

二年目の二〇〇五年度はさらに好調だったのと、営業本部制を敷いた途端、各支店に留保されていた資金が欧州三井物産に還流したこともあり、予想以上の業績を上げることができた。部店独算制の時には、各支店は若干の活動費をため込んでいたらしい。

この利益と、欧州三井物産の営業本部制への体制改革を結び付け、本店の経営企画部門の中井氏と欧州物産の田中業務部長が、欧州の業績を実に上手に経営会議に説明したらしい。驚いたことに、二年目の業績評価で欧州三井物産が物産全体の三十営業部門の中でトップの評価を得たというのだ。その年のボーナスは私の予想を超える額になった。そういえば私が欧州に赴任した時に業績評価が一挙に向上したプラント部隊の仲間が、喜んで私の歓送会をやってくれたのを思い出した。「林さんには申し訳ないですね。我々が業績の回復の恩恵を受けている中で引き続き赤字部門を担当されているので……」と言っていた社員の話を思い出した。業績回復の恩恵とはこういう意味であったのかと感ずるところがあった。

利益の額そのものは、鉄鋼原料やエネルギー部門に比べるべくもなく、これら高収益部門の社員は「なぜ欧州三井物産がトップの業績評価なのか」と不満をもらす向きもあったと聞いているが、会社は数字（定量評価）だけでなくかなり大きな割合を定性評価にあてていたので、その面で我々の改革が有利に作用したのかもしれない。理由はともかく、私が物産で最後に担当した営業部隊の評価がこのように高い評価だったのは、ボーナスの金額以上に私にとって大きな名誉であり、とても感激した。ちなみにこの欧州の制度改革案は、他の地域にもモデルとして波及したと聞いた。

第四章　三井物産退任

第一節　欧州三井物産社長退任と顧問への就任

二〇〇六年三月末に私の欧州三井物産社長の任期が終了した。後任者がハムステッドの社宅に住まないというので、そこに住むことに決めていた河相英国三井物産社長には申し訳なかったのだが、私は帰国を五月末に設定し、その間、英国を楽しむことにした。もっとも社長交代パーティーとか関係者への挨拶とか引き継ぎの行事があり、四月一杯は何かと忙しかったので、実際は五月の二週間ほどが私のもっとも気楽なかつ素晴らしい静養の時期になった。ロンドンの近傍への車での旅、そしてロイヤルオペラハウスの年間契約の締結交渉、更にはオペラ見物など、やりたかったことをいくつかやらせてもらった。そして五月の末に帰国した。

本店に戻って具体的な業務の責任の無い「顧問」に就任、私の三井物産における仕事は終了した。欧州時代にお世話になった会社に一連のご挨拶を済ませ、比較的時間の余裕のある顧問の生活に入った。

私は主として対外活動に精を出した。経団連の委員会、同友会、そして各種の研究会である。物産の社員は忙しくてこの種の会議や会合にあまり顔を出すことはない。比較的暇な顧問がこの点を補完することは会社のために意味のあることと思ったのだ。

顧問の時に経済産業省の先輩の岡松壯三郎さんが企画した北アフリカ諸国のミッションに参加してほしいとの要請を受け、丸紅の顧問をしていた通産省同期の桑原君と参加した。欧州三井物産時代の管轄地域であるが、商売の責任がある立場とは違って物事を客観的に眺められる。とても勉強になった。ミッションの仲間は今でも年に一度の会合を開き、アラブの春以来、様変わりになった北アフリカの状況について意見交換をする。

第二節　突然のジェトロ理事長就任の話

二年間の三井物産顧問のゆったりした期間を過ごすつもりでいた二〇〇七年年初のある日、急にＪＥＴＲＯの理事長に就任するとの話が持ち上がった。私は二〇〇七年四月からある大学の教授の職に就くことを頼まれていた。しかし、ＪＥＴＲＯの理事長は重要ポストで、自分がこのようなポストに任命されることは大変名誉なことである。

二〇〇七年四月一日に時の甘利通産大臣から辞令を頂き、私はＪＥＴＲＯ理事長に就任した。

突然のＪＥＴＲＯ理事長の話だったので、私にとっては少々残念なことがあった。その年の五月の連休中に昔から是非行ってみたかった中国奥地――シルクロードの諸都市――を巡る旅に家内と二人で行く予定で申し込みをしていた。ちょっと贅沢な旅で、十日あまりで、敦煌や楼蘭、西安、トルファンなどを巡る最高の旅だ。当時は日本と中国との関係もとても良く、素晴らしい旅を期待していた。ただ、連休中は大臣が国会に拘束されないで仕事ができる時期で、多くの場合海外出張の計画が入る。理事長就任が本決まりになったころ、私は当時ＪＥＴＲＯの理事長だった渡辺さんに恐る恐る電話をして大臣が出張する可能性があるのか、その出張にＪＥＴＲＯ理事長がお供をする必要があるのかを確かめた。渡辺修さんは総理が中東、経産大臣も中東及びＣＩＳの国々を周る予定で、いずれの出張にもＪＥＴＲＯ理事長の随行が求められているという。現地で日本から同行する財界人を交えて、総理と経産大臣がそれぞれ主宰するセミナーを開催することも予定されており、ＪＥＴＲＯが取り仕切らねばならないとのことだった。私はかなり高額のキャンセル料を払って旅行をキャンセルせざるを得なかった。最近は中国人観光客の急増で、敦煌の洞窟も見れるところを厳しく制限し始めているらしい。二〇〇七年にシルクロード諸都市の旅に行けなかったことに、いまだに残念な気持ちが残る。

その三　日本貿易振興機構（ジェトロ）

第一章　理事長就任

第一節　理事長就任の背景

ジェトロ理事長就任後、いろいろな方面にあいさつ回りをした。海外経済協力基金、ＪＢＩＣ、物産に勤務していた間、「ウナギ事件」のような特別な事件以外に政治家の先生方にご挨拶に行ったことは非常に少ない。しかし独立行政法人たるＪＥＴＲＯでは、国会の先生方との関係は大変重要になる。とりわけ当時行政改革の嵐が吹き荒れており、独立行政法人はその大きなターゲットになっていたのである。私が当時の塩崎官房長官のところに就任のご挨拶に伺ったとき、官房長官は「君は民間にいたらしいな」と聞かれたので、「三井物産におよそ七年間おりました。それ以前には、国際協力銀行にも基金時代を含めて二年間ほど勤務しています」と答えたところ、「国際協力銀行はだめだ」と言われるのである。行政改革の動きの中で、自民党政府としても、役所からの直接の天下りには神経を尖らせており、独立行政法人のトップには民間人が望ましいが役所出身者の場合、民間の企業で仕事をした経験を要求しているらしい。通常十年間民間にいると、一応役所の色は消えたとみなされるようだが、私の場合はそれに若干満たないがやむをえないと判断されたのだろう。それで政府関係の機関である基金や輸銀の経験は、カウントしないのが原則だと言われたのだと推測した。従来、ＪＥＴＲＯの理事長には次官や通商産業審議官の経験者が就任することになっていたのだが、すでに民間企業に行っていた次官、審議官経験者は会社を退任するタイミングも悪く、また、給与の違いもあって、就任を逡巡した可能性もある。そうでない人は民間の経験がほとんどないために、政府の目に適わなかったようだ。このような行政改革の動きは自民党政権の末期から、私のＪＥＴＲＯ理事長時代を通じて間断なく襲ってきた。

第二節　行政改革プロセスの洗礼
――早朝の自宅へのマスコミの取材

ジェトロ理事長就任直後の四月のある日、私がいつもの通り、朝六時前にパジャマの上にガウンを引っ掛けて自宅の新聞ボックスに朝刊を取りに行ったときである。我が家の前に数人の人が集まっており、カメラを持った人がいきなりカメラを私に向けて回し始めた。次いで、その中の女性がマイクを片手に門の前に近づいてきて私にマイクを向ける。某ＴＶ会社である。彼女の言うには、「ＪＥＴＲＯの理事長ですね」。私がそうだとうなずくと、「あなたの給料は次官より多いそうですね」との質問。私は理事長就任直後で自分の給料がいくらかは知らない。ＪＥＴＲＯ理事長の給料は、評価委員会が年間の業績の評価をした上で点数をつけ、係数をかけて決定される。私はその旨説明した。しかし民間企業に比べて実に面倒な組織に来たものだ、この調子では今後何があるかわかったものではない、と感ずるところがあった。後に調べたところ、業績評価が良かったのか、私の前任者の年間の給与が経産事務次官に比べて五十万円ほど上回ったらしく、その点をマスコミは問題にしたらしい。監督される方の団体のトップの給与が監督するほうのトップの給与を上回るのは、いかなる事情があっても許せないということらしい。

そのテレビ会社の番組をしばらく注意して見ていたが、幸いなことにパジャマにガウンを引っかけたみっともない私がテレビに映ることはなかった。私の返事がいかにもつまらなくて放映するに値しなかったのだろう。

第三節　サウジアラビアとの産業協力（第一次安倍内閣）

１　日・サウジ産業協力の合意

五月の連休中の総理・及び経済産業大臣の出張の日程が重なっていたため、私は甘利経産大臣の方に随行した。訪問先はサウジアラビアとＣＩＳ諸国であり、民間航空機に適当な便がなく、飛行機をチャーターしてこれらの国々を回った。

サウジアラビアでは驚いた。国王、皇太子、リヤド州知事（現在の国王）の三者に申し込んだ会見がすべて実現しただけでなく、ほとんど時間通り実行されたのである。サウジではこれらの重要人物との会見は何時間でも、場合によっては何日でも待たされるのが当たり前と思っていたので、ずいぶんこの国も進歩したものだとの感を深くした。私が石油部計画課の補佐をしていたころ、共同石油の社長の大堀さんがサウジアラビアに石油の輸出枠の割り当てを獲得する交渉に行った際、数日間待たされたとのことで、その間、大堀社長が我慢強くホテルで読書していたことが伝説に残っていたくらいである。

安倍総理もサウジアラビアを訪問されたのだが、このときの総理とアブドゥラ国王との合意が、両国の産業協力である。

２　日・サウジ産業協力責任者への就任

総理の中東訪問、経済産業大臣のサウジ、ＣＩＳ諸国訪問からの帰国後のある日、現在（二〇一八年時点）日本エネルギー経済研究所の理事長をしている、当時の豊田通商産業審議官の訪問を受けた。当時は再び石油価格が上昇のトレンドを見せており、日本としてはエネルギーセキュリティーの確保が一段と重要になっていた。このような状況を背景に、経済産業省としては、最大の石油供給国であるサウジアラビアとの関係の一段の強化に取り組む必要があるとの認識とのことで、そのポイントはサウジアラビアとの産業協力だというのである。二〇〇七年四月、サウジを訪問した安倍首相（第一次安倍内閣）とサウジアラビアのアブドゥラ国王との間で共同声明が発せられ、「戦略的・重層的パートナーシップ」の構築の合意が行われた。両首脳の合意文書の中に、両国の産業協力のためのワーキンググループを設置すること、両国のしかるべき代表を交渉責任者（Coordinator）として選任し、実務に当たらせるとの内容が盛り込まれているとのことであった。ついてはＪＥＴＲＯの理事長である私に、日本側の“Coordinator”を務めてもらえないかとの豊田審議官の話である。私は、中東諸国との協力、なかんずく産業協力についてはこれまでも「中東協力センター」を中心に展開してきたはずで、ＪＥＴＲＯは渡辺前理事長時代に大きな行政改革の流れの中で、できるだけ選択と集中を進めることを決定した旨を説明した。そして、組織の改革を進め、予算や人員も縮減せざるを得ない中、産油国に対しては、中東協力センターやＪＯＧＭＥＣ（石油・天然ガス・鉱物資源機構）に委ね、ＪＥＴＲＯとしては原則として対応はしない旨の方向が打ち出されている旨を審議官に説明した。しかし豊田審議官は、「ＪＥＴＲＯの組織として対応してもらうというより、林さんが個人として対応してもらえばいい」と強硬である。私はそんなことを言っても、自分はＪＥＴＲＯの理事長である以上、当然のことながら組織を巻き込まざるを得ないことになり、ＪＥＴＲＯとして決めた行政改革の方針にもとることになると説明した。しかし、豊田審議官は、「サウジアラビアとの関係で経験のある人があまりいないのと、この件は官邸まで了解をとってある」と言いつつ、「実は中東協力センターについて、サウジ側が強い不満を持っており、このままやっていくわけにはいかないのです」という。私は、そうは言っても中東協力のための人的、物的資源は中東協力センターにしかないのだから、仮に自分がこの仕事を引き受けるにしても事務局としてＪＥＴＲＯを使うわけにはいかない、経験のある中東協力センターにやってもらうしかない」と言ったところ、審議官は「それで結構です。中東協力センターには全面的に協力させます」との話で、私のサウジとの産業協力の責任者就任が決まってしまった。緊急の仕事の前には行政改革の方針も関係ないようだ。

３　産業協力の狙いと枠組み

サウジアラビアとの産業協力には長い歴史がある。日本政府、中東協力センター、そしてアラビア石油など関係企業は早くからサウジの人づくりのプロジェクトに取り組んできた。中には自動車修理の研修所（ＳＪＡＨＩ）、石油化学製品の製造、加工のための研修学校（ＨＩＰＦ）、家電修理の研修施設（ＳＥＨＡＩ）などを設立、多くのサウジの若者たちの職業訓練を実施してきたのである。サウジ側は、若年労働者の就職の機会が少ない中、日本企業の投資を引き込んでその機会の増大と、経済開発の進展を期待しているのである。首脳同士の合意は産業協力の実施と、ワーキンググループの設置を決めただけで、このグループが具体的に何をするかははっきりしない。私は、ワーキンググループとして具体的な仕事の枠組みの合意文書を作るに当たって、首脳同士の合意はあくまで両国の双方向の産業協力であり、「日本側のサウジへの投資のみならず、サウジ側の日本への投資も推進することにすべき」とのポジションを堅持したいと思った。実際サウジ側の投資はファンド投資を中心に十分に可能性はあったのである。

さらに私としては、この仕事を軌道に乗せるためには、サウジ側に対してもう一つ重要な条件を呑んでもらう必要があると考えていた。本件での具体的なフレームワークの詰めのため、ナイミ社長の後任としてアラムコの社長に就任したアル・ファァリーハ氏が来日し、協議のためにＪＥＴＲＯに来訪した。会談の中で私はアル・ファァリーハ氏にこの二点を持ち出した。ポイントは本件にアラムコの関与を確保することである。サウジアラビアには外資を除くとしっかりした企業はあまりない。唯一信頼でき、財政も豊かでまた豊富な人材を抱えているのがアラムコなのである。私の主張したのは、①産業協力の双方向性、②アラムコの参画（involvement）の二点だ。

第一の双方向性は問題なく合意できたが、アラムコの関与に関してはアル・ファアリーハ氏は困った顔をした。私はこの点は絶対に必要なことだと強調した。もちろん氏もその点はよくわかっている。実際サウジの企業で頼りになるのはアラムコしかないからである。アル・ファアリーハ氏は学識も豊かな極めて優れた人物のようで、その訪日の機会に、早稲田大学で講演を行い、名誉博士号をも付与されている。ただ、私の話に対して、帰りの車の中で、「あんなことを言われても実際にモノを決めるのは自分ではない」と何度もこぼしていたと、彼を空港に見送りのため同乗した中東協力センターの三束氏（後のジェトロリヤド事務所長）から聞いた。国王案件はアラムコの社長でも自由にならないらしい。

後に私のカウンターパートになるサウジ側の人物はアラムコの部長級の人物で、シャラビ(Shalabi）氏が選任された。レベルに若干の不満はあったが、アラムコから人が派遣された点は一応の評価ができる。アル・ファアリーハ氏のまじめな性格が現れている。氏は現在ナイミ氏の後任のエネルギー産業・鉱物資源大臣である。シャラビ氏もそれなりに誠実な人物で、その後二人で産業協力の具体的な話を進めていくことになる。双方向と言っても予想されたとおり主として日本の企業に対し、サウジへの投資を働きかけることが業務の中心である。（口絵20）

第二章　行政改革

第一節　行政改革プロセスの始まり

公務員の行動に厳しい目が向けられるのはいつものことであるが、政権交代前の自民党政権の末期には、独立行政法人問題、天下り問題、年金の不適正な処理を中心に国民の批判が高まってきていた。先立つ一九九九年の「公務員倫理法」の制定もあったが、私がＪＥＴＲＯ理事長に就任したころは、特に独立行政法人への批判が連日メディアをにぎわしていた。マスコミの報道を見ていると確かにおかしな運用をしている組織もあるものだと思う反面、どんな組織も一緒くたにして、およそ独立行政法人というものは無駄なものだとの扱いをする報道には違和感があった。

二〇一七年六月末に、私は「産経新聞」に掲載された規制改革会議の議長をされていたＫ氏の発言を見て驚愕した。ＪＥＴＲＯを民営化すべきだというのである。そもそも規制改革会議が規制とはあまり関係のない独立行政法人のあり方についてコメントするのも異例なことだし、ＪＥＴＲＯのような独立行政法人はどちらかというと政府の仕事を専門的な立場から代行している事業なので、ビジネスとして成り立つ可能性はほとんどなく、民営化の話はイコールＪＥＴＲＯをつぶせと言うに等しい。独立行政法人が行革の議論の焦点になっている中、その後の議論の中で統合や整理をしたところもあるが、ＪＥＴＲＯや多くの独立行政法人については、二〇〇九年に政権に就いた民主党政権下での「事業仕分け」の過程でさまざまな観点から議論され、組織の改革や整理、付属の建物の売却などの対応がなされた。これら法人が持っている資産や行っている仕事の中で世間から見て必要のない、また、価値の少ない業務や資産を整理する努力をしたのである。私のＪＥＴＲＯ理事長としての四年半は行政改革の議論への対応が、相当の比重を占めていた。

第二節　事業仕分け

１　研修所の廃止

ＪＥＴＲＯは赤坂に敷地面積が三〇坪程度で四階建ての研修所を持っていた。ＪＥＴＲＯの研修や会合に用いていたのだが、稼働率が良くなく、従前から稼働率のアップを監督当局からも指摘されていた。当初「仕分け」の過程では、ジェトロ本体をこの赤坂の研修所に引っ越したらどうかとの指摘もあったが、さすがにこのオフィスに八百人もの職員が引っ越すことはできない。この点は理解が得られたが、この稼働率が低く、採算の悪い研修所の採算を改善するために従前からジェトロとしては、施設を一般に貸し出す努力を始めていた。その点が、事業仕分けの過程で指摘され、研修施設を「某野鳥の会」に貸し出している点が厳しく指弾された。施設の本来の目的に反しているというのだ。確かに一般に貸し出すのは目的からすると異なる面はあるものの、極力稼働率を上げ、できれば採算面でも改善したいとの目的で、空いているときには外部への貸し出しをしていた。一般に研修施設のようなものは、それ自体として採算を取ることは簡単ではない。私どもの結論は、指摘に沿ってこの施設を国に返還することだった。研修所を失うのは残念な面もあったが、研修所としてフル稼働できるはずもなく、この結論になった。

2　国内事務所の整理問題

様々な議論が行われる中で、ＪＥＴＲＯの国内事務所の整理の問題がある。ジェトロの国内事務所は県の要望に沿って各県単位で設置されている。私の理事長時代にはおよそ三分の二の地方自治体がジェトロの事務所を設置していた。地方自治体の負担も総経費の半分程度になっているが、県は県産品の輸出や、県内中小企業の海外展開の手助け、あるいは外国企業の県への誘致等のためにジェトロの事務所を設置しているのである。しかし行政改革の過程でこの地方事務所がターゲットになった。要は各県に置くのは無駄だという。経済産業局や各省管轄の国の出先機関のように関西なら大阪に、中部圏なら名古屋におけばいいというのである。これは行政改革の動きに対して何らかの生贄を出さないと政治は納得してくれないという政府の考えの中にもある。「ジェトロにとって生命線は海外事務所でしょう、これを守るために国内事務所を供出することを検討してもらいたい」というのが監督官庁の意向でもあった。ところがこの動きに猛烈に反発したのはいくつかの県の知事さんである。県知事にとっては地元の産品の輸出や地元企業のために、かけがえのない県の税金から各県にあるジェトロの事務所を維持する費用も出しているのである。例えば山形県にとって仙台においてあるジェトロ事務所は、いくら事務所員が山形にも出張して最大限お手伝いするといっても、山形県だけのために働いてくれるわけではない。ましてや仙台事務所の維持のために山形県民の税金を出すつもりは全くない。いくつかの県の知事さんは経済産業省の幹部に対して強硬な抗議をした。県知事さんの抗議によって県の事務所の廃止構想はつぶれてしまったのである。私が理事長を退任したあと、後任の石毛理事長の時に県の事務所は続々と数を増し、四十七都道府県の中でジェトロ事務所を置いていない県は一県だけ（二〇一八年現在）になったという事実からしても、国際化の進展する中で各県がいかにジェトロ事務所を頼りにしているかがわかる。東京都は本部が置いてあるので別の事務所は必要ないが、地方の各県にとっては、県産品の輸出や外国企業の誘致等のために地元でのジェトロ事務所設置の意向は強かったのだ。地方自治体が国際化を目指す上でジェトロに対する期待は大きく、職員はこのような地方の要望と付託を真摯に受けて精一杯地元のために働いて欲しいと思う。

（注）ジェトロは韓国のコトラ（ジェトロの韓国版）と時折意見交換会をするが、その席でコトラのトップから、「韓国では地方事務所を各県単位から各郡単位に整理したところ、全く機能しなくなってしまった。もとに戻したいので是非ジェトロが各県単位の事務所の維持を続けてほしい、『日本のジェトロは各県単位で事務所がある』といって当局を説得したい」との要望が出されたので驚いた。その後コトラも若干の事務所は各県単位に戻すことにしたとの話である。地方自治が四十七都道府県の単位で展開されている以上、各県ごとに最大限努力をするのが県知事にとっては使命であり、複数の県を統合して事務所を設置するというコンセプトは経済産業局や財務局のような国の行政機関ならともかく、各県が負担もして設置し、各県の事務所として県内の企業支援をミッションとするジェトロのような組織には合わないのである。

ジェトロの各県に設置している事務所は、県内の企業、中小企業との関係をしっかりと築いている結果、県内中小企業の国際展開やＪＩＣＡとの協働の面でも大きな役割を果たしている。

３　人件費抑制問題

独立行政法人にとって頭が痛い問題は、人件費を毎年減額しなければならない予算上の制約である。法人の業務の中身に突っ込むとなかなか仕事の内容が必要性の高いものと低いものがあっても、必要性がないと判断するのは難しい。そこで行政改革の方針として一律にすべての独立行政法人は毎年一％の人件費のカットを行わねばならないとの閣議決定が行われていた。このルールは実に厳しい。ジェトロの運営にも重くのしかかってきていた。私の就任当初は人事院勧告にかかわらず、政治的に国家公務員の給与が凍結され、公務員にならって決定されている独立行政法人の職員の給与も据え置かれた。不見識な話だが、正直ほっとしたものだ。ジェトロの仕事はうなぎのぼりに増えていく、人は増やせない、というより、人件費を削減するとの枠組みの中では給与を減らせないため人を減らさねばならないことになる。そこで勢い新規採用を減らすことになる。翌年、公務員給与の凍結が解除された後には、さまざまな手を考えざるを得なくなった。①新規採用の減少、②一般職職員の採用（ジェトロはそれまですべて総合職の職員を採用していたが、海外等への転勤が困難な人もいるので、新たに給与の若干安い、地域限定の総合職や一般職職員の採用に踏み切った）、③もっとも重要な人件費対策は、外部の人材を借りてくることである。この場合人件費は出せないので、事業費ベースで外部委託が可能な専門家や、あるいは地方銀行の社員、地方自治体の職員などに手弁当（派遣もとの給与支払いのまま）で出向してもらうことである。地方銀行の社員の派遣については、通産政務次官時代以来親しくお付き合いさせていただいていた、当時金融庁の大臣をしていた自見庄三郎先生の強力なお力添えがあり、私の理事長時代に二十人近い派遣を受けることができた。これら出向者は本部で働いた後、何人かは海外の事務所に転任してジェトロの強力な戦力になった。もちろん語学力に難がある人もあり、すべてが思い通りにいったわけではないが、ジェトロの人員不足を補う戦力になったことは間違いない。

ジェトロの業務が拡大するにしたがって、専門家を含めた外部人材の規模はいまや百人を超える規模になっているという。人件費制約の下で、外部人材の活用は必要なことであるのは間違いないのだが、ジェトロのプロパー職員の維持、増加は、組織の管理や本質的なジェトロの業務の遂行のためには不可欠であり、業務が拡大すればするほどその必要性が増してくる。国内、海外の事務所を問わず、ジェトロ職員は労務や会計など管理業務に忙殺され、本来の業務を遂行する余裕がなくなっているとの話も聞く。願わくは事業の必要に応じた人員や予算の手当てを実現してもらいたいものだ。

4　ジェトロ・アジ研の評価と各省縦割り行政のジェトロでの融合

さまざまな事業が仕分けの議論の対象になる中、統合後ジェトロの一部門となったアジア経済研究所（アジ研）の評価の高さには正直驚いた。仕分けの議論は辺り構わず独法の批判をした上でリストラを迫るのが普通のやり方なのだが、仕分けの会議の最中、ある委員がアジ研の批判をしたところ、委員の一人であるＫ先生（女性――国会議員）がいきなり「アジ研は立派ですよ」とおよそ仕分けの議論とは思えない主張を始めたのだ。批判と誹謗中傷のざわめく中でのこの種の議論の際立った迫力は、私の想像以上のものがあった。ジェトロ――アジ研には様々な分野でシンパがいるのだと再認識した。

ジェトロは中央官庁の人たちの出向をも受け入れており、彼らのうちの何人かは海外事務所にも赴任している。中には歴代特定の省庁の派遣者が特定の海外事務所長のポストを独占しているケースもあり、事業仕分けではバンクーバーの所長が歴代大蔵省（財務省）出向者で続いている点が追及された。この点は仕分けの場では的確な回答ができなかったのだが、実は大蔵省（財務省）は、カナダの消費税の動きを長年ウォッチしており、日本の参考にしたいとの考えがあったようだ。消費税率も三％と日本と似たようなものだったため、この引き上げの動き、引き上げ後の食品や生活必需品への軽減税率導入の有無、低所得者に対する手当て（給付金）などカナダがどういう対応をするかを比較的に目立たないバンクーバーの事務所から観察、研究していたようなのである。もちろん仕分けの席でこのような説明をすることはできない。舌をかむような答弁をせざるを得なかった。財務省はこの事業仕分けの後、バンクーバー事務所の所長は引き揚げたいと言ってきた。

仕分けの作業の最中にトロントでＧ７サミットがあり、管直人首相が夫人を伴ってカナダ入りした。管首相夫人は大変勉強家で、どこから聞きつけたのだろうか、カナダの消費税の勉強をしたいと言ってこられ、カナダ在住の各省の出向者はサミット関連の仕事で動きが取れなかったため、首相夫人への説明はジェトロのトロント事務所長が対応することになった。私は直ちにバンクーバーの財務省出向者を夫人への消費税の説明に立ち合わせるように指示した。管首相夫人へのカナダの消費税の説明は的確にできたとのことで、夫人にも評価していただいたようである。もちろん夫人の方から管首相にも説明されたらしい。

私は、各省からの出向者はジェトロにとって大きな資産であり、力だと思っている。中央省庁からの出向者は、もちろん例外はあるものの、総じて優秀である。また、留学経験者も多く、外国政府との交渉や、日本企業への支援においても、あるいは赴任国の経済調査においてもきわめて優れた実績を残している。日本の官庁は縦割りと批判されているが、縦割りだけにその専門分野の知識は一流なのである。

私は海外からの調査員が集まったところで海外の調査報告を聞くのを楽しみにしていた。あるとき、調査員会議の席で私が直前に参加していたダボス会議でも議論があったソヴリンウェルスファンド（各国政府保有の投資ファンド）の話になった。実に詳しくかつ的確に説明する産業調査員がいたので、「ジェトロもずいぶん金融面での知識が深まったものだ」と言ったところ、「私、実は財務省からの出向者です」と言うのである。また、シカゴの商品取引所を見学した際、農産物の説明が実に詳しく的確な日本人ジェトロスタッフが案内してくれた。「君は農水省からの出向者ですか」と聞くと「そうです」と言う。

ジェトロでは多くの省庁からの出向者が仕事をしている。中国には特許庁からの出向者も日本の知財を守るために頑張っている。日本にとっての生命線である貿易や投資、さらには海外事情や制度の調査や外国政府との交渉など、国際化が進む世界の中で海外との接点を必要としない行政部門は皆無と言ってよい。縦割を批判されている中央省庁が、ジェトロの場で融合するのである。そして日本の貿易や投資のために協力して業務を行っているのである。きわめてユニークな組織と言える。

私は元最高裁判所の判事をしていたT氏（元大蔵省）から、「自分の人生でもっとも楽しく仕事をしたと思えるのは、ジェトロに出向していたときだった」と言われて大変うれしかったことがある。もちろん理事長の前でお世辞もあるとは思うが、各省の狭い分野で、しかもきわめてドメスティックな仕事を続けている中で、大きな世界が開けている国際舞台で、しかも自分の専門分野のみにとどまること無く幅広い仕事を経験することができるジェトロの仕事は、それなりに楽しく有意義なものだったのだろう。

第三節　海外事務所

ただ、大変残念なことは、人件費をはじめとする予算（主として交付金）の減少で、海外事務所も相当程度縮小せざるを得ない状況になっていることだ。私の海外出張の大きな目的のひとつは、どこの事務所を廃止することが可能か、人を減らせることができるかという点であった。日本企業の活動の拡大に伴って中国の内陸部やアジアの途上国（カンボジアなど）やアフリカに新たに事務所を開設しなければならない。ヨーロッパの事務所の人員の削減やあまり仕事にならない中南米の一部の国の事務所を整理することにより、財源を捻出しなければ新しい事務所の設置はできない。ある国の事務所を廃止すれば、その国の状況の調査も難しくなるので、ジェトロの海外事業展開支援や情報収集に穴が空く。一方相手国にとってもジェトロ事務所の誘致は重要な課題なのである。ジェトロ事務所の設置は総理訪問時の首脳会談で要請されることもある。

私は中南米の事務所の中でアルゼンチン事務所を廃止するとの決断を下さざるを得なかった。決断を下した後で問題が起こった。駐日アルゼンチン大使が私のところに抗議に来たのである。ジェトロの事務所を誘致することは往々にして大使の功績にもなるので、撤退されると大使としては辛いものがあるのだろう。駐日アルゼンチン大使は学者でもあり、大変立派な人で、私も親しく付き合っていたのだが、このときは本当に怒っていた。大使は同時に経済産業省にも怒りをぶつけに行ったらしい。数日後、経済産業省のＴ政務官にお会いしたときアルゼンチン大使が抗議に来られたとの話、政務官は「林理事長、アルゼンチンはどうするかねえ」と言うので、「独法の厳しいリストラを迫っているのは政権与党の民主党ではないですか。私は誠実に実行しているのです」と返しておいた。かわいげのない理事長と思われたかもしれない。

ただ、大国アルゼンチンをブラジルから見るのではなかなか難しいこともあり、現地職員の一部を残すことにした。大使には「行革の中で縮小せざるを得ないので、廃止でなく縮小と理解してください」と申し上げたところ、「外には必ず縮小と言ってください。廃止とはいわないで欲しい」との要請があり、大使は矛を収めてくれた。日露戦争のときに日進、春日の装甲巡洋艦の発注を日本に融通してくれる等深い関係のある南米の大国なので、ジェトロ事務所を維持したかったのだが、当時のアルゼンチンの政権はかなり乱暴なポピュリスト的な政策を展開しており、日本企業の活動はほとんどまともにできない上に、ジェトロの活動もままならず財源の制約もあったので、アルゼンチンの事務所を縮小せざるを得なかったのである。

中国の内陸部の事務所についても検討し、後述するように、私の理事長時代には、初の内陸部事務所を湖北省武漢に設置した。また、カンボジアに事務所を設置、フンセン首相とも打ち解けた会談をした。首相には「初代カンボジア事務所長は『道法君』という仏の道という意味の名前を持ったクメール語のできる人物を任命したのでくれぐれもよろしく頼む」と言って道法君を紹介した。これらの新しい事務所の設立はいずれも地元政府の強い意向と、現地で活動する日本企業の熱心な要請を踏まえたものである。

その後、私の後任の石毛理事長のときに、政権交代により厳しい経済環境の中でも健全な経済政策をとり始めたアルゼンチンの事務所は復活、中国内陸部も成都、重慶に事務所を設置、さらにＴＩＣＡＤⅥ（第六回アフリカ開発会議）の結論を受けて、アフリカにも続々と事務所を設置することになった。エチオピア、モロッコに事務所を設置、他にも数箇所検討中とのことだ。必要な仕事がきちんとできる体制が整ったことは喜ばしいことである。もちろん現在のルールの下では犠牲になる事務所も多くなることは避けられないが。

第三章　海外諸国との関係

私はジェトロの理事長として様々な国を訪問した。もちろん大きな目的は日本の貿易投資の拡大、就中日本企業の活動の円滑化の支援とそのプレゼンスの拡大なのだが、行政改革の真っただ中にあって、海外事務所の最適配置と整理も大きな目的であった。

第一節　中南米

1　事務所の整理

前述のように、私のジェトロ理事長としての中南米出張は、どこの事務所を残し、どこを廃止するかを判断するための目的がかなり重要であった。パナマ、ニカラグア、コロンビア、ベネズエラを歴訪した。ニカラグアはジェトロの事務所があるわけではないが、ジェトロの理事をしていた斉藤大使が赴任していたので、彼に中南米全体の事務所配置について現地からの見解を聞きたかったので訪問した。パナマでは第二パナマ運河のサイトも見学しつつ、この国のポテンシャルを知りたかった。また、中南米の所長全員に集まってもらい、各国の状況、事務所の活動などについて説明してもらった。また、コロンビア、ベネズエラでは現地駐在の日本国の大使から様々な話を聞くことができた。

2　各国、地域の状況

ベネズエラ

この国は相当に難しい国だ。エネルギー資源が豊富なのにもかかわらず、政治と行政が全く機能していない。チャペス大統領が訪日した数年前、なかなか面白い大統領だとの印象を受けたのだが、国内では独裁権限をふり回し、大臣も三か月ごとに代えているとの話もあった。私のお会いした経済担当大臣もつい二週間ほど前に就任したばかりとのことで、話が全くかみ合わなかった。ＰＥＤＥＶＳＡ（ベネズエラ石油公社）では、チャペス大統領追い落とし工作が大々的に展開されたが、大統領の反撃にあって関係した幹部や技術者一万人以上が国を追われたという。このため、公社の機能もマヒ状態にあり、石油生産も順調にいかず、ベネズエラ経済は相当に疲弊していた。石油公社も訪問したが、何となく暗いムードが漂っていた。いまだにクーデター騒ぎの後遺症が消え去らないようだった。治安も著しく悪く、大使の公邸からの外出さえままならない状況だそうだ。

ただ、私が帰国後、アジア経済研究所のベネズエラ研究をしている女性研究者が、小さなお子さんを連れて研究のためベネズエラに赴任するというので驚いた。「大丈夫かな」と危惧すると同時に、この種の研究者根性が事業仕分けの過程でもアジ研が立派な組織であるとの評価が飛び出すゆえんのものなのだろう。この国では、エネルギー関連の仕事のため、日本のエンジニアリング会社が活動している。やはりエネルギーを持つ国は強い。私はベネズエラの事務所の活動が困難を極めているとは思いつつも、この国からジェトロの事務所を撤退させることはできないと思った。ちなみに、二〇一三年新しいベネズエラ大使に林元ジェトロ理事が就任した。

コロンビア

当時のコロンビアの日本国大使の寺沢氏は多彩な能力を持った大使だ。元大蔵省・国税庁長官も務めた人だが、アルゼンチンに留学したこともあったようで、スペイン語も堪能であり、芸術文化面でも造詣が深く、大使として現地の政府や外国の外交官との交際も深めている。ゴルフも相当な腕だ。寺沢大使は帰国後、コロンビアについての歴史やテロとの戦い、現状等について本を書き、アジ研の厳しい査読を通過してアジ研から出版するに至った。コロンビアの歴史を知るのに欠かせない本であり、アルジェリアの渡辺大使の本と並んで任国のことを記した貴重な記録である。

（注）多くの外交官の方が任国について貴重な記録を残している。私はそのすべてを知っているわけではないが、かなりの数、読ませていただいた。ごく最近出版された本でも先に述べたアルジェリアとコロンビアのほか、オマーンについても、元オマーン大使の森元誠二氏の「知られざる国オマーン」というオマーンの国土、歴史、日本との交流などを記したきれいな写真入りの貴重な本がある。また、ポルトガル大使を務めた元財務省、金融庁の浜中秀一郎氏が執筆した「ポルトガル逍遥」という大使の経験とご夫妻の活躍を綴った本（二分冊）も面白く読ませていただいた。二〇〇九年には林元アイルランド大使が「アイルランドを知れば日本がわかる」との同国の歴史への深い洞察を踏まえた著作を出版されている。最近（二〇一七年六月）には平林元インド大使が「最後の超大国インド」を出版されている。インドに関する民族、宗教、歴史、社会、経済、そして日本との関係などを綴った詳細な本である。大使経験者のその国の記録は、実に貴重なものである。

第二節　アフリカ

アフリカでのジェトロの仕事は事務所の数が少ないのと、ひとつの事務所が広大なアフリカ大陸の広い範囲をカバーしなければならないので仕事のやり方が難しい。これからの事務所の展開を待つしかない。しかし、行政改革の制約の中で事務所の拡大といっても、簡単ではない。ただ、ＴＩＣＡＤⅣの打ち上げ会でジェトロに入構（ＪＥＴＲＯは「貿易振興機構」なので、入社のことをこういう）した若い人たちと食事をする機会があったのだが、多くの若者がアフリカ勤務を望んでいたので大変勇気付けられた。最近若者たちがあまり外国へ行きたがらないとの話がある中で、ジェトロに就職する若者の気概は貴重なものだ。実際に勤務してみると相当大変で夢が破れてしまう若者もいるだろうが。

北アフリカ

北アフリカについては、前述のようにジェトロの理事長就任の前の三井物産顧問の時代に、日本生産性本部の組織した北アフリカミッションに参加した。訪問先はリビア、チュニジア、モロッコの三カ国であり、これらの国々は欧州三井物産の管轄地域でもある。リビアはカダフィ大佐健在のころで、大量破壊兵器の開発を断念する旨のコミットをしていたことで、西側世界との関係を深めようとしていた最中であった。大きな期待を持って訪問したのだが、政府の人たちの能力もいまひとつで、あまり有意義な話はできなかった。ただ、ミッションの仲間と訪問したサブラータのローマの遺跡は、大劇場や祭壇を備えたすばらしいものだった。さらに東に数百キロ行った所にもっと大きな遺跡があるらしい。ローマの宿敵カルタゴは現在のチュニジアの地にあったらしいし、ローマの皇帝も北アフリカから輩出したこともあり、この地はローマ帝国と一体だったのだなとの印象を深くした。

チュニジア

次に訪問したチュニジアは、かなりしっかりした国であった。政府高官の対応もきちんとしている。ただ、この国は著しい管理国家で、ヨーロッパ諸国から人権問題を提起されているらしい。小さな国であるが、欧米や日本からの投資を呼び込みたいとの気持ちが強く、投資庁の長官（女性）が岡松団長を追っかけて空港まで来て、すでにチェックインを済ませている団長を呼び出して会談をする熱意には驚いた。この国の当時の日本国大使は小野大使で、アラビア語の達人だ。しかも先方政府に対する対応もきちんとしており、我々ミッションのメンバーは大使の能力に感心するところが多かった。帰国後も小野大使と日本で懇談する機会が何回かあった。

しかしその後、中東・アフリカ諸国に勃発した「アラブの春」の動乱→混乱は、この国が震源地だったことは興味深い。その後の日本人観光客も犠牲になった博物館へのテロ攻撃など、どうしてこの国だったのか理解が難しいところだが、依然として不安定な状況が続いている。

モロッコ

モロッコは王制を敷いているせいもあるのか、アラブの春以降の悪影響は食い止められているようだ。この国では在モロッコ日本大使館の一等書記官の石川太郎氏（特許庁からの出向）がミッションに終始付き添ってくれ、バスの中などでモロッコ経済の解説を丁寧にしてくれた。この国の視察で印象深いのは地中海に面した「タンジール港」の訪問であった。物流拠点としての整備が着々と進められている。タンジールと目と鼻の先がスペインであり、この港を拠点にヨーロッパとアフリカとの貿易の拡大を志向している。モロッコはＥＵと自由貿易協定を結んでいるほか、米国ともＦＴＡを締結しており、タンジールを世界との通商・貿易のハブとする計画という。われわれはいくつかの工場も見学したのだが、中核となる部分は先進国で製作されるものの、後工程、前工程などかなり重要な部分をモロッコ人の経営する工場で大規模に生産しているものもいくつかあった。自動車の重要部品たるワイヤーハーネスを製造している矢崎総業の工場も見学したのだが、この工場はポルトガルにあった工場を移転してきたものとのことだった。日本人は一人もおらず、工場長以下すべて現地の人でやっているのには感心した。

ミッションのメンバーは三カ国の中ではやはりモロッコがもっともポテンシャルが大きいとの判断で一致した。その後この国で丸紅が発電所の建設を手がけている。

私はジェトロの理事長時代、再度モロッコを訪問した。北アフリカにジェトロの事務所を置くことができるようになった暁には、最も可能性がある国と思っていたからである。私の時代に支店を廃止した物産は、のちに駐在員事務所として再度モロッコに拠点を設置している。ジェトロは二〇一六年、私の後任の石毛理事長がモロッコ（カサブランカ）に事務所を設置することを決断した。

第三節　東南アジアとインド

総理のミッションに同行

二〇〇七年八月、安倍総理が東南アジア（マレーシア）、インドを訪問した。このミッションには経団連の御手洗会長以下、財界人も数多く同行した。当時国内はまさに行政改革の真最中で、ジェトロの存亡が議論されていた時で、ミッションの中にはジェトロの民営化を主張していた財界人も含まれていた。また、前社長の経営のミスから為替による巨額の損失を計上し、倒産一歩手前までの窮地に陥った阪和興業を、苦労に苦労を重ねた上に見事に立て直した北社長（当時）も、このミッションに参加した。ちなみに北氏は私と通商産業省に同期入省した親しい友人である。

マレーシア

最初に訪問したマレーシアでは雨のせいもあったが、空港から市内まで車で四時間以上かかったのには驚いた。経済発展の著しい途上国（すでにマレーシアは中進国の範疇だが）では、車の増加にインフラの整備が追いつかず、渋滞がひどくなる傾向にあるが、こんなにひどい状況とは思わなかった。その日の首相を交えた現地政府との夕食会の予定は流れてしまった。

翌日、安倍首相とアブドゥラ首相との首脳会談、そしてその後昼食会が行われたが、アブドゥラ首相の挨拶の中でジェトロの活動が取り上げられ、いかにマレーシアにとって重要かをメンションしたので、私は驚くと同時にとてもありがたく思った。出席していた財界人にもこの首相の言葉は伝わったに違いない。首脳同士が舞台に上がったが、経団連会長、それにジェトロの理事長も呼ばれて並んだ。マレーシアにおけるジェトロの存在は実に大きなもののようで、歴代のマレーシア事務所の活躍の賜物だろう。

インド

次に訪れたインドではさらにジェトロの存在が注目された。これもインド側が設定した歓迎の昼食会の席で挨拶したカマルナート大臣が、インドにとってのジェトロの大切さを一くさり話した後に、是非インドでのジェトロの事務所を増やして欲しいと総理の前で直訴したのである。（口絵24）マレーシアではそんなこともあるかなあと思っていた財界人の皆さんも、このカマルナート演説には驚いたらしい。食事が始まったころ総理や大臣、経団連会長がテーブルを囲んでいるメインテーブルから、御手洗会長が私の席に寄って来て「カマルナート大臣がジェトロの理事長はどこにいるか探している」と言うのだ。続いて会長は「ジェトロがこんなに重要なものとは思っていなかった。私は日本に帰ったらしっかりとジェトロを応援しますよ」とまで言ってくれたのである。その後ＪＢＩＣの篠沢総裁も、ジェトロが置かれている厳しい立場を十分に理解していたので、私に向かって「林君、よかったなあ」と肩をたたいて言ってくれた。予想もしていなかったカマルナート大臣のこの発言は、日本の財界人のジェトロに関する評価を一変させたようだ。直後インド首相の官邸でシン首相のスピーチを聞く機会があった。シン首相も、ジェトロのインドにとっての重要性をメンションしてくれた。

実はインドでは歴代のジェトロ事務所は獅子奮迅の活躍をしてきた。たとえば当時の野口所長（二〇一八年現在ジェトロ理事）はインド政府と協議の上、ニムラナに日本企業専用の工業団地を確保したり、「デリー・ムンバイの産業大動脈構想」の事業体にアドバイザーとして入っていたりしていた。また、インド大使館の書記官、ジェトロ事務所の次長などを歴任、長期間インドで活躍している経済産業省の豊福事務官は、グジャラート州のモディ首相の信頼が厚く、モディ首相が連邦政府の首相に就任して以来、首相の要請で首相のアドバイザーとしてインド政府（商業省）の中で仕事をしていた。現在彼は世界銀行のインド事務所の職員として引き続きインドで活躍している。ジェトロと経済産業省は日本とインドの経済関係の強化のために一方ならぬ貢献をしているのだ。更に経産省傘下のＡＯＴＳ（産業人材育成協会）もインドの人材育成に貢献している。インド政府としては、何とか日本の企業にインドに進出してもらい、また日本の資金でインドのインフラを充実するとともに、人材を育成してもらいたいと思っている中で、とりわけ具体的な活動をしているジェトロの役割への期待が大きいわけだ。首相やカマルナート大臣のメッセージは、インド政府のジェトロに対する強い期待の表われなのである。

東南アジア諸国

日本と東南アジア諸国の経済的な結びつきは極めて強い。最近は韓国や中国が経済面でのプレゼンスを高めるにつれ、両国との競争状況を呈している感もあるが、日本のＯＤＡや民間企業の活動も極めて活発である。ジェトロとしてもどちらかというと（中国も含めてだが）アジアシフトという感じで事務所展開も充実してきている。

私の時代は行革の嵐の中ではあったが、先に述べたようにカンボジアに新たに事務所を開くに至った。また、ミャンマーについては、軍政の終了前後から日本のビジネスマンの訪問が急増し、従来の人員体制では対応不可能になりつつあり、相当に陣容を拡大した。これは私の後任者の時代も持続しているようだ。ベトナムも同様な状況になっている（口絵23）。最近ラオスにも事務所を開いている。

第四節　中国

中国の現状

中国は日本企業にとって重要なマーケットである。日本企業の進出も三万社以上に上っている。

首都北京や上海等沿岸部の諸都市の発展は著しく、もはや日本の諸都市に比べても引けをとらぬどころか、ビルの規模や都市の整備においても大きく日本を凌駕するものがある。私は新興国の都市に行くと、できるだけスーパーマーケットを見学することにしている。そこで売られているもの、その値段などを見てどの程度の段階にあるのか見当をつけるのである。中国全体では貧しい内陸部もあるのか、私のジェトロの理事長時代、一人当たり国民所得のレベルではまだ日本の十分の一程度だったが、沿岸部の諸都市では日本の五割近くまで来ている。たとえば牛乳一リットルのパックは十年以上前でも日本の半分ぐらいの値段である。ただ、急速な発展に伴いよく言われる大気の汚染問題は深刻で、北京や上海の空は天気のいい日でも太陽を拝むことができない日が多い。オリンピックや大きな国際会議のあるたびに工場の操業を止めたり、自動車の都市への流入を制限したりする。そうすると青空を見ることができるようになるのだが、普段市民はマスクをして生活しているようだ。中国の大都市の中でも日本が協力して環境対策を展開した大連市などは、かつての公害問題は大きく改善した。中国の公害問題も徐々にではあるが、改善していくのだろう。日本において「経済との調和」が許されなくなり、公害対策が優先されたように、やがては中国の政策も転換していくに違いない。産業構造の変化→サービス産業化の進展もこの問題解決を後押しすることになるだろう。

こういった状況の中で中国政府は「西部大開発」を推進している。すでに自立的に発展をとげつつある沿岸部から、相対的に発展の遅れている内陸部の開発を推進しているのである。このような計画経済的な国土開発は、自由経済の国々に比べるとそれなりに実効が上がっている感じもする。有無を言わせぬ規制と振興の組み合わせで事態を変えていくのである。日本企業の中国進出も賃金の上昇している沿岸部への立地から、内陸部にも向かい始めている。巨大な市場は、内陸部にも存在するのである。

各種博覧会・展示会そして上海万博

私のジェトロ理事長としての仕事は、中国で事業を展開するために投資する企業の支援も重要であるが、日本企業が中国市場を開拓するために参加する各種の展示会や博覧会の参加を後押しすることもかなりのウェイトを占める。もちろん。巨大な中国市場を巡って各国が競争を展開する中で、ジェトロは独自の展示ブースをもっとも顧客の目を引きやすい場所に確保する努力をし、日本企業に参加してもらう。中国では環境改善に力を入れているので、日本の環境機器や設備などもも大きなチャンスがある。この種の展示会・博覧会は数多く参加、出席した。しかし、各国のこの分野での競争はすさまじいもので、必ずしも日本の技術が他国にぬきんでているわけでもない。韓国や台湾、さらにヨーロッパの企業の中国市場への熱いまなざしを見て、日本企業の更なるイノベーティブな技術開発、商品開発が必要だと感じさせられる。

ジェトロは海外における博覧会では主導的な役割を果たす。二〇〇八年のサラゴサ（スペイン）における博覧会、二〇一〇年の上海万博においても閣議で任命された政府代表を助け、実際の仕事の相当部分はジェトロの展示部のスタッフが担うのである。

サラゴサの博覧会には皇太子殿下にもご出席いただいた。ちなみに殿下には、万博会場で水問題のご講演をいただくとともに、スペイン館で一〇〇メートルもの谷の底からトレドの町に水をくみ上げる仕組みなどをご見学いただいた。殿下は、水問題について実にお詳しい。

上海万博は、中国政府の威信をかけた大規模なものであった。日本館も大人気で、ジェトロも面目躍如たるものがあった。この種の博覧会は国の産業力、商品力、文化力の宣伝のための貴重な機会である。ただ、世の中からは巨額の予算をかける価値があるのかを常に問われる宿命にもあり、なかなか辛いところもある。ちなみに米国はこの種の事業に国の予算は出さない方針のようだ。

知財の問題

中国では知的財産（特許や商標）の保護が大きな問題であり、ジェトロはこの問題については特許庁の要請を受け、同庁と協力して中国における知的財産の保護について強力な支援策を講じている。もちろん特許庁自身も関係のカウンターパートの行政機関との間で緊密な情報交換、意見交換を続けているのだが、上海や北京のジェトロ事務所に特許庁からも出向してきてもらい、日本企業の知財の中国における保護のための仕事をしてもらっているのである。両事務所の中には中国で製造された日本企業の製品の模倣品（贋もの）が数多く展示されている。中国における日本企業の被害はかなり多く、日本企業の商標と紛らわしい（たとえば「ＯＮＤＡ」という）ブランドで日本の「ＨＯＮＤＡ」と酷似したオートバイが販売されている等である。また、農薬についても日本のＳ化学社の農薬と同じデザインの袋で全く効果のない贋物が売られており、中国の農業者が甚大な被害を受けている状況にもあった。さらに著作権の侵害も激しく、大連に行ったとき、当時ＮＨＫテレビで放映されていた「坂の上の雲」の海賊版ＤＶＤが放映後わずか一週間で、中国語の字幕をつけて十四元（二百円強、質のいいものは四十元――約六百円）で売られていた。

このような状況に対して、特許庁とジェトロは毎年経済産業省の幹部（副大臣など）と財界人からなる知財ミッションを中国に派遣、関係の当局に知財保護のための要請を行ってきた。この要請の中には中国の知財関連行政機関への訪問を通じる知財法制や取り締まり体制の整備の要請も含まれており、取り締まりの総本山である「最高人民法院」（日本の最高裁判所）や「最高検検局」（日本の最高検察庁）への訪問を通じて、知財違反の取り締まりの徹底を働きかけてきたのである。

これらの働きかけの成果もあったのだろうか、中国の知財法制はかなり先進国のそれに近いものが出来上がっている。また中国企業が発展するに従い、知財侵害問題は中国企業自身のイノベーションの阻害要因にもなってきたため、当局の取り締まりもかなり進展してきている。

ジェトロと特許庁は、中国の裁判官を招いて、意見交換をし、日本の制度について学んでもらう機会を設けたり、実際に取り締まり実務を行う各省の担当者を招いて研修（情報交換）を行ったりしている。

ただ、制度は整備されても問題はその実施にあり、特に景気の悪化しているときなど、取り締まりは緩められる傾向にある。リーマンショックの直後、私は上海市の出した一連の景気対策を見てショックを受けた。その第何番目かの項目に、「知財取り締まりの緩和」と書かれているのである。知財違反でものを製造している企業も雇用をし、納税もしている以上、リーマンショック後の不況下で厳しい取り締まりをして企業の存立を危うくすることはできないとの発想なのだろう。取り締まりの緩和は景気対策なのだ。

まだまだ道のりは長い。根気強く協力、働きかけをしていく必要があるだろう。

内陸部のジェトロ事務所の設置

中国政府の政策の方向をも踏まえ、日本の民間企業の内陸部進出も活発になっており、ジェトロとして中国内陸部の事務所の設置は喫緊の課題となっていた。私の中国出張の重要な目的のひとつは、限られた予算と人員の中で、中国の内陸部のどこに事務所を開設するかであった。事務方からは、在中国の事務所の意見も踏まえ、候補地として、成都、重慶、武漢、西安などがあげられていた。実際に現地を見て現地政府の意見や現地に進出している日本企業の意見、要望を聞くことが重要になる。

私は西安を除外し、成都、重慶、武漢を訪問することにした。マーケットのポテンシャル、交通の便宜（二〇〇九年当時、すでに新幹線網がかなりの程度張り巡らされており、いずれも新幹線で行ける都市になっていた）、当局の支援の程度、現地で操業する日本企業の見解などを、短期間ではあったが最大限の情報収集をした。その結果私の結論はまず、武漢に内陸部最初の事務所を設けるというものだった。行政改革の最中、新しい事務所の設置はかなり難題であり、また見返りの海外事務所の整理も苦痛を伴うものではあったが、武漢はかなりポテンシャルがある感じがした。成都はチベットや新疆、青海州など、さらに内陸部の諸州からの買い物客が集まるところなのだが、日本からの産品を持っていくにはいかにも遠い。予算・人員の制約もあり武漢の事務所設置に全力投球することにした。

この決定の後、報告方々協力と支援の要請のため武漢のある湖北省の政府を訪問した。湖北省の政府は大歓迎をしてくれ、最大限の協力を約束してくれた。ついでに夜の宴席まで設けてくれ、省長以下湖北省の幹部が省の迎賓館で歓迎会を開いてくれたのである。この迎賓館は東湖のほとりにあり、省長は湖を指差して、「あそこで毛沢東主席が毎日のように泳いでいたのです」と説明していた。その日の食事は私が中国でいただいた食事の中でも特段においしい食事であった。アルコール度の高い「白酒（バイチュウ）」も振る舞われ、「乾杯、乾杯」の繰り返し、少々飲みすぎたような気がするが、昔と違って、中国でもあまり無理には勧めない。省長がさほどお酒の強い人でなくて助かった。また、この白酒は質がよかったのだろうか、悪酔いをすることはなかった。

今はこのような接待は禁止されているようだ。確かに客が来たときに中国側の人たちも宴会でおいしいものを食べたり、お酒を飲んだりするのが楽しみだったのかもしれない。

ジェトロの事務所を歓迎するのは、ひとつには日本企業の進出の可能性を拓いてくれるのではないかとの期待が大きいためである。また、最近では、昔日本が苦労したように中国の黒字が拡大しており（台湾の江丙坤さんによると）、黒字減らしも結構大きな課題とのことで、日本や台湾からの輸入の拡大も歓迎していたのである。

広州

中国の南方、広州は上海と並んで地方としては著しい発展を遂げている地方だ。とりわけ各国の自動車企業の進出が盛んで、日本のトヨタ、日産、ホンダなどの企業が早くから進出しており、街の発展の速度も速い。広東省には首都広州以外にも早くから日本企業も進出している深圳や刺繍で有名な汕頭などの都市がある。私は一九八〇年代半ばに深圳を訪問する機会があり、その隣の街、東莞にある石井さんという日本人の経営している電子部品の工場を見学したことがあった。その時の驚きは今でもよく覚えている。多くの日本人が石井さんの工場を見学させてもらっているのだが、初期発展段階の中国の状況は鮮明に記憶に刻まれている。当時の東莞は、砂埃の舞うかなり遅れた印象の町だった。石井さんの会社に行くと、石井さんは「また、来たか」と言いつつ、何通かの手紙を見せてくれた。中国奥地の自治体の政府から、「何千人のとても働き者の若者がいるのであなたの工場で雇ってもらえないか」との手紙とのこと。この種の手紙がたくさん来るのだといっていた。女子労働者の宿泊施設なども見せてもらったが、三〇～四〇平方メートル程度の部屋に階段ベッドが十二人分しつらえてあり、各ベッドの枕元にプラスチック製のバケツが置いてある。説明では、このバケツの中に女の子たちの着替えや家財道具一切が入っているとのこと。ちょうど食事時で女の子たちが屋外に置かれた大きな鍋の前に行列しており、どんぶりに盛り付けられたご飯の上にその鍋から「おかず」とおぼしきものをかけてもらっている。みんな三々五々、あるいは何人かまとまってスプーンで食事をしている。「何となくさびしい食事のような気がしますが」と言ったところ、石井さんは「彼女たちは故郷では三度の食事もままならない状況におかれている、ここではキチンと三度の食事ができる上に、給料までもらえる。三年間働けば故郷に帰って親に「家」をプレゼントできるのです。だから残業があるというとみんな拍手して喜んでくれる」とのこと。そういえば彼女たちの表情は底抜けに明るかった。

そんな記憶のある広州、そして深圳は二〇年余経った後には様変わりであった。近代的なビルが立ち並び、道路も広い。街のところどころに花壇などがつくられ、色とりどりの花が咲いている。ホテルも立派だ。とりわけ現在の深圳は中国のシリコンバレーとまで言われるほどの発展を遂げ、裾野産業の充実と併せ、本家のシリコンバレーを超えるほどのＩＴ産業の中心地となっているという。たった二十年余のことで、街がこんなにも変わるものかと感心した。今や、広州でも労働力不足らしい。また、ジョブホッピングも著しく、工員が連絡を取り合って少しでも有利な給料をもらえるところに移ってしまう状況は、ますますひどくなっているそうだ。

広東省の当時の書記（省にいる共産党のトップ）に汪洋さんという人がいた。書記時代、日本に来られた。現地ジェトロの横田所長からの連絡では、日本の経験を勉強したいとのことだったので、先方の関心を聞き、産業政策では福川元通産次官、国土計画では国土庁の然るべき管理職の人、そして理論的な説明は通商産業研究所の所長の藤田先生にお願いすることにした。汪洋さんは極めて熱心に話を聞くとともに、様々な質問を投げかけていた。私はその会合の進行役をしていたのだが、中国の指導者はかなり権威的な人が多いと思っていたので、汪洋さんの真面目な、かつ謙虚な姿勢には感心した。この件が契機となり、ジェトロ広州事務所の活躍もあって、汪洋書記とジェトロの理事長は極めて親しくなり、私が広州を訪問するたびに必ず時間をとってくれ、時に夕食を挟んで懇談をすることもあった。ストで悩む日本の自動車企業の問題の解決への支援をお願いした際にも真摯に対応してくれたのである。（口絵21）

汪洋さんに関しては感心したことがある。リーマンショックのさなか、中国の産業が著しいダメージを被り、産業とりわけ中小企業が数多く立地している広州もその例外ではなく、企業が政府支援を求める声をあげていた最中、ある新聞で汪洋さんが、「これは中国の産業構造を変革するのにいい機会だ。重厚・長大産業からより高度な産業に脱皮していかねばならない」と言っている旨紹介されていた。当時の状況の中でこのような発言をするのは相当に度胸がいる。私は汪洋さんの勇気に感心すると同時に、この人はかなり肝の据わった優れた人かもしれないとの思いを抱くに至った。

その後中国の多くの人と接触する機会があったので、若い人たちに汪洋さんの評判を聞くことがあったが、「今の体制から汪洋さんのような人が主導することにならねば中国は変わらない」という人もいた。若い人たちにも彼の人気は高い。

二〇一七年十月に行われた中国共産党の「第十九回全国代表大会」後の人事で、「中央政治局常務委員」七人の一人に汪洋さんの名前を見つけた。中国を指導していく最高指導者の一人に選任されたのである。この人事には、「権力闘争の妥協の産物（胡春華氏を下ろす代わりのバーター人事）で汪洋さんは全国協商会議の委員長に祭り上げられたのだ」との評価をする人もいるが、習主席の独裁色の強い中国でも、優れた人を指導者に選んでいくという発想が働いていると考えることもできるだろう。汪洋さんの能力、性格からして、このポジションでしっかりと筋の通った仕事をしていくことだろう。

中国経済の今後

中国経済は急速に発展している半面、様々な問題点も指摘され、その発展の持続性について議論がある。その中で中国人自身が大きな問題としているのが「汚職」の問題である。あるとき私は「中国社会科学院」のＫ所長と話す機会があり、この問題について議論した。Ｋさんは、極めて率直で、「中国の発展を阻む最大の問題は汚職の問題だ」という。彼の話では、「自分は現在の中国政府の体制には全く期待していない。すっかり陣容が変化して若返らねば中国の将来はない」とかなりはっきり言う。社会科学院は中国政府直系の研究所であり、そのトップがこれほどまではっきりと政府の批判をするのに驚くと同時に、中国もかなり健全な社会への道を歩み始めたかもしれないとの感じを抱いた。あるいはＫさんは、現在行われている習近平主席の汚職退治の方向をすでに知っていたのかもしれない。従来から私は、「一党独裁と自由経済は健全に両立することはできない、なぜなら独裁体制の下では政府の政策への批判を許さないからだ、この結果、この体制の下での自由経済は、支配層の自由にやりたい放題になるリスクがあり、健全な姿にはならない」と主張してきたので、中国にも健全な批判が存在し始めたのかもしれないと思った。もちろん最近の中国の自国の巨大市場を背景にした、「覇権主義的（自国中心の）経済政策」の展開は気になるところだが。

それにしても中国の産業の発展はすさまじい。中国産品は世界のあらゆる国々に輸出されている。どこの国のショップでも、中国製以外の製品を探すのが難しいくらいだ。私がロンドンの三井物産時代に会員となっていたウェントワースのゴルフ場で、お客さんが記念のお土産を買っていきたいというのでいろいろと物色したが、ゴルフウェア、その他の小物などで、中国製品以外のものはほとんどなかった。私自身、セントアンドリュースのゴルフ場で記念のウェアを買ってきたが、これも中国製であった。上海の郊外のフランスのブランド品のバッグを製造している工場を見学する機会があった。この工場でのバッグの縫製は相当にしっかりしている。今や本国の工場でもこれだけきちっとした縫製で、大量の製品を製造できるところはないだろう。その工場では、できの悪い職工は直ちに故郷に返すのだと言っていた。着実に中国の競争力は向上してきている。先を行っていた国々もよほどのスピードでイノベーションを進め、新たな分野を切り開いて行かない限り、早晩中国に完全に駆逐されてしまうだろう。これを米国のトランプ大統領のように保護主義で対抗しようとするのには限界がある。消費者の意向に反して産業を守ることは、一時的にできても長い目で見れば難しいからである。

他方、中国経済の方も現在、労働力不足、過剰投資、それに伴う金融問題など多くの課題を抱えている。更に最近のトランプ政権との米中貿易戦争ともいえる係争は、中国経済の将来に大きな懸念材料となっている。現在の一党独裁体制の下での強権的な政策の追求のみで、良好な国際関係や健全な経済発展を維持し続けることができるのか疑問なしとしない。経済発展を持続していくためには懸案の政治改革も不可避であろう。現在かなり後戻りをしている感もあるが、やがて大変化を迎えることにならざるを得ないと思われる。大きな混乱なしに政治改革を乗り切ることが最大の課題だ。

第五節　米国

ニューノーマル

ジェトロの米国との関係はもちろん相当に歴史も長く、かつ深い。米国政府との関係のみならず、五大湖周辺を中心とする中西部の各州と日本財界との間での「中西部会」、南東部各州との間での「南東部会」がほぼ毎年開催され、長年にわたり双方の関係強化の努力が続けられてきている。ジェトロもこれら会合には積極的に参加してきた（口絵25、26）。

また、貿易摩擦の激しかった一九七〇～一九八〇年代には、ニューヨーク駐在のジェトロの産業調査員が日本国政府の最先端の羅針盤として米国政府、産業界、そしてロビストや調査機関などからの情報収集や関係者との接触を通じて日本政府、とりわけ貿易摩擦の最前線で苦労していた通産省のための活動を続けていたのである。前述のように、一九九五年のＷＴＯの創設、同年の日米自動車交渉の決着を機に、日・米の貿易摩擦は小康状態を得た。新しい通商貿易体制の下で、その後のアジア経済危機、ＩＴバブルの後遺症などを着実に乗り切り、二十一世紀の冒頭は世界経済がかってない繁栄と安定を謳歌したのである。

中国はじめ新興国の堅調な成長はもとより、二〇世紀末までは、世界経済の成長から取り残されていたアフリカ諸国、とりわけサブサハラの諸国に至るまで、経済成長の波に乗り始めた。

しかしこのような状況は、二〇〇八年のリーマンショックにより打ち砕かれてしまった。短期間ではあったが世界経済はマイナス成長に転じ、多くの国で金融業界の苦悩が始まった。日本は引き続きデフレからの脱出に苦悩し、ＥＵ諸国においてはギリシャ、南欧諸国、一部の北欧諸国などの信用問題がこれらの国々の成長を大きく制約することになる。他方、中国においても高度成長の時期は終焉しつつあり、軟着陸を模索し構造変革を進めている。中国政府はこれを「新常態」と称している（この言葉はピムコ社のモハメド・エルリアン氏がリーマンショックの時に世界経済が新しい状況への対応を余儀なくされているとして“New Normal”として最初に使い始めたと記憶している）。なお中国は二〇一七年一一月の第十九回党大会において、「新常態」から更に全人民の共同富裕の実現等「新時代」を目指すとして新たな展開を指向し始めている。

二〇〇八年の金融危機（リーマンショック）後の世界経済の低迷と苦悩の中から、比較的短期間に立ち直りを見せたのが米国であった。

リーマンショックの評価

世界経済が繁栄を謳歌している真っただ中に襲ったのがいわゆるリーマンショックである。デリバティブと称する金融資産の派生物（本来は将来のリスクをヘッジする取引である）の金融取引が原資産との関係を希薄化し、独自の市場を形成してＧＤＰの十倍かつ直接投資額の三百倍にも相当する規模で世界中を往ったり来たりしている。二〇〇八年の金融危機は米国内で、住宅金融をそもそも返済能力のない人々に住宅価格の値上がりを前提に貸し込み（サブプライムローン）、リスクが見えにくい証券化をして売りまくったところ、住宅価格の値下がりにより一挙にリスクが顕在化したものである。

世界大恐慌の再来ともみなされたこの金融危機について様々な評価、解説が行われ、多くの著作も出された。私の出席した二〇〇九年、一〇年のダボス会議でも金融機関のモラルに対する厳しい批判が展開されていた。この事件を機に感じたことがある。

それは、この危機の評価を巡り、これを比較的短期的・循環的なものと捉えるか、構造的なもので、その影響は長期にわたると捉えるかの議論である。現時点ではまだその歴史的評価は時期尚早かもしれないが、経済評論家の間でいわば「楽観論」と「悲観論」が分かれた。楽観論の代表は当時Ｄ証券にいたＭ氏であり、私とあるシンポジウムで同席したことがあった。その際、私自身は新興国とりわけ中国の経済の底堅さを見れば、このショックは比較的短期（一～二年）で収束するのではないかとの議論を展開した。もちろん政府機関として、危機をことさらに煽り立てることは避けねばならないとの配慮も働いたことも事実である。Ｍ氏は私同様、というより私以上に理論的、かつ説得力のある論法で、とりわけ米国の潜在的な成長力の力強さからこの危機は比較的短期に克服されるとの見通しを述べた。これに対し悲観論の論客の代表格は「Ｎ氏」である。氏は別の講演会で今回の金融危機が深刻な構造的なものであることと、まさに世界大恐慌に匹敵する深刻な長期的不況要因であることを、詳細なデータを駆使してこれまた説得力のある論理を展開したのである。

その後Ｍ氏は別の講演でも、米国経済の底堅さをしっかりしたデータを駆使して説明していた。実際の世界経済はその後一年間は戦後初めてというマイナス成長に転落して、Ｎ氏の悲観論を裏付けるような形になった。この結果Ｍ氏はマスコミから超楽観論者として批判的とも思える評価を受けたのみならず、それが理由かどうかはわからないが、Ｄ証券も去ることになってしまうのである。しかし世界経済は二〇〇九年にマイナス成長を経た後急速に回復し、Ｍ氏が予測していた通り、新興国の成長の復活や米国経済の力強い成長をベースに再び成長軌道に戻ることになるのである。結果としてはＭ氏の経済予測が正しかったことになる。しかしＭ氏に対する評価は戻ることはなかったような気がする。

これらの点を考えるに、どうも日本人はペシミストであり、経済評論家も、悲観論を展開しておく方が自身の世間における評価を失うリスクが少ないと言えるのかもしれない。私はリーマンショックに端を発した世界金融危機に対して極めて正しい判断と見通しを披露したＭ氏に対する世間の評価に、大きな疑問を抱くと同時に経済評論家というのも、自身の主張をそれが正しくとも率直に表明することが世間に評価されるものでもないらしいと感ずるところがあり、情けない気持ちであった。

現在の世界経済は、異常な金融の水ぶくれと生産能力の過剰が経済のショックの潜在的要因（構造的要因）として根深く沈潜している。ただ、ＬＤＣや新興国の経済発展はまだまだ余地はあり、更に混乱を最小限に食い止め、コントロールする自由経済の機能と政府の知恵が同時に存在している。現在の金融緩和状況を見ると、このマグマが爆発して再び金融危機が勃発する可能性はあり得るし、その結果N氏の言うように深刻な経済不況もいつでも起こりうる状況で、おそらく今後も何度となく危機が繰り返される可能性がある。しかし、これを鎮静化する知恵と経験は蓄積されているのである。その意味でリーマンショックを分析したM氏もN氏もいずれも正しい判断をしていると言えるのだろう。長引く欧州の金融危機に比して米国経済は力強い。自由貿易と自由経済が力強く機能するシステムを育て上げてきたダイナミズムが、この国の力強さの源泉であり、この国が世界経済をリードする意志とそれに沿った賢明な政策さえ実践していけば、世界経済の大きな混乱は避けられるのではないか。

トランプ政権の下での米国経済の舵取り

トランプ新大統領の誕生により、米国の戦後の自由貿易や自由経済の原則が大きく揺らいでいくことが懸念される。「アメリカファースト」として保護主義を実践することによって、結果としてそのあおりを受けるのはアメリカ自身であろう。巨大な市場を有する米国なので、短期的には保護主義の若干のプラスの効果が米国経済に出てくる可能性はあるが、貿易相手国による報復措置を招来し、世界経済の縮小のリスクもあり、この結果世界経済へのダメージはじわじわと押し寄せてくることになる。結果としては米国自身が墓穴を掘ることになるのみならず、長い目で見て世界経済への影響は計り知れぬものとなるだろう。戦後の世界の知恵をもって維持発展してきた国際経済秩序が地崩れを起こし、現下の金融バブルの影響も加わって、世界の国々の経済の低迷、崩壊につながることのないよう願うばかりだ。

第六節　欧州

私がジェトロの理事長に就任した二〇〇七年頃までは、欧州はそれなりに堅調な経済状況を示していた。直前の三井物産時代の大陸における化学品のビジネス、ロンドンにおける船舶やエネルギーの契約など、さほど大きなものではないが、いずれも順調に推移していた。このおかげで欧州三井物産の業績も社内で一応の評価を受けるものとなったのである。

しかし、リーマンショック前後から状況が急変する。とりわけギリシャの政府債務のＥＵへの過小申告問題を契機に、南欧諸国の金融面での信頼はすっかり失われてしまった。南欧諸国のみならず、アイスランド、アイルランドなどの諸国でも不動産への過大な金融が不動産価格の低落の中で一挙に不良債権化し、欧州金融危機ともいえる状況になってしまった。欧州金融危機についてここで触れるつもりはないが、依然くすぶりつつある火種は残しつつも、欧州中央銀行（ＥＣＢ）の賢明なハンドリングもあり、欧州経済は小康状態を保つに至っている。

しかしながら欧州はさらに試練の時期を迎えている。二〇一六年の英国のＥＵ離脱の国民投票結果に引き続き。総選挙を決行したメイ首相の思惑が外れて保守党の過半数割れをもたらしてしまった。フランスの総選挙結果ではＥＵ統合派のマクロン氏が大統領に当選、大陸諸国のＥＵ離脱の流れには歯止めがかかったと思われるが、一方でＥＵの強国ドイツのメルケル首相の与党が右派勢力の台頭の前に選挙で議席を失う結果となり、やっと成立した連立政権も、心もとないかつ不安定なスタートとなってしまった。

またＥＵの中心メンバーであった英国と大陸諸国との関係、流入する中東からの移民に対する各国国民の反発、頻発するテロに対する対応などの問題が絶えない。とりわけ移民を巡る東欧諸国に加え、ＥＵの中心的国の一つであるイタリアにおいても選挙での右派勢力の台頭が見られ、さらにスペインのカタルニア独立の動き等、ヨーロッパの政治的安定性には疑問符が付く状況だ。

ジェトロはブリュッセル事務所を中心に、日本国政府のＥＵとのＦＴＡ交渉を強力にバックアップしてきた。トランプ大統領のＴＰＰ離脱宣言からおよそ十か月後の二〇一七年七月、日本とＥＵのＥＰＡが大筋合意（十二月に「ＩＳＤＳ条項の削除」を踏まえて最終の大筋合意）に達し、二〇一九年初頭にも発効する可能性が出てきた。これは極めて喜ばしいことだ。また引き続いて米国を除いた「ＴＰＰ11」も合意を達成している。国際経済が保護主義の危機に直面すればするほど、我が国が主導して自由な貿易による秩序を追求していく必要を感じる。戦後着実に進めてきた自由貿易体制も経済格差を助長するなどの理由で批判が絶えず、岐路に立たされているが、我が国にとって他の選択肢はない。日本社会や制度の中に深く根付いている既得権や不必要な規制を克服して世界の自由貿易体制を力強く進め、その中で日本の力を発揮していくことこそ日本の生きる道である。

英国、ＥＵ諸国はその知恵と経験、欧州における紛争の永久的な解決、さらには人類の進歩の歴史を築いてきた伝統のある国々である。苦難の中でも我が国は、経済連携協定のみならず、政治的にも、文化的にも欧州諸国との強い絆を構築していくことも、我が国自身の進歩のためには必要なのだ。

第七節　中東

１　中東諸国との関係

中東諸国と我が国とはサウジアラビア、ＵＡＥ、カタール、オマーンなどの湾岸諸国、そして歴史的にも存在感の大きな大国イランとの関係も、難しいが重要である。

ジェトロは、近年経済発展の著しいＵＡＥのドバイに中東の中核事務所を設置して中東地域全体を俯瞰する体制をとっている。

湾岸諸国との関係はエネルギーに限らず、拡大しつつある。とりわけこれらの国々がエネルギーの輸出に依存する経済からの脱却を目指している中で、ジェトロとの関係は一段と深まりつつある。二〇〇七年、ＵＡＥの物産の展示会を東京においてジェトロの支援で開催したのだが、彼らの脱石油の動機に根ざした情熱と力の入れ方は感動的であった。また、経済面のみならず、社会面でも着実に近代化が進行している。そしてそのペースは速い。ＵＡＥの展示会の会場の一角で会談したＵＡＥの経済大臣は女性（シャルジャ首長国出身という）だったのには驚いた。この国で初の女性閣僚という。（口絵22）カリフォルニア州立大学でコンピューターサイエンスを学んだ女性科学者で、ドバイのインフラ整備のＩＴ分野も担当したとのこと。極めて知的で会話も弾んだ。

このように世界中の国々が必死に前進しようとしているのを見て、日本も改めて身を引き締めて努力する必要を痛感したものだ。

この節では主として、私が日本側の責任者になっていた（第一章第三節参照）サウジアラビアとの産業協力の具体化について述べたい。

2　サウジとの産業協力の進展（いすゞのノックダウン生産など）

第一次安倍内閣のサウジアラビアとの「戦略的・重層的パートナーシップ」の合意を待つまで

もなく、この時期は油価も高く、世界市場の中でもポテンシャルの大きな中東・北アフリカ市場に企業の関心も向きつつあったので、日本からのサウジへの投資は少しずつ動き出し始めた。サウジ側は、究極の日本からの投資としては「自動車」の投資を強く希望していた。自動車産業はすそ野も広く、また雇用の効果も大きな産業で、多くの途上国においてその誘致はもっとも重要な政策になっている。私はジェトロの理事長就任直後、カルロス・ゴーン氏と話す機会があった際、その直前にルノーがモロッコへの自動車の投資を決めたことについて「ずいぶん思い切った決断をしたのですね」とコメントしつつ、その理由について聞いてみた。彼は、「実は自分のパリの事務所にモロッコの首相が来て一時間以上自動車投資の実行を要請したのだ」と言っていた。もちろんゴーン氏の決断は首相の直接の要請だけが動機ではないだろうが、私は一国の首相が一企業の社長室に来て一時間も交渉するという熱心さに驚くと同時に、ゴーン氏のことだからおそらく相当な条件をもぎ取ったに違いないと思い、「投資の実施に当たってどんな条件をつけたのですか」と聞いてみたが、それには彼は答えなかった。もう少し具体的に聞いてみればよかったと思っている。モロッコのルノーの工場は、現在同社にとって欧州をはじめとする世界各地への自動車輸出の重要拠点に成長している。

サウジへの日本からの投資は、日本企業に言わせるとサウジの労働者の労働意欲が低いなど種々の問題があるとのことだ。しかもサウジの法律では、サウダイゼーションの方針のもとに、業種にもよるが雇用者中のサウジ人の割合を原則として三十％以上にしなければならない。中でも自動車投資は、裾野産業の集積もない中、一般的にはなかなか難しい。日本の自動車メーカーに言わせると、サウジへの投資は「最後の選択だ」といっている。最後までやらないということだ。

ただ、一つの可能性があった。それはトラックのノックダウン生産である。日本のトラック生産者である「いすゞ自動車」は、相当数のトラックをサウジに輸出していた。他のメーカーがサウジアラビアに投資してサウジ市場が失われることに若干の危惧を抱いていたこともあり、われわれの投資の働きかけに対してかなり関心を示し、彼らの希望する条件などを議論した。投資に際して種々の要望、要請があった。なかなか簡単にいかないものもあったが、それでも工場敷地の問題、インフラの問題など着実に条件の詰めは進んでいった。ただ、一点大問題が残った。それは十二・五％の料率がかかっているトラックの関税である。当時サウジは湾岸諸国とともにＥＵ、日本等世界の国々と自由貿易協定の交渉を進めていた。自由貿易協定はそれを締結する域内の関税率を原則として撤廃することがＷＴＯとして協定を容認する条件となっている。実際のＷＴＯの運用は、ＦＴＡを締結する場合、域内関税率を九十％以上撤廃することが、合法とされるための必要条件とされる。湾岸諸国はＷＴＯに加盟する際、関税率を大幅に引き下げたのだが、乗用車は五％、トラックは十二・五％の関税率が残存していた。なぜトラックの関税率がこのレベルで残ったかは不明だが、ベンツがサウジでトラックのノックダウン生産をしており、関税引き下げに反対したとの噂もある。いすゞ自動車にとっては、投資後にトラックの関税率がゼロにでもなったら輸入トラックとの競争力が一挙に失われてしまうことを危惧し、明確にはそう主張したわけではないが、関税率の維持が投資実行の条件と思えるような感触だった。しかし、関税の撤廃率を九十％以上にしないと日本と湾岸諸国のＦＴＡも締結できない。日本のみならず湾岸諸国とのＦＴＡ交渉で先行してきたＥＵも他の国々も同様である。私は当時のＪＥＴＲＯの中富副理事長に相談した。彼は経済連携協定の分野で日本でも一流の経験と学識を備えた人物である。通産省在任中、自らＦＴＡの交渉を進め合意に持ち込んだケースもいくつかある。彼の詳細な検討の結果は、五％の自動車関税は撤廃せざるを得ないが、トラックの十二・五％の関税率は維持しても九十％の自由化率はクリアできる可能性があるというのである。私は彼をサウジに派遣してサウジ財務省とその方向での交渉に当たってもらった。サウジ側がこのわれわれのアプローチをどう理解したかはわからないが、サウジの最終的な選択は、「トラックの関税率はそのまま残す、同時に乗用車の五％の関税率も撤廃しない」というものであった。想像するに、サウジにとって投資、なかんずく自動車産業の投資誘致は最優先の課題であり、「もし中富副理事長の説明のように、トラック関税の維持がトラック生産をサウジに誘致するために必須であるなら、他の自動車関税も同じことではないか、自由貿易協定を締結して自動車の関税率を引き下げることによって、自動車産業の誘致をさらに難しいものとする選択肢はサウジにとって好ましくない」との思いであった可能性がある。しかしながらこの選択は、湾岸諸国の他の地域や国々との自由貿易協定の締結を困難にする。主な輸入物資である自動車の関税を撤廃することなく九十％の自由化率を実現することはできないからである。

関税率はサウジ政府自身の判断で決められるものであり、われわれの働きかけのせいかどうかはよくわからないが、トラック関税の十二・五％は残り、いすゞのサウジへの投資は実現した。と同時に湾岸諸国の日本を含めた世界の各国、地域との自由貿易協定の交渉は全く動かなくなった。

私はいささか複雑な感情を抱いている。おそらくこの分野での日本の権威たる畠山元通商産業審議官に言わせれば、「君は一企業の投資のために自由貿易協定を結ぶという国家の重要な戦略を犠牲にしたのか」と怒られそうだ。ただ、現在のところサウジなり湾岸諸国から先進地域に輸出するといっても、石油や化学原料が中心であり、農産品や工業製品はほとんどなく、これらの国々にとって自由貿易協定締結の意味はさほどないし、また、日本からサウジに輸出するものは自動車等の工業製品が中心であるが、車について言えば、世界中の国々からの輸出はすでにかなり低い関税率を享受できているので、十二・五％のトラック関税が維持されてサウジへの投資が曲がりなりにも実現したのだから結果としてはよかったのではないか、と思いつつ心を慰めている。畠山さんのような大きな国家戦略論と民間ビジネスを経験したものの現実論の違いかもしれない。ただ、この件は、あくまでサウジ政府の決めたことである。ただ、その後関係者から話を聞くと十二・五％の関税率を維持しても、輸入車との競争は相当厳しいものがあるようだ。

３　サウジへの自動車産業の投資など

自動車のサウジへの投資に関しては後日談がある。私のＪＥＴＲＯ理事長退任間際、サウジを訪問しているときにカウンターパートのシャラビ氏から相談を持ちかけられた。「国王より、日本のトヨタ自動車がサウジに投資する可能性があるといわれている」というのである。中東協力センターのＯ会長が国王と会った際、国王からの熱心な投資要請に対して検討すると言ったというのだ。ただ、単純に投資して欲しいといっても簡単ではないだろうからサウジ政府は財政措置を講ずるという。その内容は、「現在の五％の自動車関税の収入のうち、トヨタの車にかかっている分の一定割合はトヨタの投資の支援に回す」という。実際トヨタ車の輸入は二十万台としておよそ年間五百億円程度の関税収入があるので、そこから四百億円近い補助金をトヨタの工場建設の期間を通じて供与するというのだ。彼は熱心にこの案を説明する。私は直ちに、「それはＷＴＯ上疑義がある。その措置でトヨタが投資を決断するとは思えないが、同じ補助金を出すのであれば、関税収入をいったん国庫に入れてそこから必要額を補助金で支出するようにするほうがいい」と言った。彼は、「そのほうがオーソドックスであるのはわかっている。しかしいったん国庫に入った金は財務省が決して出すことはないのだ。是非この案で検討して欲しい」というのである。私はいずこの国でも財務省の財布の紐が堅いのは同じだなと思うと同時に、Ｏ会長が国王の前でそこまで言ったというならトヨタ自身にこの話を持っていくしかないと判断、当時トヨタ自動車の常務をしていた経産省の後輩のＫ氏を通じてトヨタに検討してもらった。Ｋ氏は中東戦略担当のＯＫ氏ほか社内で相談してくれたが、予想通りトヨタ側からは「ゼロ回答」であった。経緯が経緯だけに私の立場からトヨタのイメージを損なうことなく、うまくこの趣旨を伝えるのは簡単ではない。私はＪＥＴＲＯ理事長を退任する際、退任の挨拶と併せ、シャラビ氏に対し、トヨタは現在世界で投資過剰の状況下にあり、新たな投資には踏み出す余裕がないといった理由をつけてこの案には乗れない旨を伝えた。彼からは反応はなかった。

そもそも日本の財界人は、訪問国の大物に会いたい一心でアポイントをとる。そして国王などからの要請があるとその場ではっきりとは断れないので、検討するようなことを言ってしまう。実際は、検討すると言ったのかどうかはわからないし、検討しても最終的にはノーの答えをせざるを得ないと思っておられることだろう。また、本件の難しさは十分に分かっておられるはずなので、もう少し慎重な言い方をした可能性はある。いずれにしろ社内に戻って検討しようにも、実際決断をできるポジションにいない限り現場はついてこない。その結果ニッチもサッチも行かない羽目に陥ってしまう。産油国等の要人と会う時には、こういう話が出ることはあらかじめ予想されるので、注意する必要があるだろう。

重要な問題に関しての日本人のあいまいな対応と並んで産油国との関係で気になることは、日本人の性癖として、熱しやすく冷めやすいことだ。石油の価格が高騰しているときは産油国との産業協力を叫ぶし、企業も真剣に産油国への投資を考える。それが石油の価格が下落すると途端に関心を失ってしまうのだ。これは、経済的には理由のないことではないのだが、手のひらを返したような対応は、相手に不信感を与える。再度石油価格が高騰した時にはいくら熱心にアプローチしても簡単に気を許してはくれないだろう。ビジネスも人間関係と同様、時々のアップダウンを越えて長い付き合いをする覚悟がないと真のパートナーとなることは難しい。

二〇一一年の九月、ＪＥＴＲＯ理事長を退任、私のサウジアラビアとの交渉責任者の役割は終了した。数多くの日本企業がサウジに投資してくれたことに感謝している。

4　再びサウジアラビアとの協力体制の構築

二〇一六年九月、サウジのムハンマッド副皇太子が日本を訪問した。しかし原油価格が低落している中で、例によって日本企業の関心は低下しているのだろう。第一次安倍政権の時（二〇〇七年）の「戦略的・重層的パートナーシップ」と似たような話が再び持ち上がっている。今回は両国間に閣僚級の会議を設けて協力を更に進める旨の合意ができたようだ。十年たっているのでまた、新しい発想で取り組むのは悪いことではない。しかも原油価格低落の影響はサウジに大きくのしかかっており、財政赤字も深刻で、あのサウジの生命線であるアラムコの株式を売り出す（五％未満といわれるが）話も進行している。また、石油に依存しない経済構造の構築を加速せざるを得ない状況で、石油価格が高止まりしていた時期に比してサウジの構造改革は待ったなしと言えるだろう。ただ、海外の企業を誘致するにはサウジの政治の安定はもとより、サウジ側の体制整備すなわち投資環境の整備、とりわけ若年労働者の勤労に対する意識改革も欠かせない。いずれにしろ日・サウジ協力はこれまでの蓄積も踏まえて長い目で着実に進めていくべきだ。

二〇一七年三月、この件で日・サウジ関係に新たな枠組みが発足することになった。四十六年ぶりのサウジ国王（サルマン国王）の訪日の機会に、安倍総理とサルマン国王により「日・サウジ・ビジョン二〇三〇」が策定され、新たな「戦略的パートナーシップ」を目指すことになったのである。この中のビジネス促進措置の一つとして、サウジ側が日本企業を誘致するために経済特区（ＥＳＺ）を設けるというのだ。これを受けていくつかの企業がサウジへの投資を検討している。中でもトヨタがサウジでの自動車（ＳＵＶといわれる）生産のための事業化調査に乗り出すという。従来からのサウジの強い願いがやっと国王の訪日を契機に一歩を踏み出すことになる。最近の油価の回復も追い風になっているのかもしれない。もちろん今後の困難な道は想像できるし、最終的な決断は予断を許さないが、トヨタにとっては先駆者であり、サウジの縦割り行政への対応に苦労を重ねた「いすゞ」の経験も参考になるだろう。サウジ側においても人材育成やビジネス環境改善の努力は欠かせない。

また、サウジへの投資を決断した東邦チタニウム（旧日本鉱業の子会社）の工場も、二〇一八年中には本格的な生産体制に入ることを予定しているとのことだ。さらに、日石と日本鉱業が合併し、更にその後、東燃との統合を果たして成立した「ＪＸＴＧホールディングス」もサウジでの製油所の建設を検討中という。かつて日本におけるアラムコとの合弁の製油所のプロジェクトを流してしまったことに対する信頼回復の意味でも、同社の投資は是非、実行、成功させてほしいものだ。

現在サウジは名君と言われたアブドゥラ国王の逝去後、国民の信頼の厚いサルマン新国王が誕生したが、周辺国との関係、ロイヤルファミリー内部の相克など不安定要因が危惧されている。二〇一七年秋に新たに皇太子に就任したムハンマッド前副皇太子は「汚職一掃」の名のもとに、ロイヤルファミリーを含めて関係者の摘発、逮捕に踏み切った。改革は待ったなしとの危機感によるものかもしれないし、この改革の動きを日本の「明治維新」に例える向きもあるが、皇太子の独善的な行き方については内外に批判も多く、サウジの政治的安定性の維持について不安が残る。サウジ社会が遅かれ早かれ変革せざるを得ないことは世界中が認識している。ただ、この石油大国が混乱なく次の道を歩んでいくことが極めて重要だ。この面からは、サウジの経済的安定と着実な発展を実現していくことが、問題を解決していく条件となるのだが、そのためには、近隣諸国との関係の正常化、諸外国との健全な外交関係の構築とともに、何よりもジャーナリストの殺害によって、大きく揺らいでいるサウジの国際的な信用の回復は急務であると言えるだろう。

第四章　対内直接投資
――ＦＤＩ（Foreign Direct Investment）

世界のいかなる国に行っても、外国企業の誘致によりその国の国内経済を活性化し、地域の発展や雇用の拡大につなげたいとの気持ちが極めて強い。もちろん外国からの投資に安全保障上の配慮からの制約をかけることは一般的に見られるし、また、（ＷＴＯ上問題があるのだが）、「国内調達比率」、あるいは「サーバーの国内設置」、「技術移転の義務付け」などの自由貿易の原則からすると好ましくない国内企業、産業保護のための種々の条件を付ける国もある。ただ、一般的には、先進国、途上国を問わず、ほとんどの国において外国からの投資の誘致については極めて熱心であり、ＪＥＴＲＯへの期待もその点が大きい。

しかし日本は他国からのＦＤＩに対し若干異なる感情を持っているようだ。古くは通産省も、外国からの投資によって日本の企業が席巻されたり、競争に敗れて撤退したりすることを警戒していた時期もあったが、現在、政府は完全に対日投資の誘致を推進する方向に舵を切った。イノベーションの推進や地方創生のために外資の力が大いに期待されるからだ。ジェトロはその実施部隊として全力を尽くして誘致に頑張っている。しかし、企業や産業サイドの一部には依然として外資の国内市場への参入による競争の激化を懸念する気持ちもある。日本企業の発想は、国内に巨大な産業基盤を持っているだけに「需要が低迷している日本市場においては日本企業の牙城（市場）を守りつつ、経済発展を続ける海外市場への進出を進めたい」との思いのようだ。この点は、韓国やイスラエルについて述べたように（第一編第五章第一節）、そもそも世界市場を念頭にビジネス展開を指向しているこれらの国と異なり、日本企業がこれまで（規模の大きかった）日本のマーケットしか視野に入れていないために、必然的に市場防衛的な発想になってしまうものなのだろう。

また、これに対して日本政府当局も、総論としての推進方針の下でも、各省の行政の下で既得権を守るような規制を維持し、結果として外資を排除している分野も多い。その一部は日・ＥＵのＥＰＡ交渉でも非関税障壁として追及されている。

ＦＤＩに対する姿勢は、日本及び日本企業（そして日本人）の国際化のレベルを象徴する問題でもあり、英国について述べたように、世界の各国からダイナミックに投資を呼び込んで国の発展につなげていくという発想に転換することは不可欠であろう。もちろん国土や環境の保全や安全保障上の配慮からある程度の制約は必要になるものの、世界各国が争って外国企業の誘致にしのぎを削っている中で、日本のいわば「へっぴり腰」のようなＦＤＩ戦略では、外国企業も日本市場への興味を抱いてくれることはないだろう。この面でも諸外国に劣後してしまうのではないかと危惧される。

第五章　ジェトロ理事長退任

二〇一一年九月三十日をもって、私の四年半にわたったジェトロ理事長の任期が終了した。通産省入省以来およそ四十五年にわたり、様々な組織の中で走り続けた期間であった。随分いろいろな人にお世話になり、また迷惑もかけた。この間自らに与えられた責任を十分に果すことができたか心もとないところもある。

これまでの仕事、とりわけ最後に努めたジェトロにおいて、多くの国々を巡り、また、多くの人たちとの交流を通じて感じたのは、日本国及び日本人に対して多くの国や人々が高い信頼を寄せていることであった。反面、改めて感じ、かつ危惧するのは、ダイナミックに変化、そして前進する世界の国々に比較して、日本の経済・社会そして国民が、いまだ必ずしも世界の潮流について行けていない点である。

四年半のジェトロの仕事を通じて、日本の中にはきわめて積極的に国際展開を指向している個人や企業も数多く現れてきていることも感じられた。ただ、世界の国々がスピード感を持って国際競争の荒波に打って出ているのに比較すると、日本人、日本企業の意識においては、まだ本当の「危機感」が足りないことが強く感じられる。

本書の中でたびたび触れたように、日本社会の少子高齢化の中で国際的な展開（輸出や海外投資、対内直接投資の導入など）そして日本の産業の更なる生産性の向上は、今後の日本の発展のために一段とその重要性が増している。

日本経済の発展が停滞してしまうことは、世界の国々の日本に対する期待や信頼の喪失にもつながって行くことになってしまう。世界の国々の日本に対する信頼を維持するのは容易ではない。日本経済の更なる前進のためには、日本人の意識の改革とともに、我が国の制度（とりわけこれまで何度も叫ばれながら大きく前進することのなかった規制制度）の抜本的な改革について政府、民間が覚悟を決めて取り組んでいかねばならない。日本政府（各省）がさほど真剣に考えることなく従来のやり方を踏襲することにより、特定の業界や人々の「既得権」の保護に走り、規制制度改革（これはイノベーションを始めとする経済の進歩のための不可欠な条件といってよい）への抵抗を自ら（知らず知らずのうちに）行っている場合が実に多い。政府自身が意識して変わらなければこの国の前進はない。

更に、若者たちの海外への関心が著しく低下していることが危惧される。海外への留学生は、増加する他の国々に比較しても数も少なく、しかも著しく減少している。また、現在ビジネスでも芸術、スポーツ、学問の世界でもどうしても必要になる英語力についても、日本人のレベルはアジアの国々の中でも最低のランクに位置づけられているという。

日本の若者たちの視野を世界に拓くことが、今ほど重要になっている時はない。

そんな印象と危機意識を抱きつつ、ジェトロの仕事を終了した。

あとがき

半世紀にわたる仕事の上での思い出話を綴ろうと思い立ったのは、二〇一一年ジェトロを卒業後、頼まれて行っていた大学での講義をすべて終了させてもらった二〇一七年春のことであった。ただ、日記をつけていたわけでもなく、断片的なメモを残していたのみなので正確な事実をたどるのは容易ではない。若干の誤解や過ちは容赦してもらうことにし、基本的には仕事を通じて感じた印象論を中心にまとめることとした。そのため、出来事の記述の内容もその長さも深みも著しくアンバランスであることが避けられなかった。しかもあまり気にせずに記述したため、本書の中に引用された人たちの中には不愉快な気持ちを抱かれる人もいるのではないかと懸念している。私自身の感じたままに記述したので内容は全く体系的でなく、かつ表現も率直すぎる面もあったかもしれないが、この点もご容赦いただくしかない。

予想外に長くなってしまったのだが、様々な組織での仕事や多くの国々の人たちとの交流のうち、主として私が最も長く経験した、通商関係（＋海外との関係）、エネルギー関係を重点的に記したため、本人としては、自分の経験した仕事のほんの一部しか書けなかったとの気持ちは残る。コンビナート事故に伴う保安規制を実に苦労して見直した立地公害局保安課での仕事や、貸し渋り問題で苦悩した中小企業庁時代の経験等多くの仕事についてはほとんど省略せざるを得なかった。

ただ、本書は国際関係を中心にまとめさせてもらったので、グローバル化が進む世界の中で、各国国民が自国の直面する問題を解決しつつ、必死で国際競争を勝ち抜く努力をしている姿については随所で紹介させてもらった。

スポーツや芸術、学問の世界では、世界の中で存在感がなければ自らの存在意義がないことはかなり浸透してきている。ただ、日本企業や国民の意識の中ではまだまだ日本の国際化の必要性についての意識は十分ではない。小さな日本の中で、（できるだけ外国の競争を排除して）やって行けばそれでいいとの意識が強いのだ。特に第二次大戦後必死に生きてきた七十年の間、社会の中で「安定化」を求めて様々な権益が積み重ねられ、既得権化してしまった。この戦後秩序といってもいい枠組みは、多くの人たちの生活がかかってしまっているので、それを守ることが優先され、改革することが必要と思ってもそれを実行することは簡単ではない。

既存の秩序が完全に破壊されて一から出発したのが、「明治維新」であり「第二次大戦」であって、長年にわたって築き上げた「経済・社会秩序」を改革するのは、このような「大きな破壊がなければ難しい」、あるいは「改革には、独裁的な指導者が必要だ」という人もいる。しかし、どんなに大きな破壊や改革があっても常に新たな気持ちで制度を見直していかない限り、時間がたてば自然と汚泥がたまってくるものだ。

ただ、現在のような情報社会では、好ましくない制度を守り続けることによって失うものはすべての国民にも明らかになる。賢明な国民であれば、摩擦を最小限にしつつ、しかしそれを避けることなく、改革に果敢に挑戦し、前進する知恵は必ず生み出せるはずだ。世界はＩＴ化、情報化を軸に急速に変化している。国内の様々な抵抗や問題を克服しつつ力強く前進している国は世界の中に数多くある。

我が国は優れた技術や発展の芽を多く持ちながら、それらを育て上げる環境が不十分であり、かつそれを引っ張る企業家（いわゆるアントルプルヌール）も著しく少ないことは極めて残念だ。

願わくは、日本が長期にわたって世界の中でもイノベーティブな存在感のある国民、企業、国家であるべく努力し、力強く前進して行きたいものだ。

二〇一八年　秋

林 康夫 はやし・やすお

1942年神奈川県生まれ。1966年東京大学法学部卒業後、通商産業省（現経済産業省）入省。1969年オックスフォード大学留学。1981年国際エネルギー機関（IEA）長期協力局部長。その後資源エネルギー庁石油部長、基礎産業局長、通商政策局長、中小企業庁長官を歴任。1998年経済協力基金理事、（同基金と日本輸出入銀行が合併、国際協力銀行—JBIC誕生後）、国際協力銀行（JBIC）理事、2000年三井物産代表取締役常務取締役，翌年電機・プラントプロジェクト本部長、2003年代表取締役専務執行役員を経て2004年同社副社長執行役員兼欧州三井物産社長、2006年同社顧問。2007年日本貿易振興機構理事長、2011年同機構顧問、現在に至る。

国際経済の荒波を駆ける
——経済官僚半世紀のメモワール

2018年11月15日 第一刷発行

著　者　林　康夫
発行者　志賀正利
発行所　株式会社エネルギーフォーラム
〒104-0061 東京都中央区銀座5-13-3 電話 03-5565-3500
印　刷　錦明印刷株式会社
製　本　大口製本印刷株式会社
ブックデザイン　エネルギーフォーラム デザイン室

定価はカバーに表示してあります。落丁・乱丁の場合は送料小社負担でお取り替えいたします。

©Yasuo Hayashi 2018, Printed in Japan
ISBN978-4-88555-496-4